U0509891

「九五」國家重點圖書出版規劃項目

本書出版得到國家古籍整理規劃領導小組資助

張家山漢墓竹簡

〔二四七號墓〕

張家山二四七號漢墓竹簡整理小組

文物出版社

封面設計 張希廣
責任編輯 蔡 敏
責任印製 王少華

圖書在版編目（CIP）數據

張家山漢墓竹簡〔二四七號墓〕/張家山二四七號漢墓竹簡整理小組編. —北京：文物出版社，2001.11
ISBN 7－5010－1257－1

Ⅰ. 張… Ⅱ. 張… Ⅲ. 漢墓－竹簡－江陵縣
Ⅳ. K877.5

中國版本圖書館 CIP 數據核字（2001）第 01912 號

張家山漢墓竹簡
〔二四七號墓〕

編著者 張家山二四七號漢墓竹簡整理小組
出版發行者 文物出版社
北京五四大街二十九號
http://www.wenwu.com
E-mail:web@wenwu.com
印刷者 北京美通印刷有限公司
裝訂者 尚藝裝訂有限公司
經銷者 新華書店
二〇〇一年十一月第一版第一次印刷
定價：四八〇元

889×1194 1/8 印張：42.5
ISBN 7－5010－1257－1/K·525

目録

前言

張家山二四七號漢墓位於湖北省江陵縣（今荆州市荆州區）城外西南一點五公里處的江陵磚瓦廠内，因取土而發現，一九八三年十二月由荆州博物館配合進行發掘。它是一座土坑木槨墓，墓坑上部已遭破壞。葬具是一槨一棺，槨室内分成頭箱和棺室。隨葬品置於頭箱中，主要有漆耳杯、漆奩、漆盒、漆盤、木俑、銅鍪、銅蒜頭壺、竹簡等。各種漆器的形狀和紋飾，與江陵地區歷年來發現的西漢早期同類文物如出一轍；銅鍪、蒜頭壺，則與江漢平原秦人墓中的同類文物的風格相似。發掘者推斷墓葬的年代是西漢早期（請參見《江陵張家山三座漢墓出土大批竹簡》，《文物》一九八五年第一期）。據墓中所出曆譜可知，墓主人去世當在西漢吕后二年（公元前一八六年）或其後不久。從葬具和隨葬品判斷，墓主人身份並不高，隨葬的各種古書也暗示墓主人生前是一名低級官吏，通曉法律，能計算，好醫術、導引。

從殘存的竹編可知，竹簡原置於竹笥中。由於受到淤泥及其他文物的擠壓，竹簡已有損壞，卷束已散開，並有不同程度的移動。從竹簡的堆積狀況可以判斷，各種書籍是各自成卷，然後堆放在一起的。依從上至下的順序是：曆譜、《二年律令》、《奏讞書》、《脈書》、《算數書》、《蓋廬》、《引書》；遣策另置它處。全部竹簡計一千二百三十六枚（不含殘片）。整理時參照竹簡堆積情況，按竹簡形制、字體和簡文内容分篇、繫聯，也只能恢復各書的大致編聯次序。除曆譜和遣策的篇名是整理者擬加之外，其餘各書均原有書題。

上述各種古書涉及西漢早期的律令、司法訴訟、醫學、導引、數學、軍事理論等方面，内容十分豐富，是極其重要的歷史文獻，對研究西漢社會狀況和科學技術的發達有不可估量的價值。《二年律令》的發現使亡佚已久的漢律得以重現，不僅使秦、漢律的對比研究成為可能，而且是系統研究漢、唐律的關係及其對中國古代法律影響的最直接的資料。《奏讞書》則是秦、漢司法訴訟制度的直接記録，從中也可瞭解到秦、漢法律的實施狀況。《脈書》可以確證馬王堆帛書《五十二病方》卷前佚書應是由《足臂十一脈灸經》和《脈書》構成，並可補充帛書《脈法》中不少缺字。簡本《脈書》中一些疾病的名稱，也可與《五十二病方》對應。《引書》是專門講述導引、養生和治病的著作，部分内容與馬王堆帛書《導引圖》可相互印證。《蓋廬》是年代較早的兵家著作，也是一部佚書，其中有明顯的陰陽家思想。《算數書》是早於《九章算術》的一部數學著作，比較集中地反映了戰國晚期至西漢早期數學發展的水平，在中國數學史上佔有十分重要的地位。

墓中曆譜是從漢高祖五年（公元前二〇二年）至吕后二年（公元前一八六年）間的，上述各種著作的年代下限當不會遲於公元前一八六年。

江陵張家山漢墓竹簡的整理工作從一九八四年開始，現已完成二四七號漢墓竹簡的整理，交付出版。在此期間，整理小組進行了緊張的工作。由於竹簡年代久遠，保存較差，不少文字難以辨識，簡文文義古奥，不易理解，給工作增加了難度。儘管整理小組多方努力，工作中仍必有許多缺點錯誤，敬請讀者指正。

參加《二年律令》、《奏讞書》、《蓋廬》、《脈書》、《引書》、曆譜和遣策的釋文與編聯工作的有：李學勤、連劭名、舒之梅、彭浩。《算數書》的釋文、編聯由彭浩承擔。參加注釋工作的有：彭浩、舒之梅、李均明。全書由李學勤定稿。

張家山二四七號漢墓竹簡整理小組　二〇〇一年

凡例

一　張家山二四七號漢墓共出土簡書八種，本書全部收齊。

二　本書包括圖版及釋文、注釋兩部分。

三　圖版依竹簡原大影印，按各書排列編號。兩枚以上殘簡綴合為一枚，只編一個號。釋文於每簡最後一字右下旁注簡號。書末附整理號與出土號對照表。竹簡在墓中原已散亂，在整理過程中，盡可能將已折斷的簡綴合復原，並根據文句銜接情況和出土位置編排。不能這樣確定編排次序的，按内容性質試排。書末附竹簡出土位置示意圖。

四　收入本書的《二年律令》、《奏讞書》、《脈書》、《算數書》、《蓋廬》、《引書》等六種為原有篇題，曆譜及遣策兩種則由整理小組擬定。

五　釋文盡可能用通行字體排印，如灋改作法等。異體字、假借字一般隨文注出正字和本字，外加（　）號。簡文原有錯字，一般在釋文中隨注正字，外加〈　〉號。

六　簡文原有殘泐，可據殘筆或文例釋出的字，釋文外加方框表示。不能釋出和辨識的字，用□號表示，並據簡文格式推定字數，殘缺較多的，字數依位置估計，不一定都能符合原狀。殘缺字數不能推定的，用☒號表示。

七　簡文原有脱字，為了便於閲讀，整理小組進行了擬補。可據時代接近的相關文獻補足的脱文，外加【　】號。根據文意擬補的脱文，釋文也用【　】號括出，並在注釋中説明。簡文的衍文，釋文照録，在注釋中説明。

八　簡文原有表示重文或合文的=號，釋文不用符號，寫出文字。原有表示句讀的勾識，釋文省去。原有表示篇章題的黑方塊和表示分條分段的圓點，在釋文中保留。釋文另加標點符號。

曆譜圖版

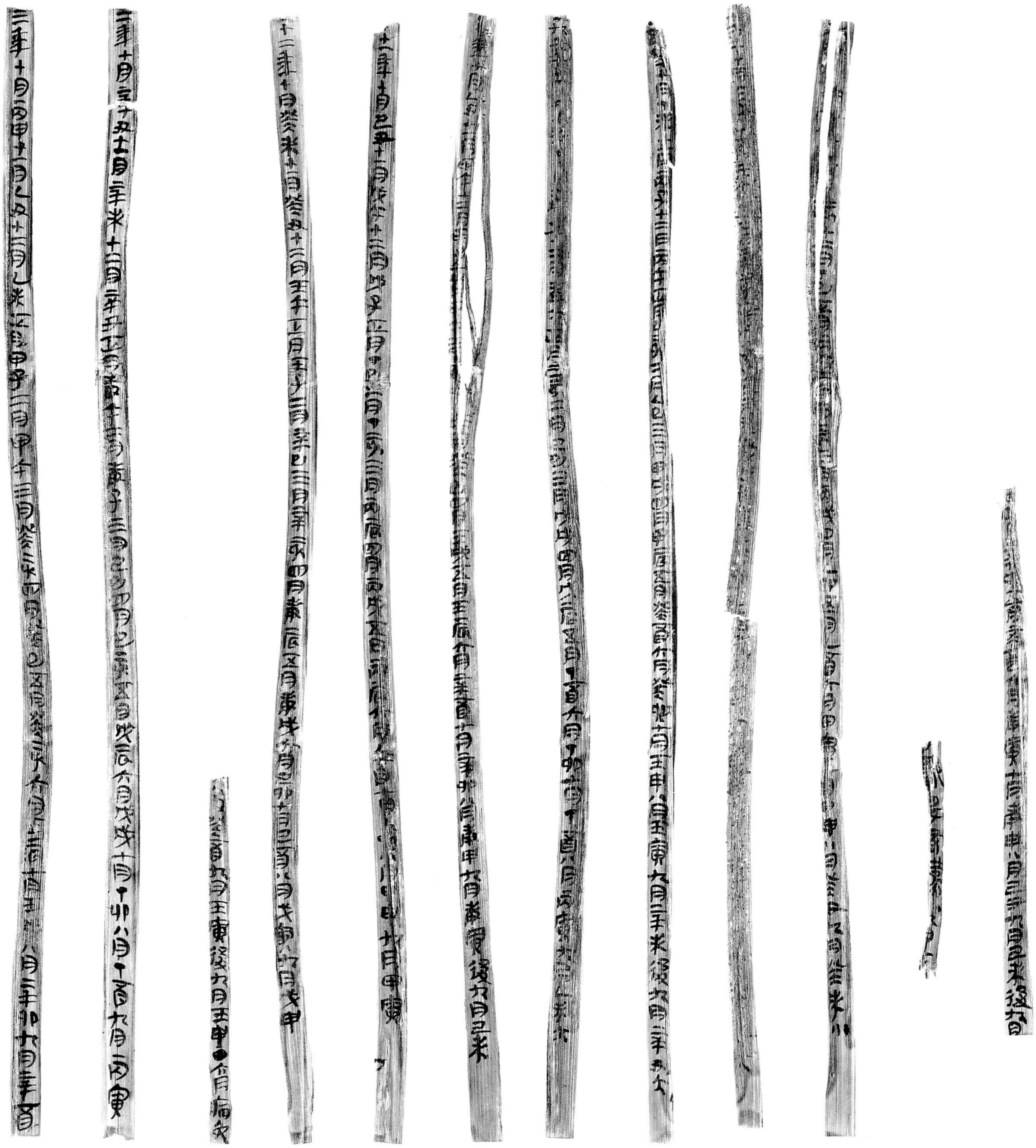

一 二 三 四 五 六 七 八 九 一〇 一一 一二 一三

一三 一三背 一四 一五 一五背 一六 一七 一八

二年律令圖版

一一　一〇　九　八　七　六　五　四　三　二　一　一背

一二 一三 一四 一五 一六 一七 一八 一九 二〇 二一 二二 二三

二四 鬬傷人，而以傷辜二旬中死，爲殺人。

二五 賊傷人，及自賊傷以避事者，皆黥爲城旦舂。

二六 謀賊殺、傷人，與賊同法。

二七 鬬而以釰及金鐵銳、錘、椎傷人，皆完爲城旦舂。其非用此物而䀹人，折枳、齒、指，胅體，斷決鼻、耳者，

二八 耐。其毋傷也，下爵毆上爵，罰金四兩。毆同死以下，罰金二兩；其有疻痏及□，罰金四兩。

二九 鬼薪白粲毆庶人以上，黥以爲城旦舂。城旦舂也，黥之。

三〇 奴婢毆庶人以上，黥頯，畀主。

三一 鬬毆變人，耐爲隸臣妾。褱子而敢與人爭鬬，人雖毆變之，罰爲人變者金四兩。

三二 妻悍而夫毆笞之，非以兵刃也，雖傷之，毋罪。

三三 妻毆夫，耐爲隸臣妾。

三四 子賊殺傷父母，奴婢賊殺傷主、主父母妻子，皆梟其首市。

三五 子牧殺父母，毆詈泰父母、父母、假大母、主母、後母，及父母告子不孝，皆棄市。其子有罪當城旦舂、鬼薪白粲以上，

三六 三七 三八 三九 四〇 四一 四二 四三 四四 四五 四六 四七

四八 四九 五〇 五一 五二 五三 五四 五五 五六 五七 五八 五九

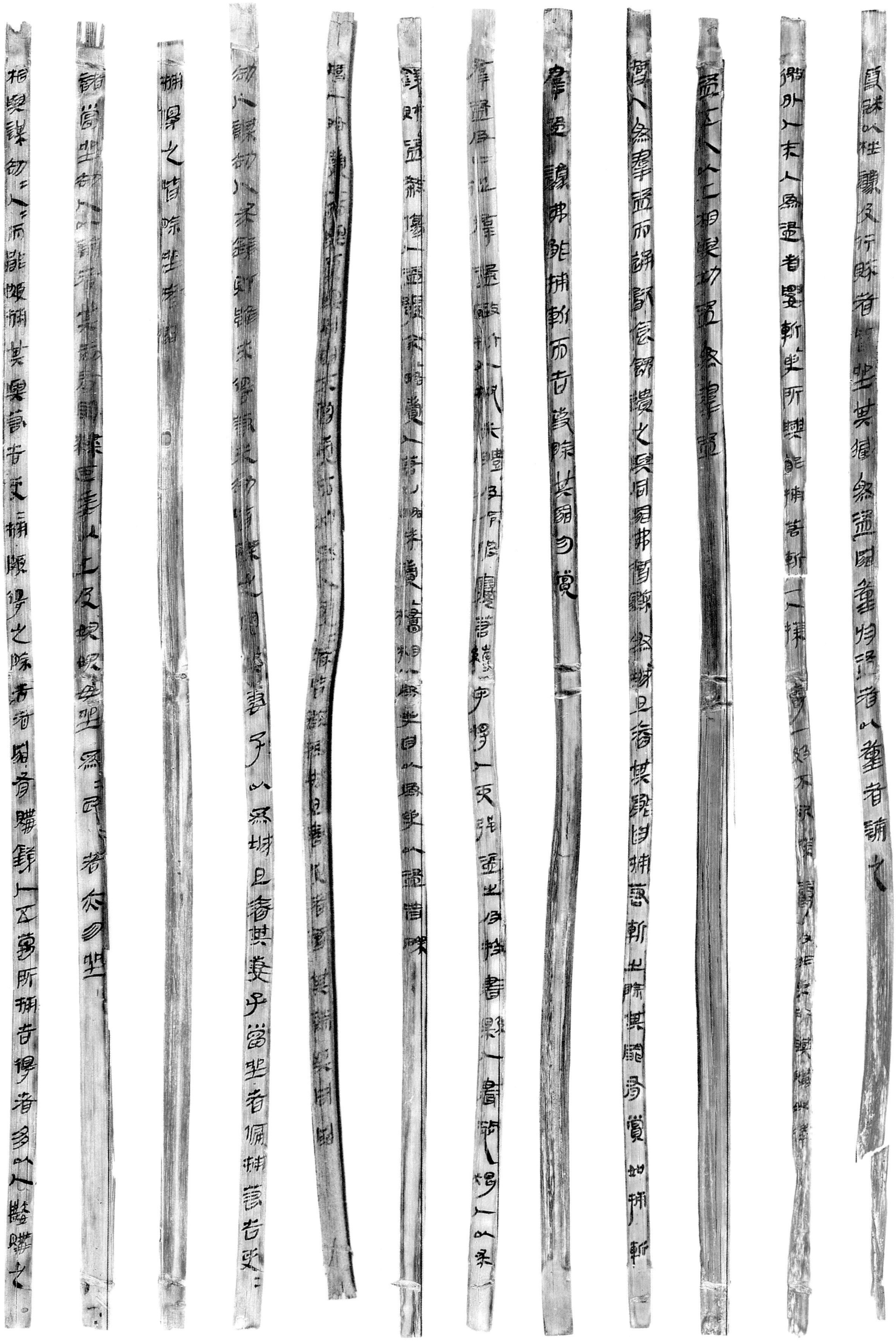

六〇 六一 六二 六三 六四 六五 六六 六七 六八 六九 七〇 七一

七二 七三 七四 七五 七六 七七 七八 七九 八〇 八一 八二 八三

八四 八五 八六 八七 八八 八九 九〇 九一 九二 九三 九四 九五

九六 九七 九八 九九 一〇〇 一〇一 一〇二 一〇三 一〇四 一〇五 一〇六 一〇七

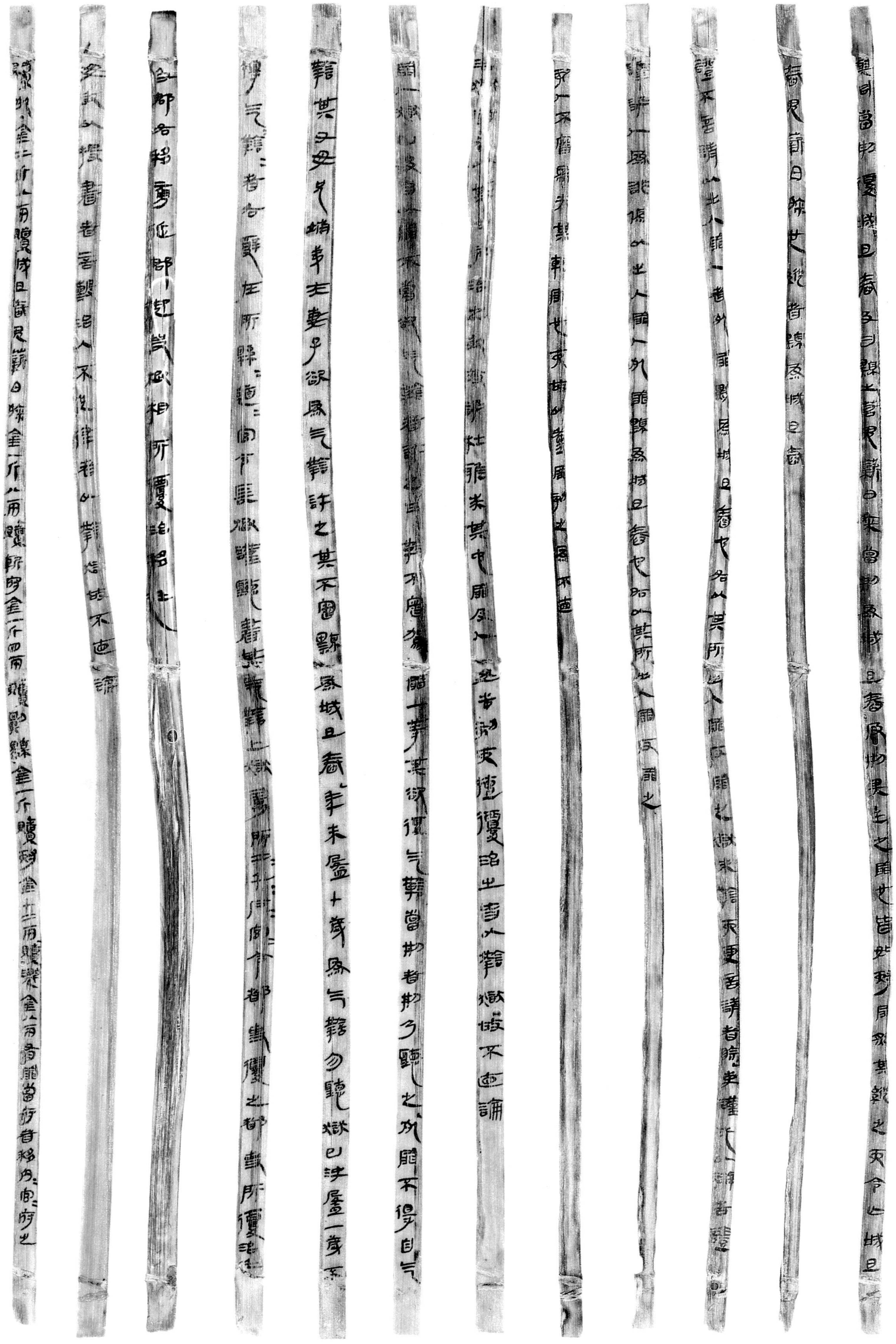

一〇八

一〇九

一一〇

一一一

一一二

一一三

一一四

一一五

一一六

一一七

一一八

一一九

二二〇 二二一 二二二 二二三 二二四 二二五 二二六 二二七 二二八 二二九 二三〇 二三一

一三二 一三三 一三四 一三五 一三六 一三七 一三八 一三九 一四〇 一四一 一四二 一四三

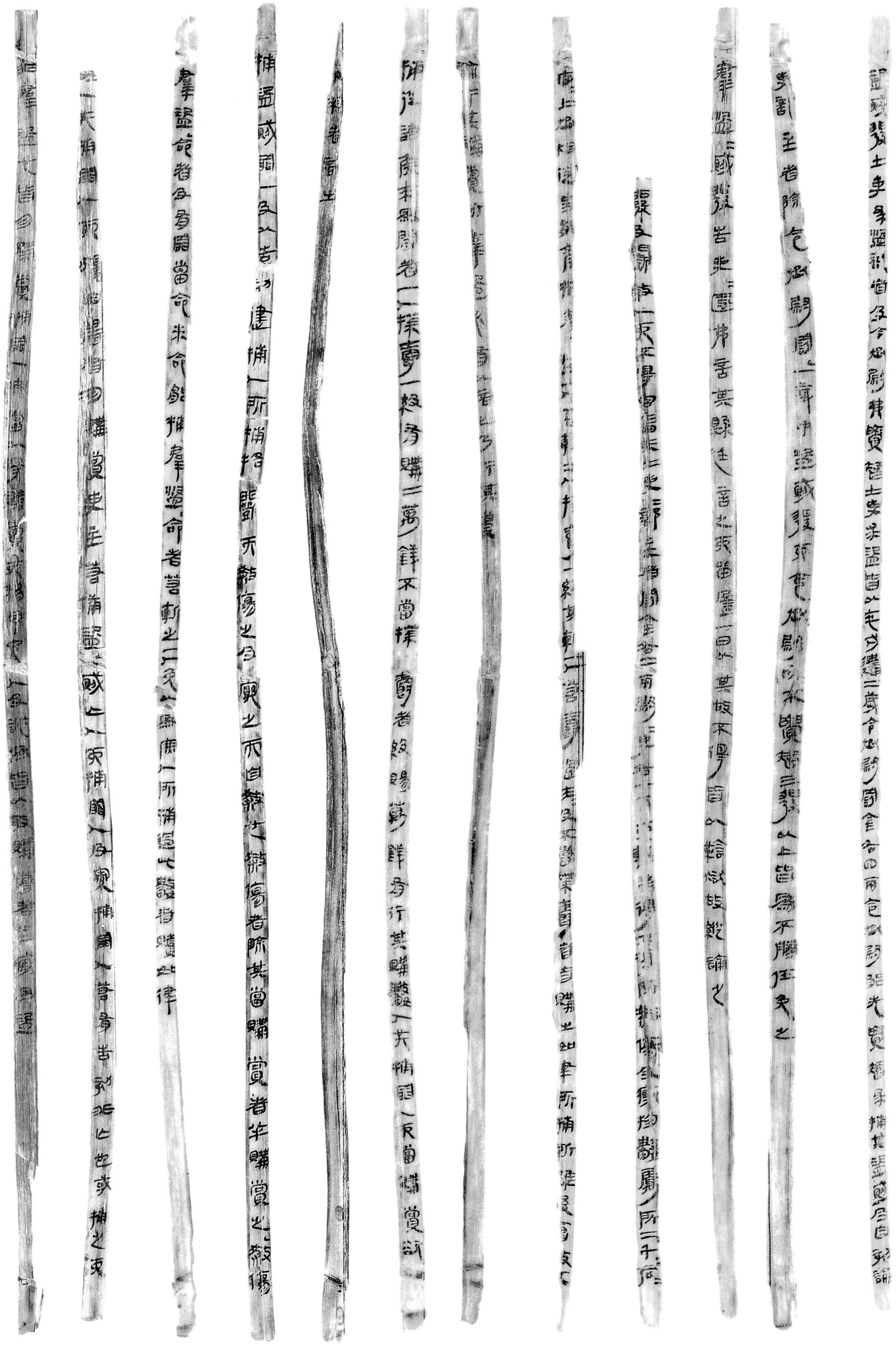

一四四

一四五

一四六

一四七

一四八

一四九

一五〇

一五一

一五二

一五三

一五四

一五五

一五六 一五七 一五八 一五九 一六〇 一六一 一六二 一六三 一六四 一六五 一六六 一六七

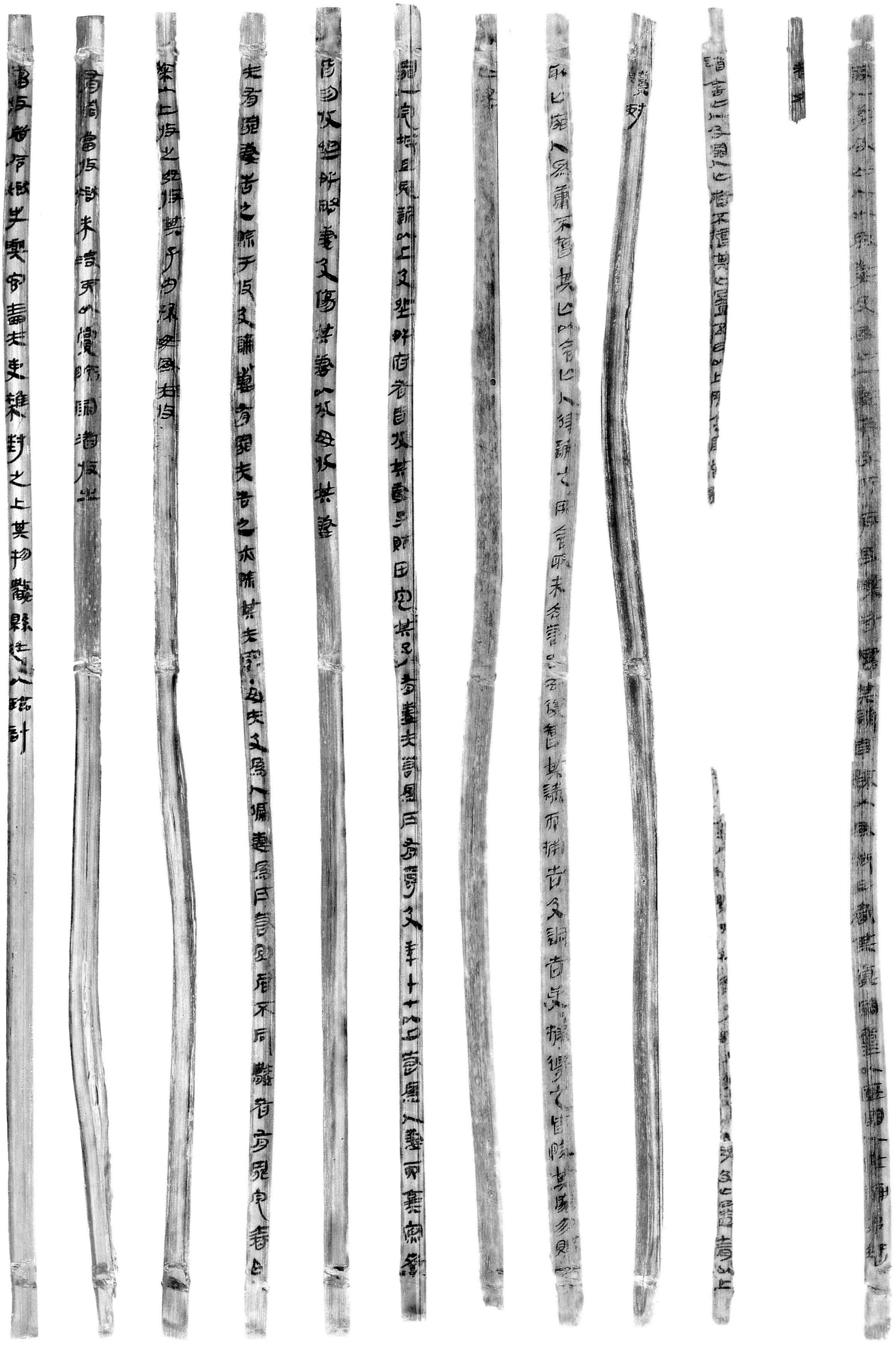

一六八 一六九 一七〇 一七一 一七二 一七三 一七四 一七五 一七六 一七七 一七八 一七九

一八〇 一八一 一八二 一八三 一八四 一八五 一八六 一八七 一八八 一八九 一九〇 一九一

一九二 一九三 一九四 一九五 一九六 一九七 一九八 一九九 二〇〇 二〇一 二〇二 二〇三

二〇四 二〇五 二〇六 二〇七 二〇八 二〇九 二一〇 二一一 二一二 二一三 二一四 二一五

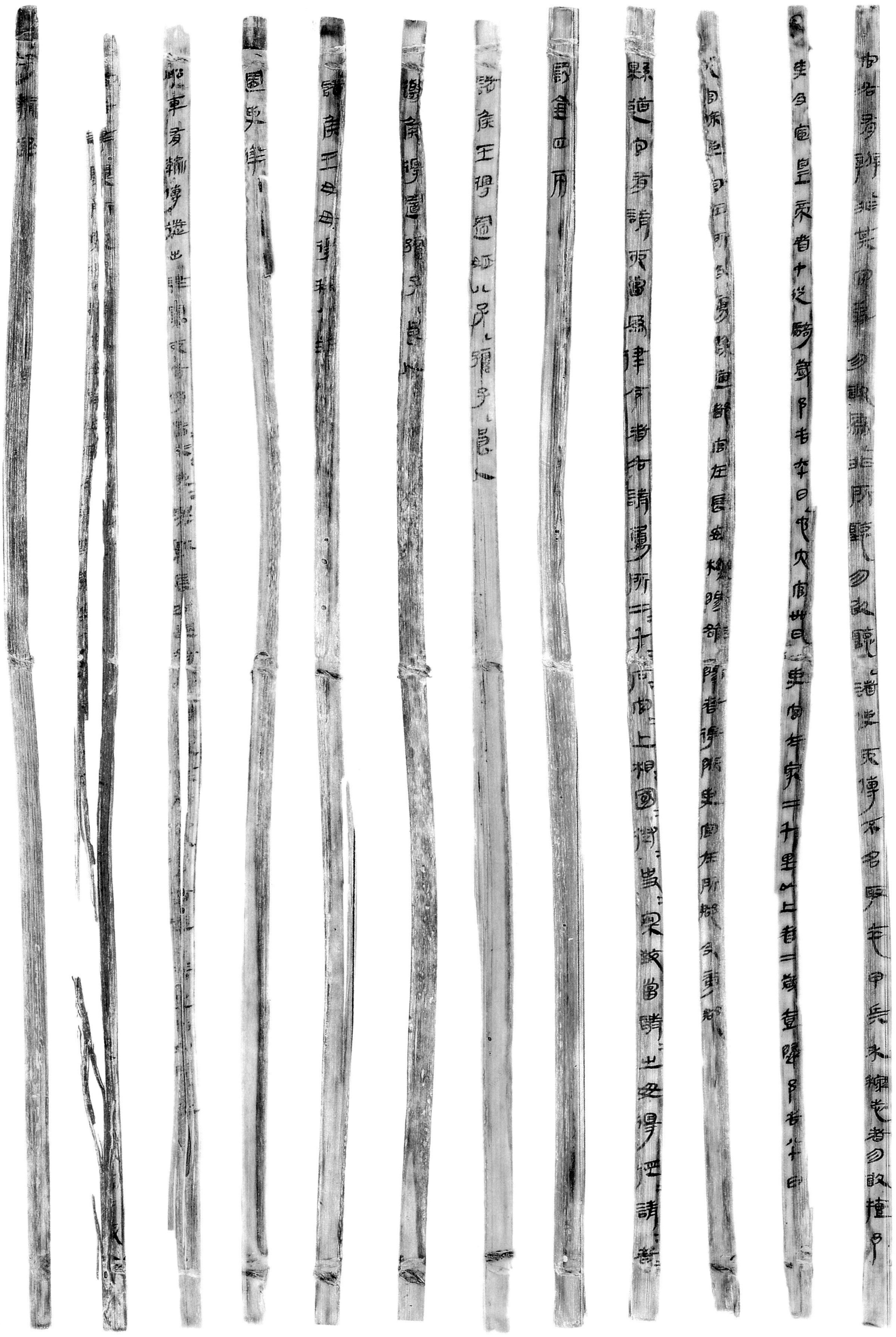

二一六 二一七 二一八 二一九 二二〇 二二一 二二二 二二三 二二四 二二五 二二六 二二七

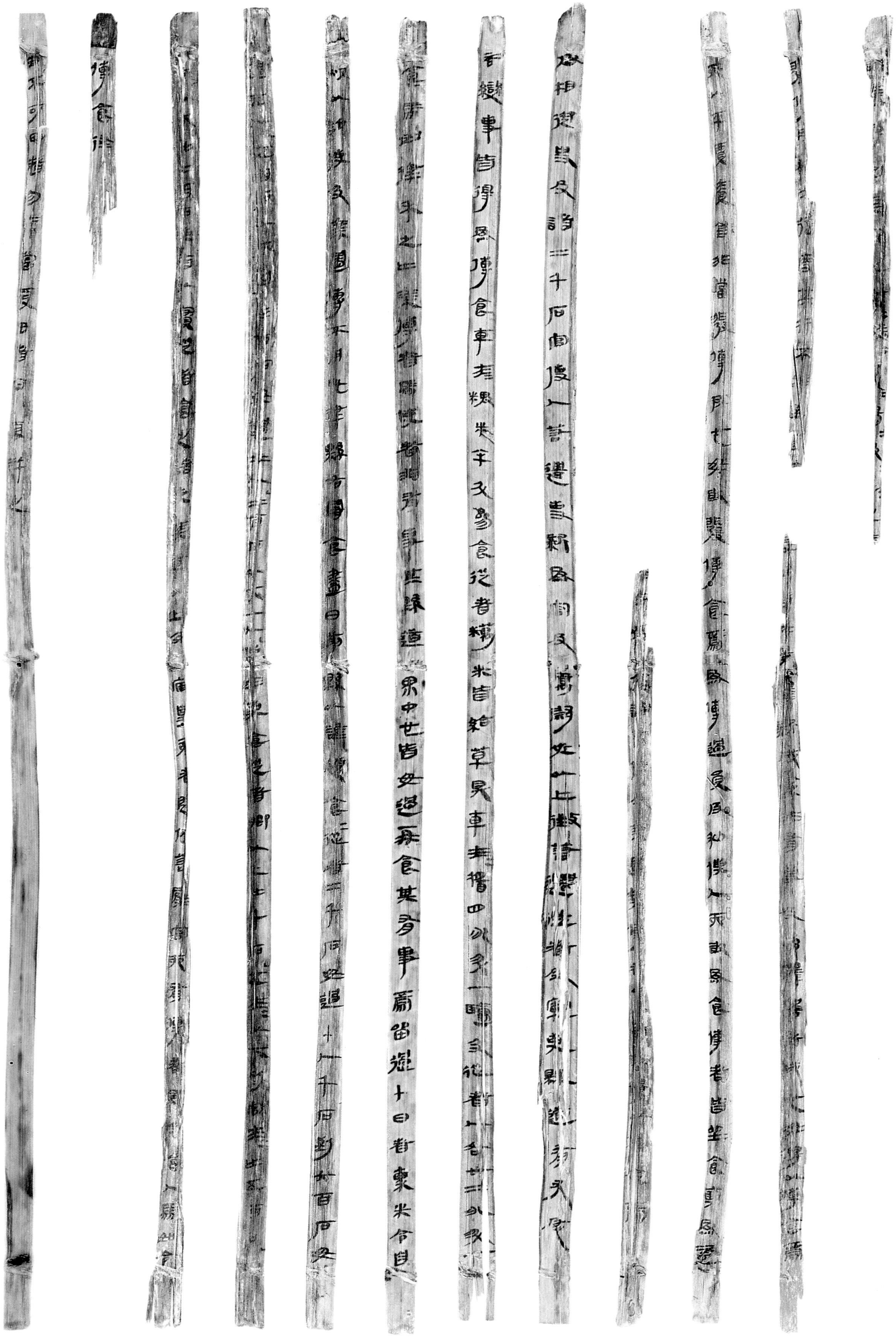

二二八

二二九

二三〇

二三一

二三二

二三三

二三四

二三五

二三六

二三七

二三八

二三九

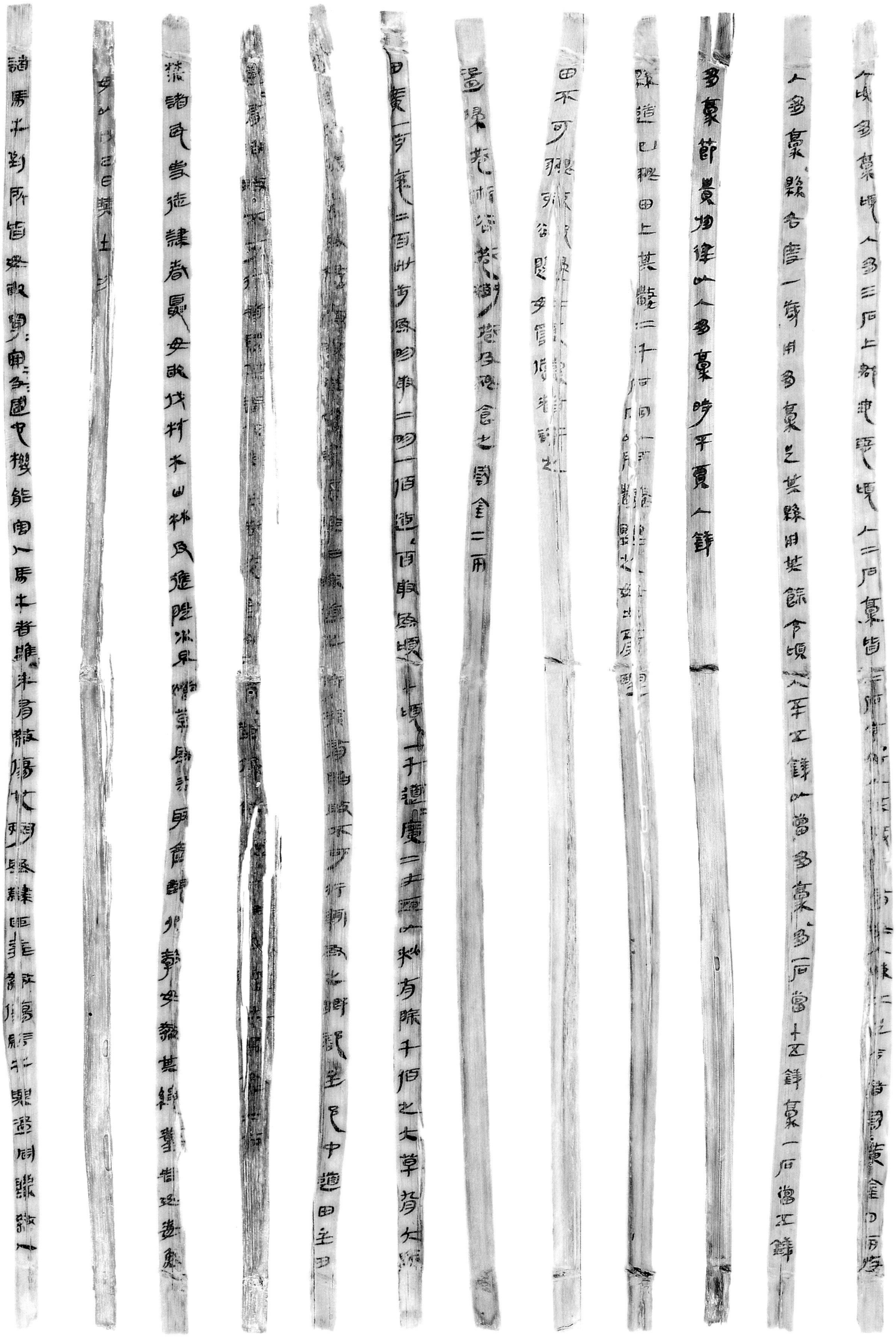

二四〇 二四一 二四二 二四三 二四四 二四五 二四六 二四七 二四八 二四九 二五〇 二五一

二五二

二五三

二五四

二五五

二五六

二五七

二五八

二五九

二六〇

二六一

二六二

二六三

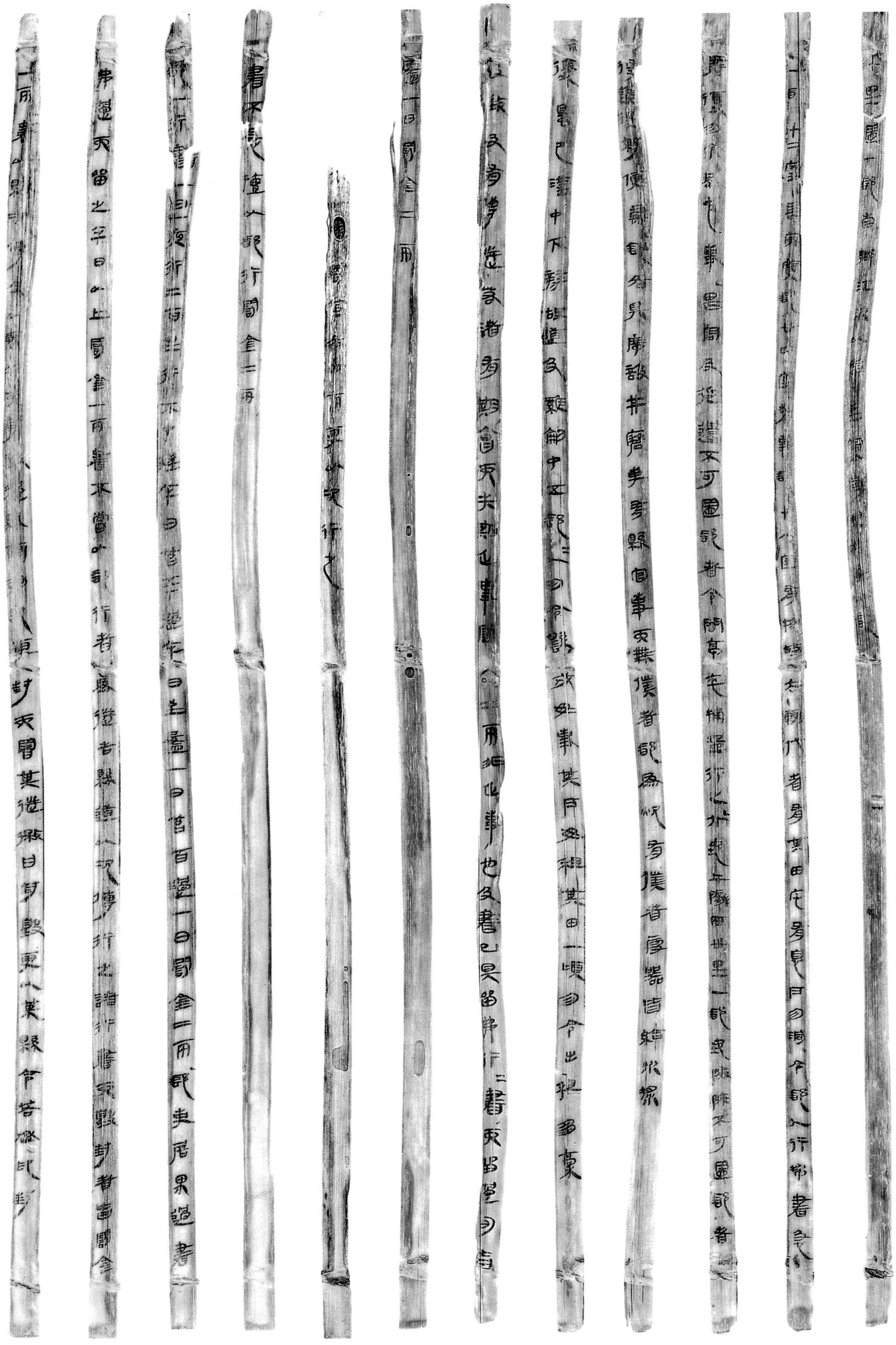

二六四

二六五

二六六

二六七

二六八

二六九

二七〇

二七一

二七二

二七三

二七四

二七五

二七六

二七七

二七八

二七九

二八〇

二八一

二八二

二八三

二八四

二八五

二八六

二八七

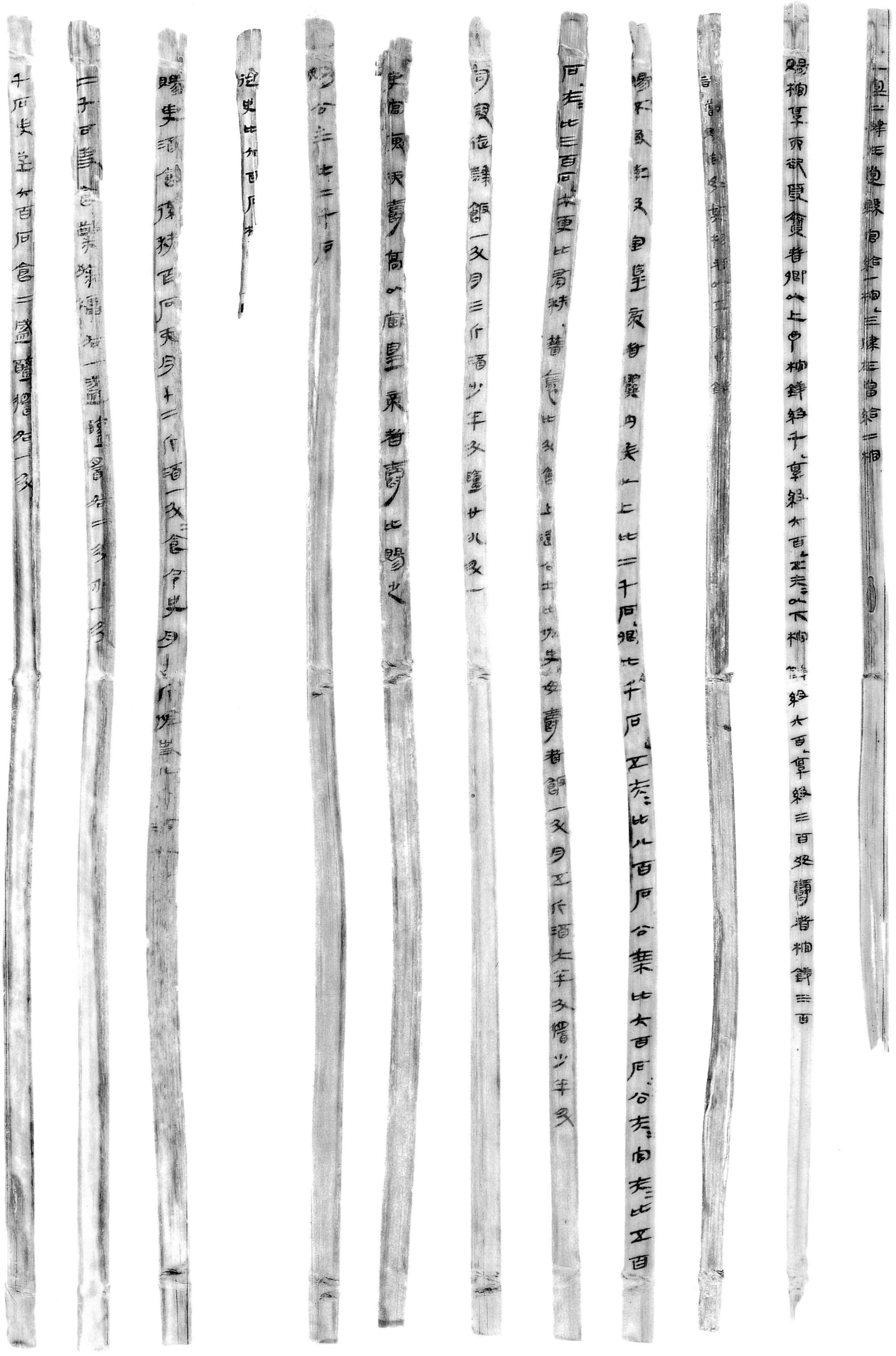

二八八 二八九 二九〇 二九一 二九二 二九三 二九四 二九五 二九六 二九七 二九八 二九九

三〇〇 三〇一 三〇二 三〇三 三〇四 三〇五 三〇六 三〇七 三〇八 三〇九 三一〇 三一一

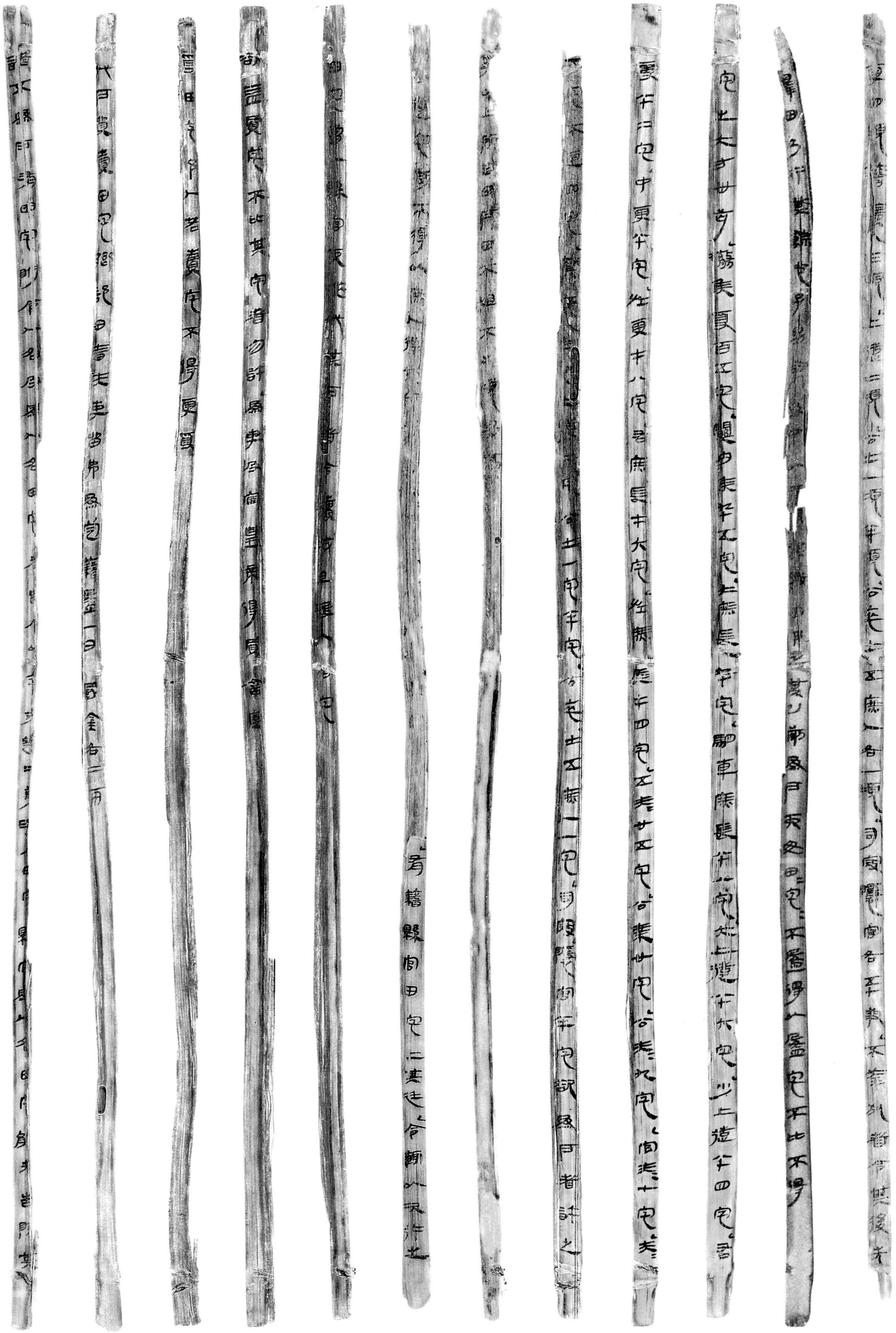

三一二 三一三 三一四 三一五 三一六 三一七 三一八 三一九 三二〇 三二一 三二二 三二三

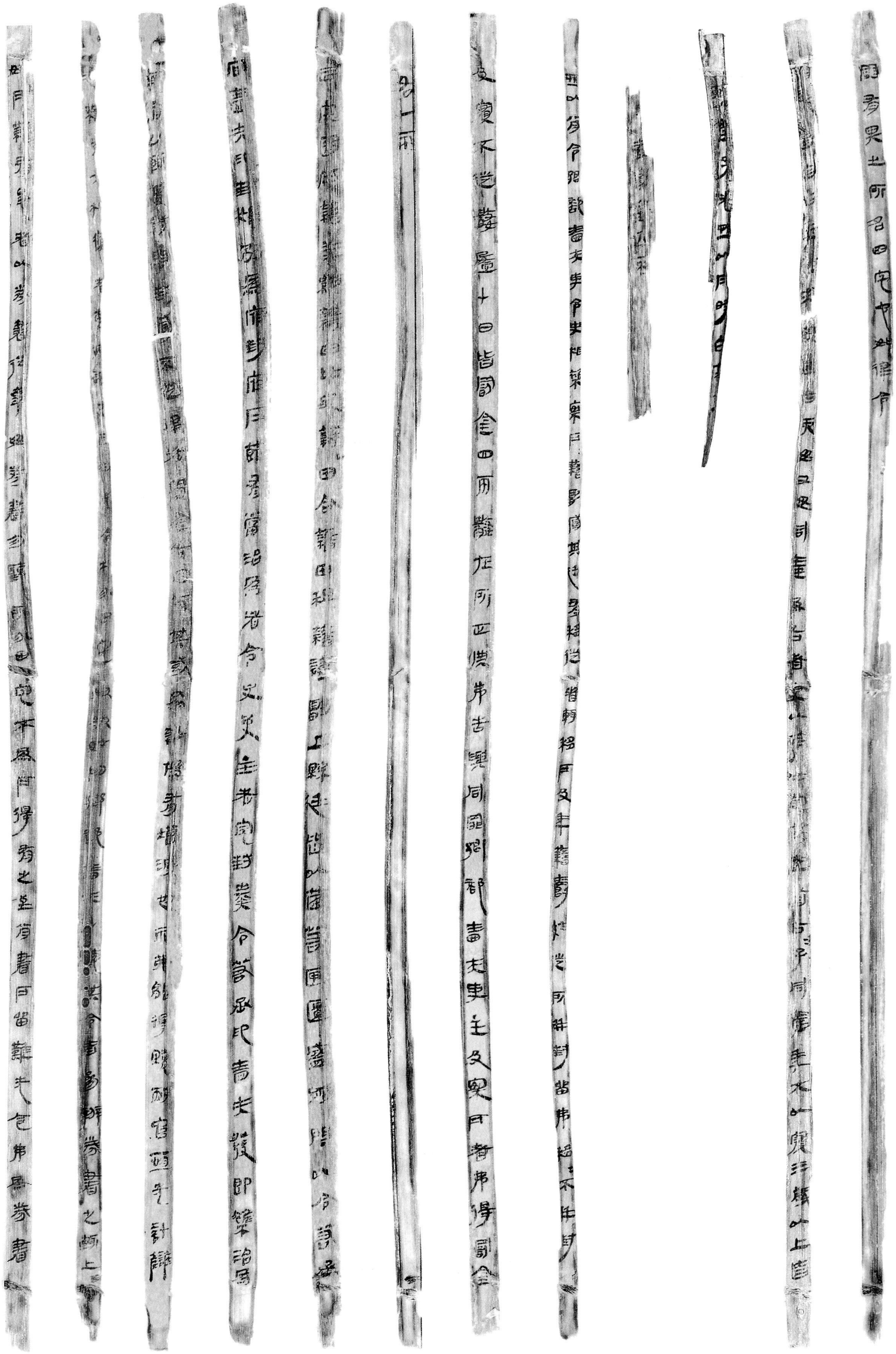

二二四

二二五

二二六

二二七

二二八

二二九

二三〇

二三一

二三二

二三三

二三四

二三五

三三六

三三七

三三八

三三九

三四〇

三四一

三四二

三四三

三四四

三四五

三四六

三四七

三四八 三四九 三五〇 三五一 三五二 三五三 三五四 三五五 三五六 三五七 三五八 三五九

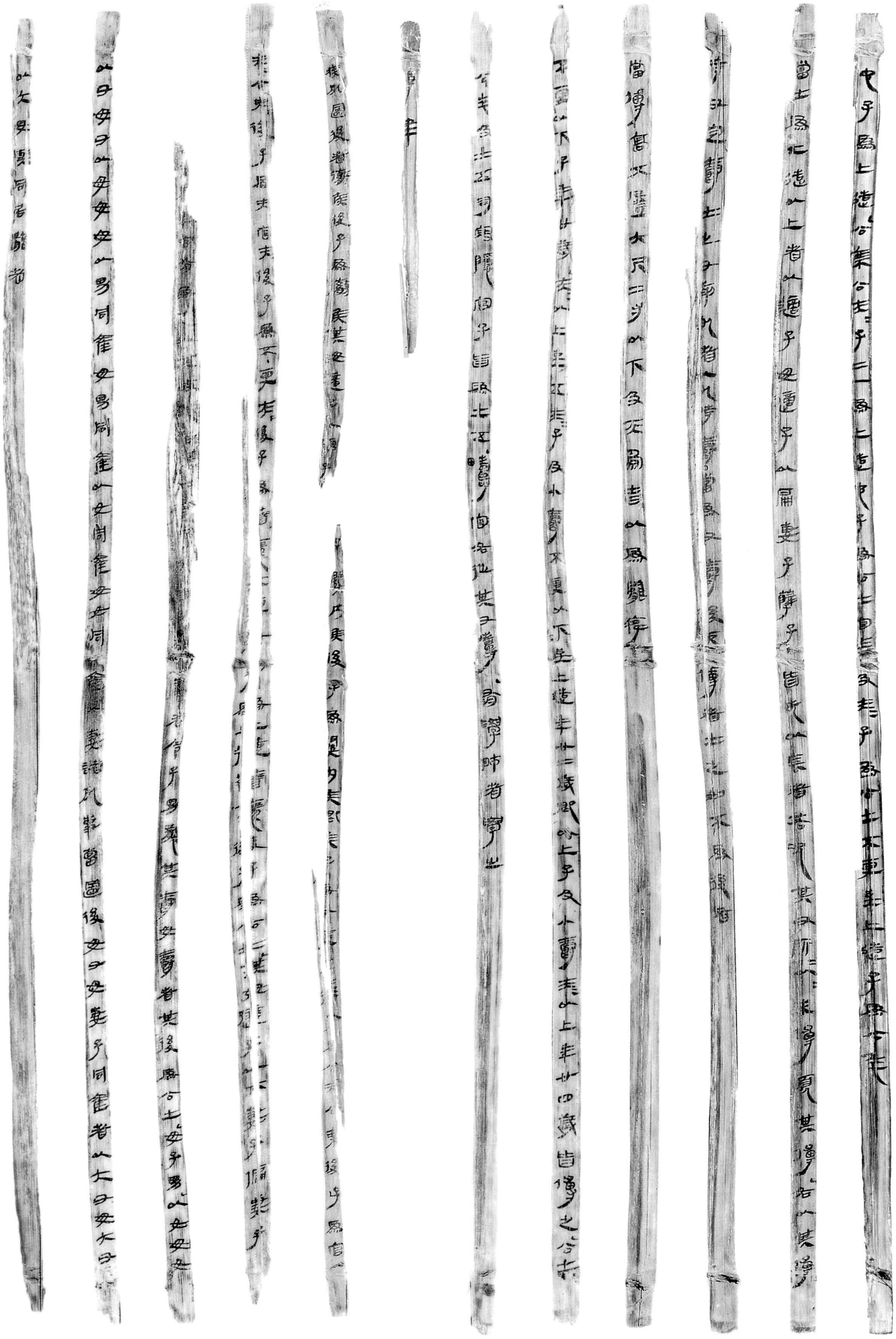

三六〇 三六一 三六二 三六三 三六四 三六五 三六六 三六七 三六八 三六九 三七〇 三七一

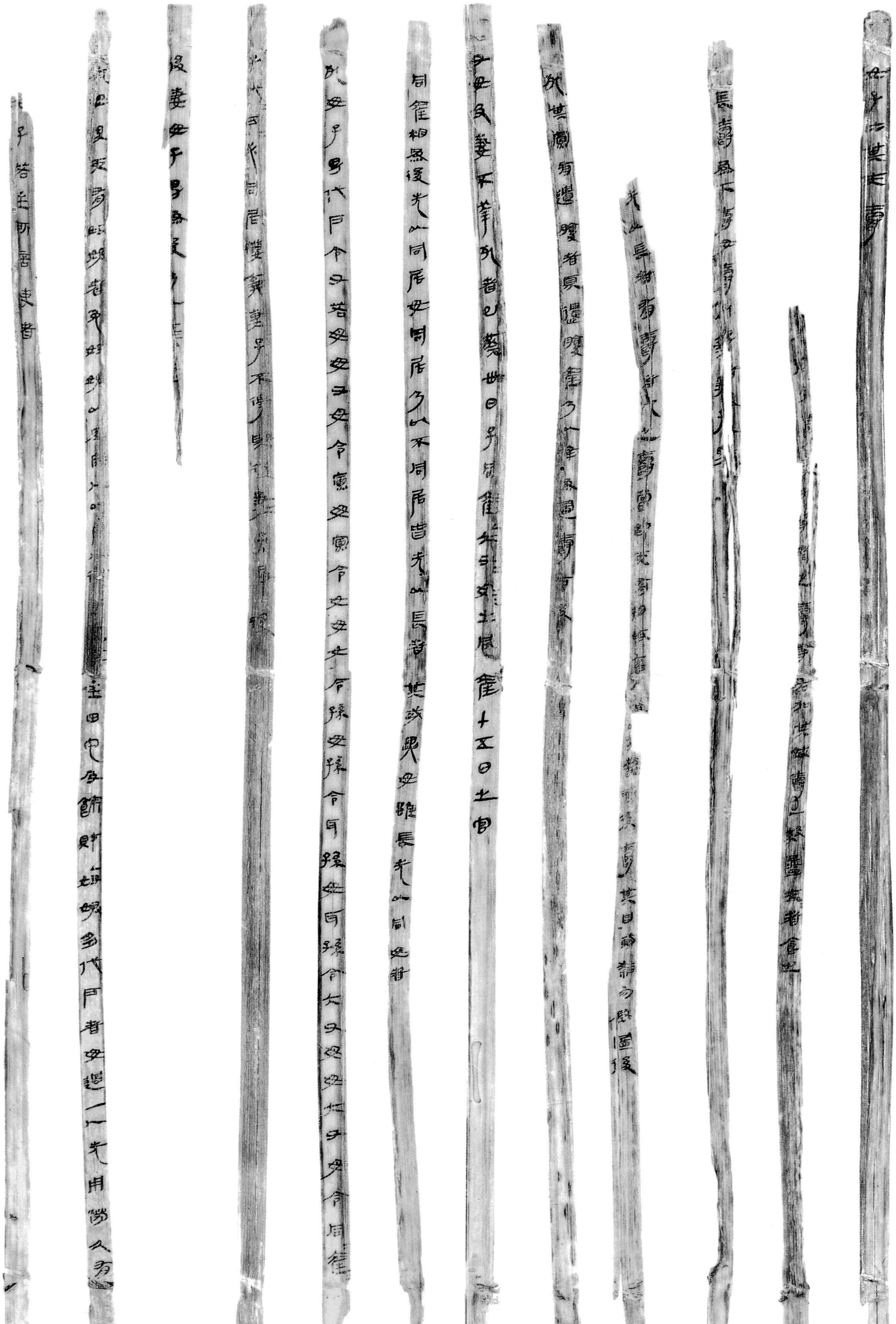

三七二 三七三 三七四 三七五 三七六 三七七 三七八 三七九 三八〇 三八一 三八二 三八三

三八四 三八五 三八六 三八七 三八八 三八九 三九〇 三九一 三九二 三九三 三九四 三九五

三九六 三九七 三九八 三九九 四〇〇 四〇一 四〇二 四〇三 四〇四 四〇五 四〇六 四〇七

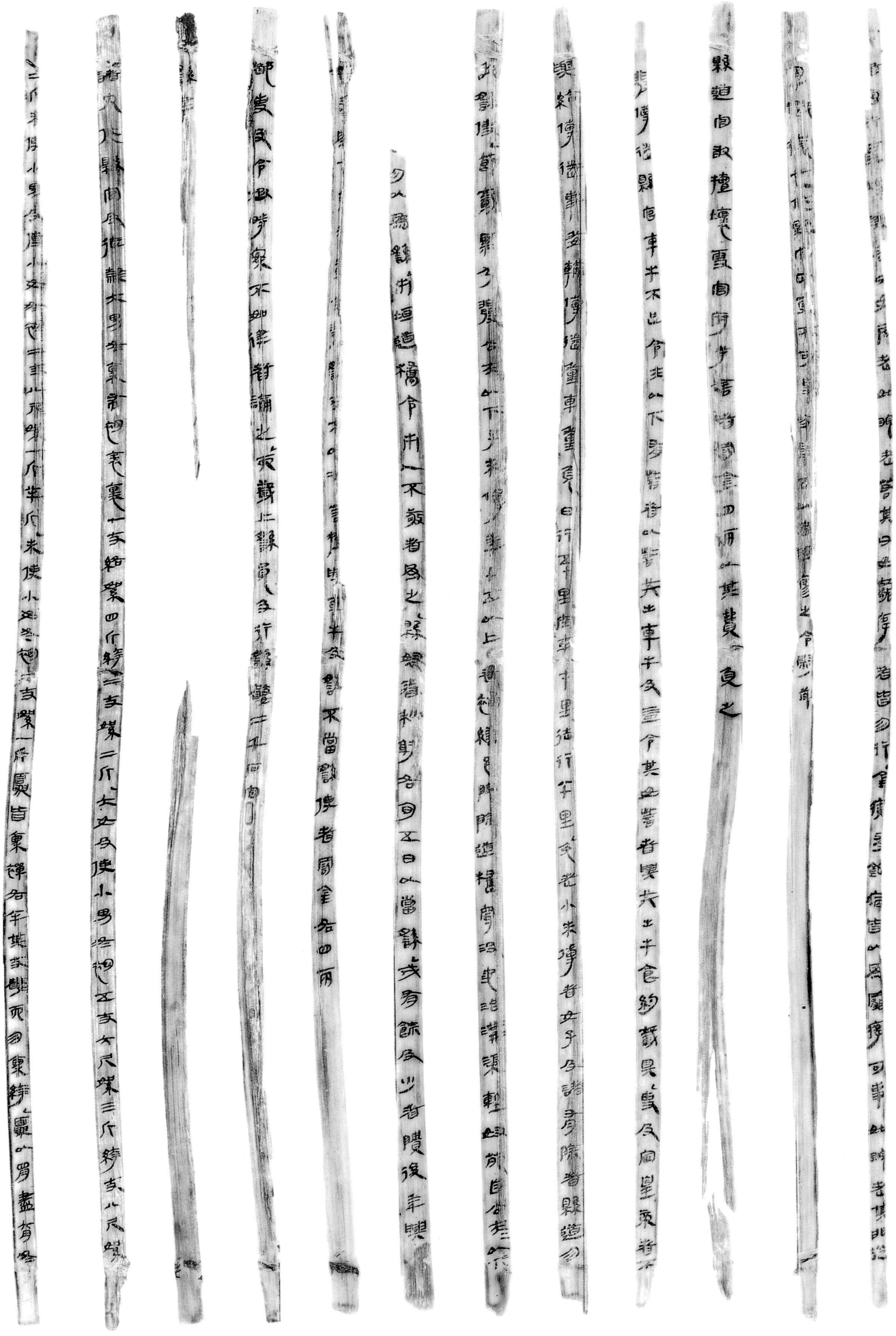

四〇八 四〇九 四一〇 四一一 四一二 四一三 四一四 四一五 四一六 四一七 四一八 四一九

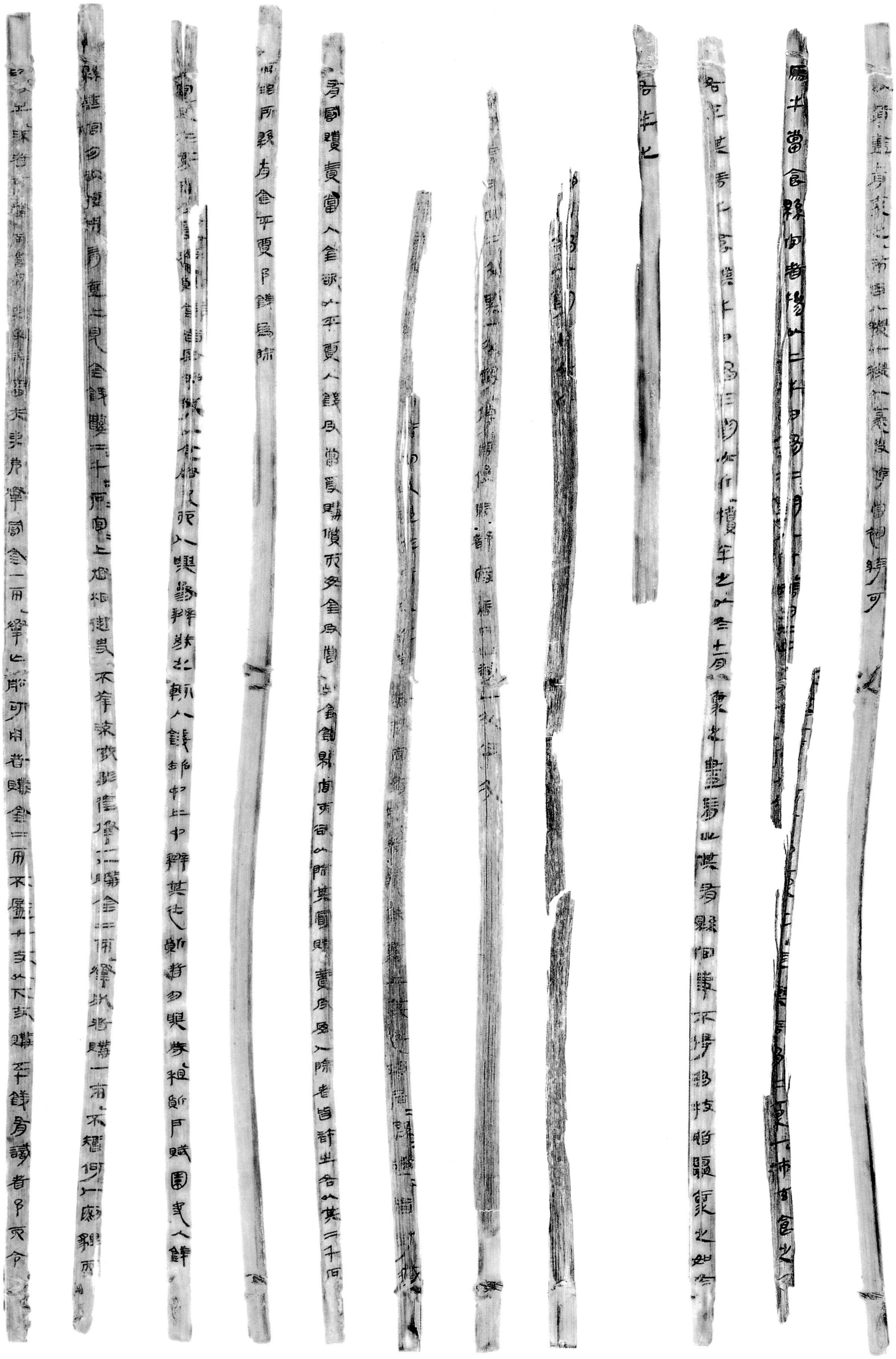

四二〇 四二一 四二二 四二三 四二四 四二五 四二六 四二七 四二八 四二九 四三〇 四三一

四三二 四三三 四三四 四三五 四三六 四三七 四三八 四三九 四四〇 四四一 四四二 四四三

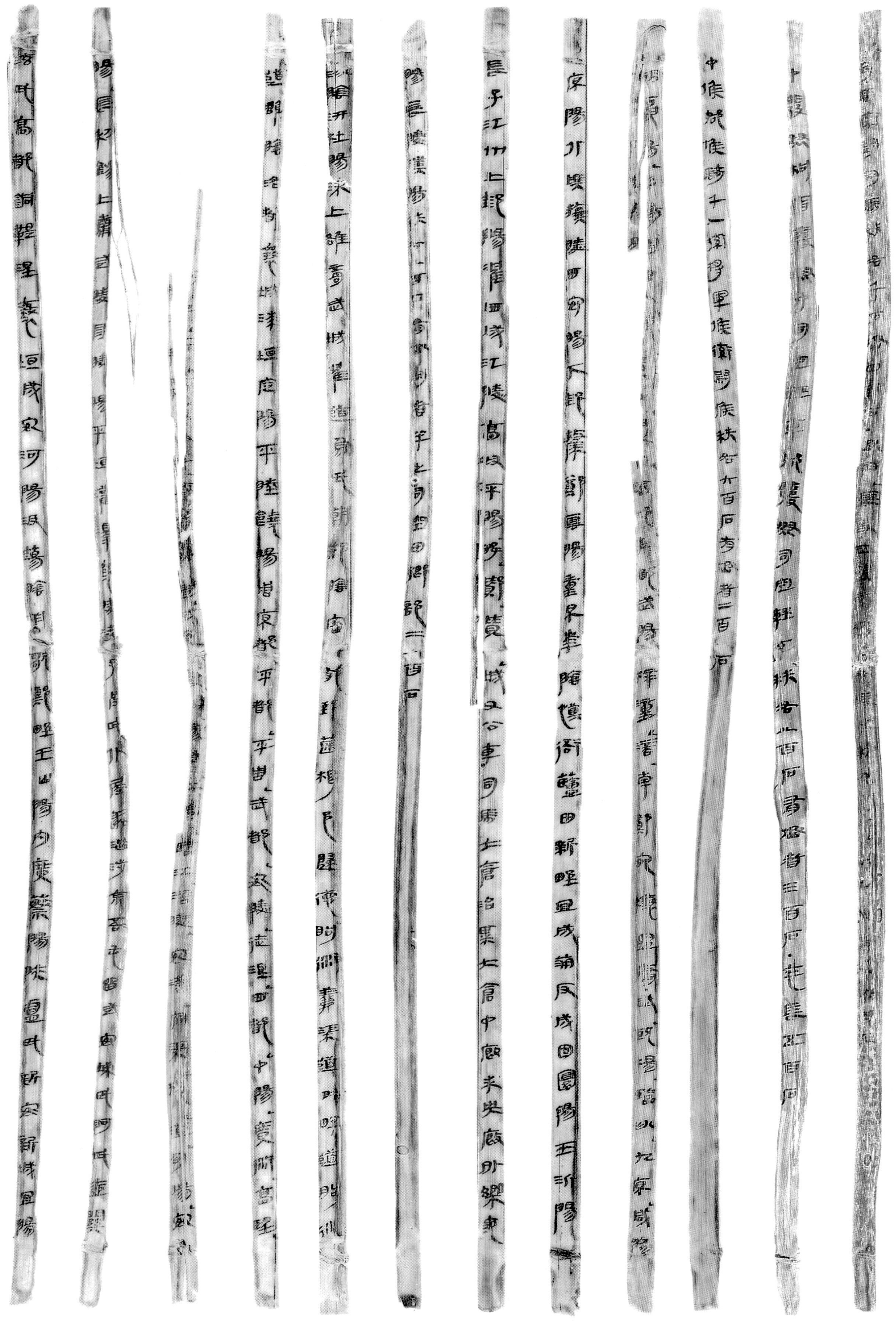

四四四

四四五

四四六

四四七

四四八

四四九

四五〇

四五一

四五二

四五三

四五四

四五五

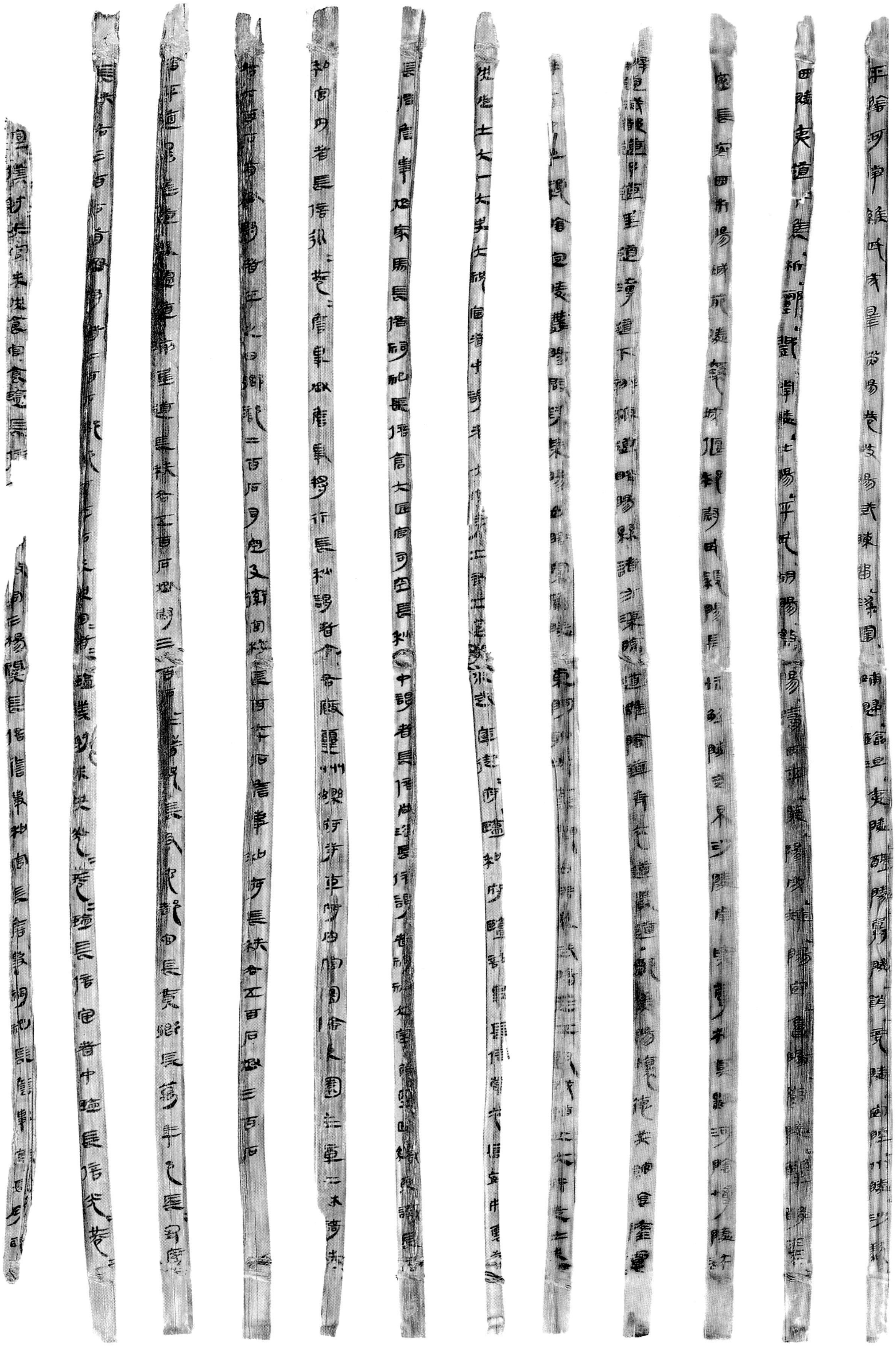

四五六

四五七

四五八

四五九

四六〇

四六一

四六二

四六三

四六四

四六五

四六六

四六七

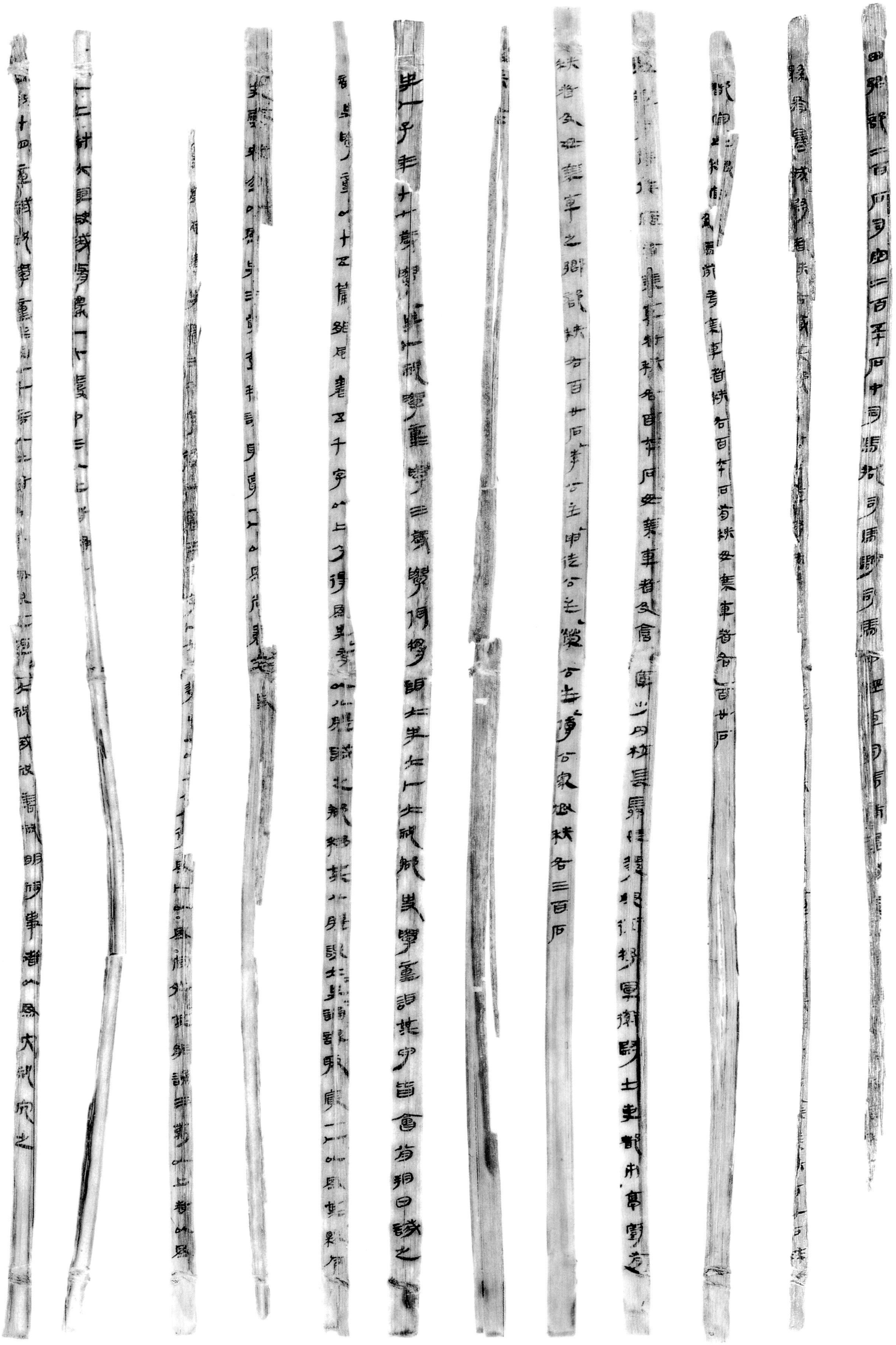

四六八

四六九

四七〇

四七一

四七二

四七三

四七四

四七五

四七六

四七七

四七八

四七九

四八〇 四八一 四八二 四八三 四八四 四八五 四八六 四八七 四八八 四八九 四九〇 四九一

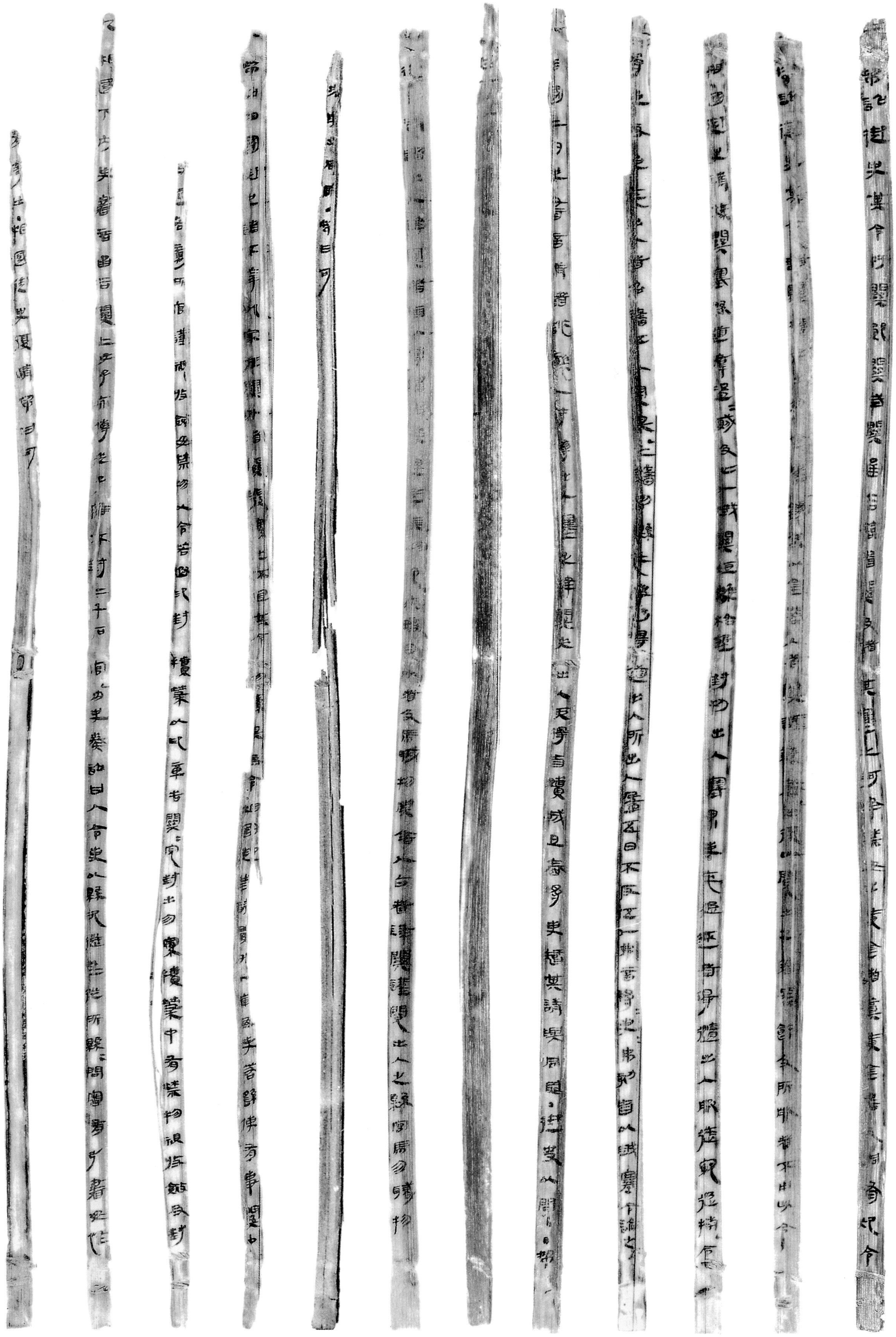

四九二 四九三 四九四 四九五 四九六 四九七 四九八 四九九 五〇〇 五〇一 五〇二 五〇三

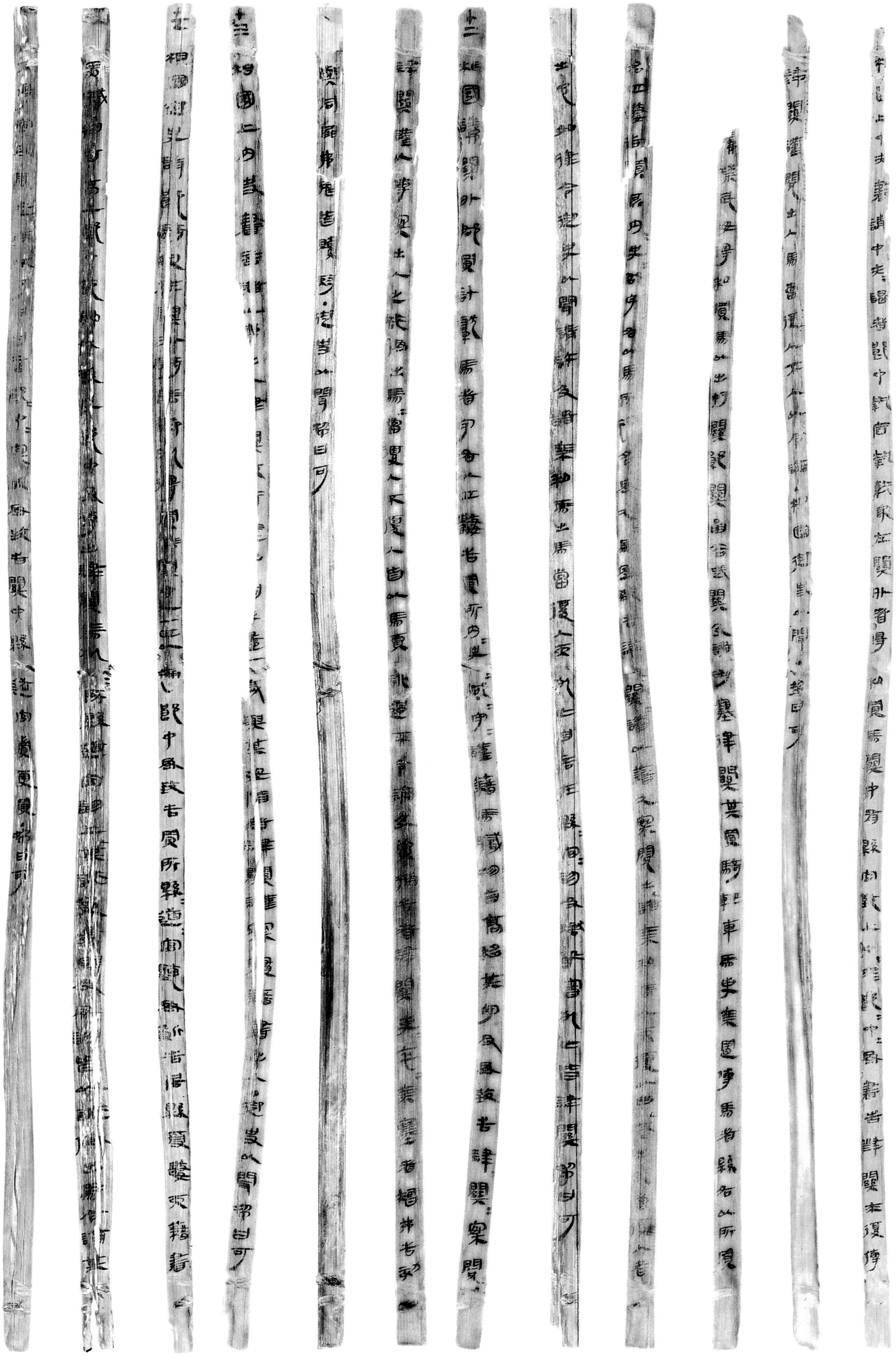

五〇四 五〇五 五〇六 五〇七 五〇八 五〇九 五一〇 五一一 五一二 五一三 五一四 五一五

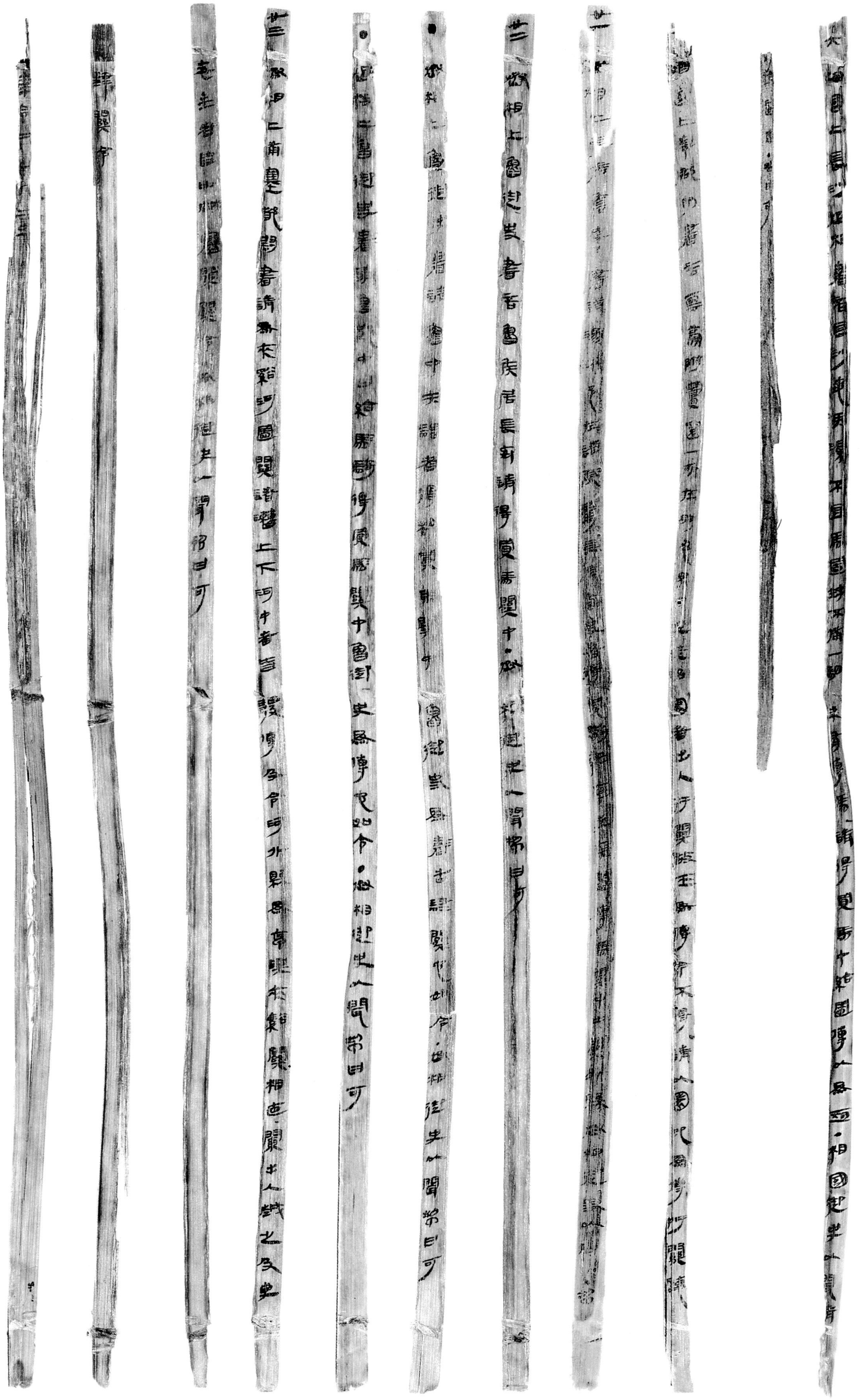

五一六 五一七 五一八 五一九 五二〇 五二一 五二二 五二三 五二四 五二五 五二六

奏讞書圖版

一　二　三　四　五　六　七　八　九　一〇　一一　一二

一三 一四 一五 一六 一七 一八 一九 二〇 二一 二二 二三 二四

二五 二六 二七 二八 二九 三〇 三一 三二 三三 三四 三五 三六

三七 三八 三九 四〇 四一 四二 四三 四四 四五 四六 四七 四八

四九 五〇 五一 五二 五三 五四 五五 五六 五七 五八 五九 六〇

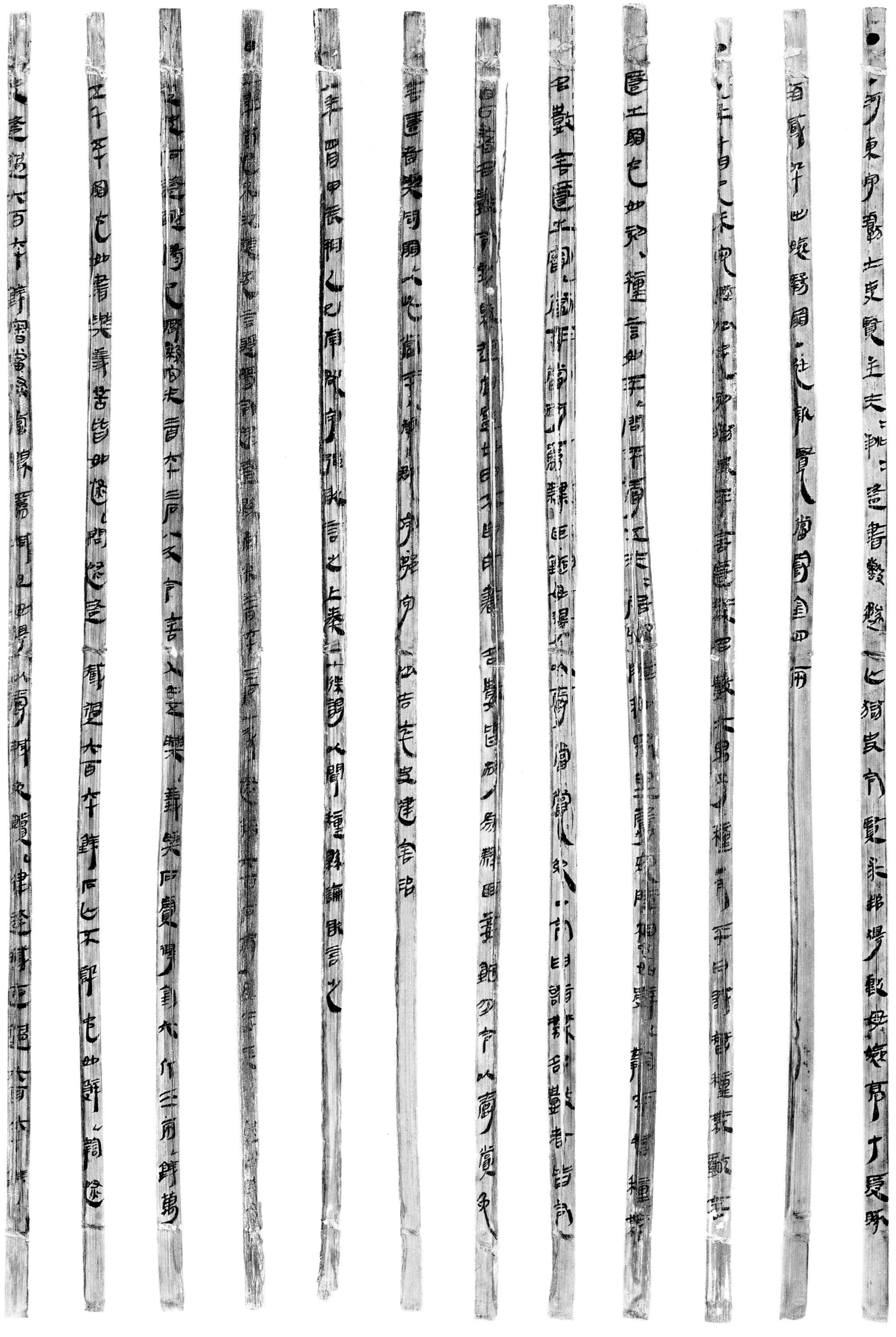

七二　七一　七〇　六九　六八　六七　六六　六五　六四　六三　六二　六一

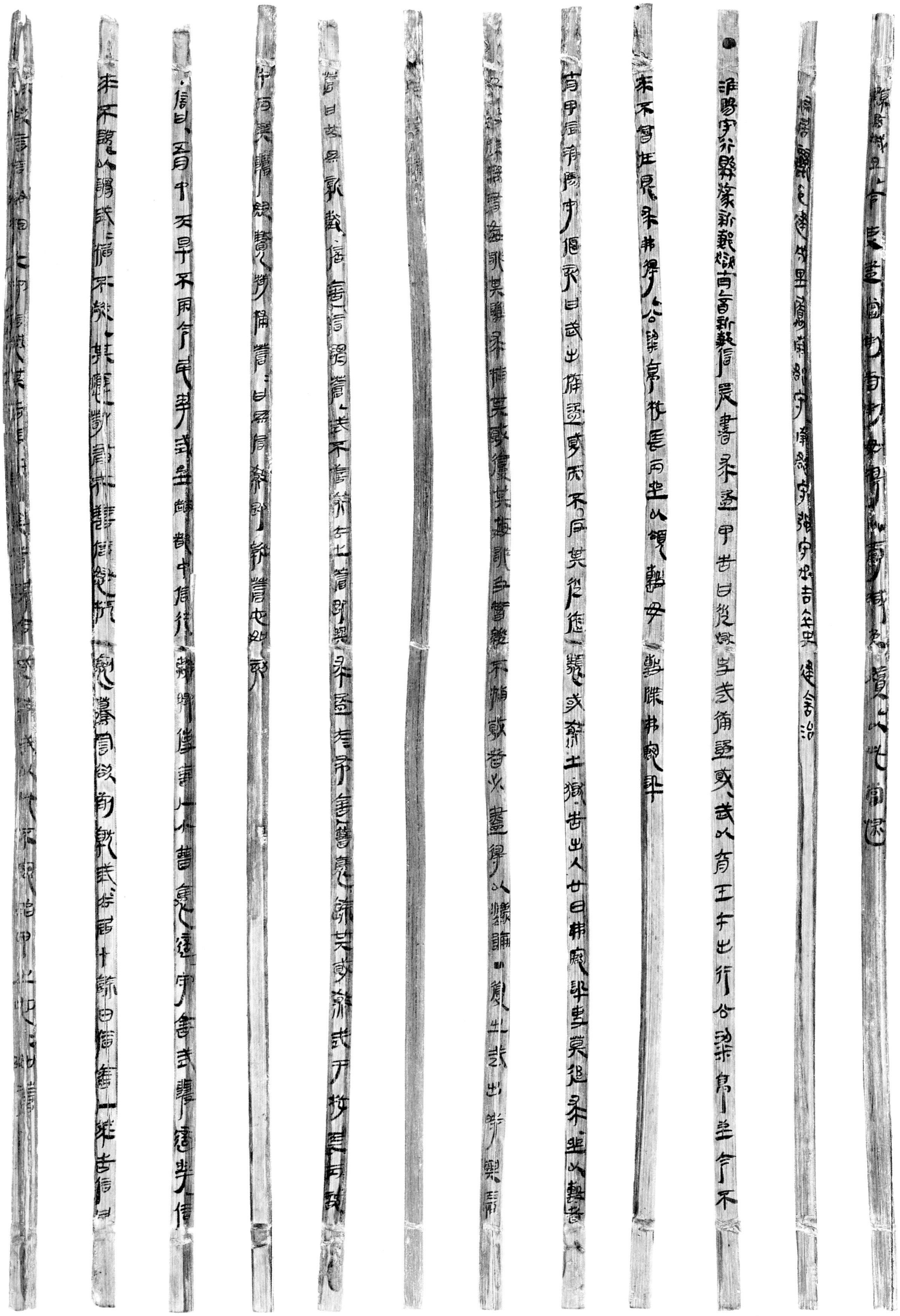

八四　八三　八二　八一　八〇　七九　七八　七七　七六　七五　七四　七三

八五 八六 八七 八八 八九 九〇 九一 九二 九三 九四 九五 九六

九七 九八 九九 一〇〇 一〇一 一〇二 一〇三 一〇四 一〇五 一〇六 一〇七 一〇八

一〇九 一一〇 一一一 一一二 一一三 一一四 一一五 一一六 一一七 一一八 一一九 一二〇

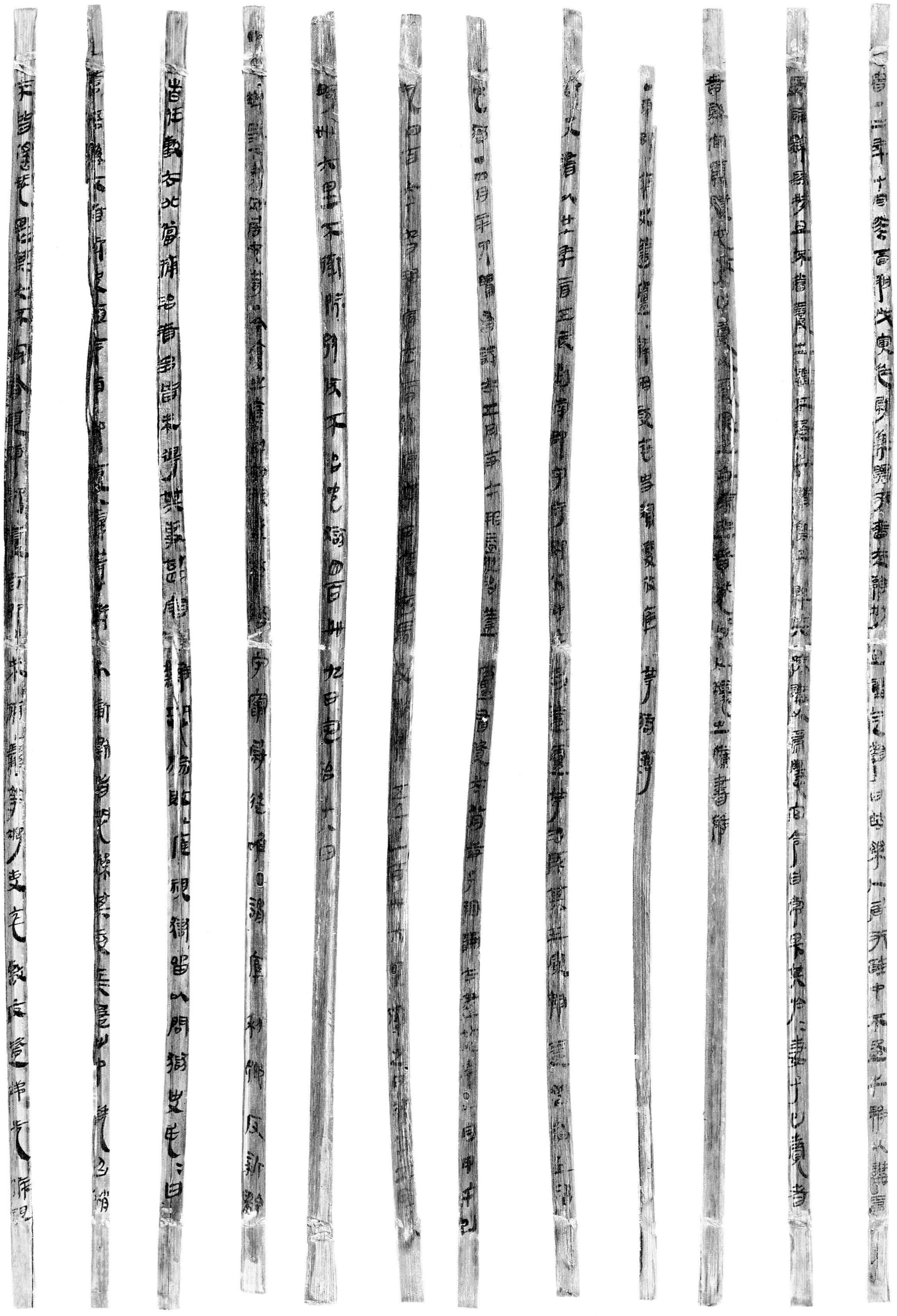

二二一 二二二 二二三 二二四 二二五 二二六 二二七 二二八 二二九 二三〇 二三一 二三二

一三三

一三四

一三五

一三六

一三七

一三八

一三九

一四〇

一四一

一四二

一四三

一四四

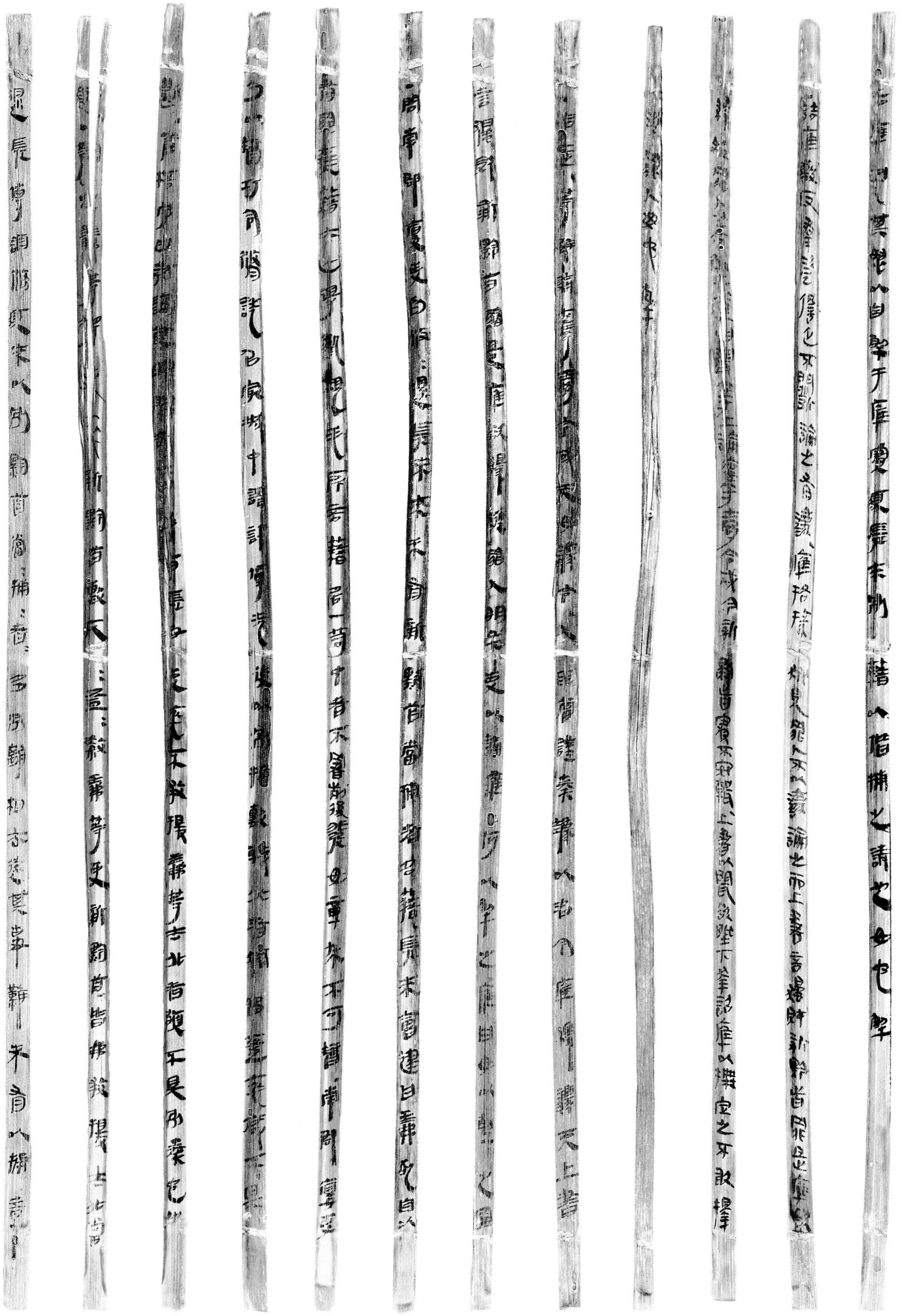

一四五 一四六 一四七 一四八 一四九 一五〇 一五一 一五二 一五三 一五四 一五五 一五六

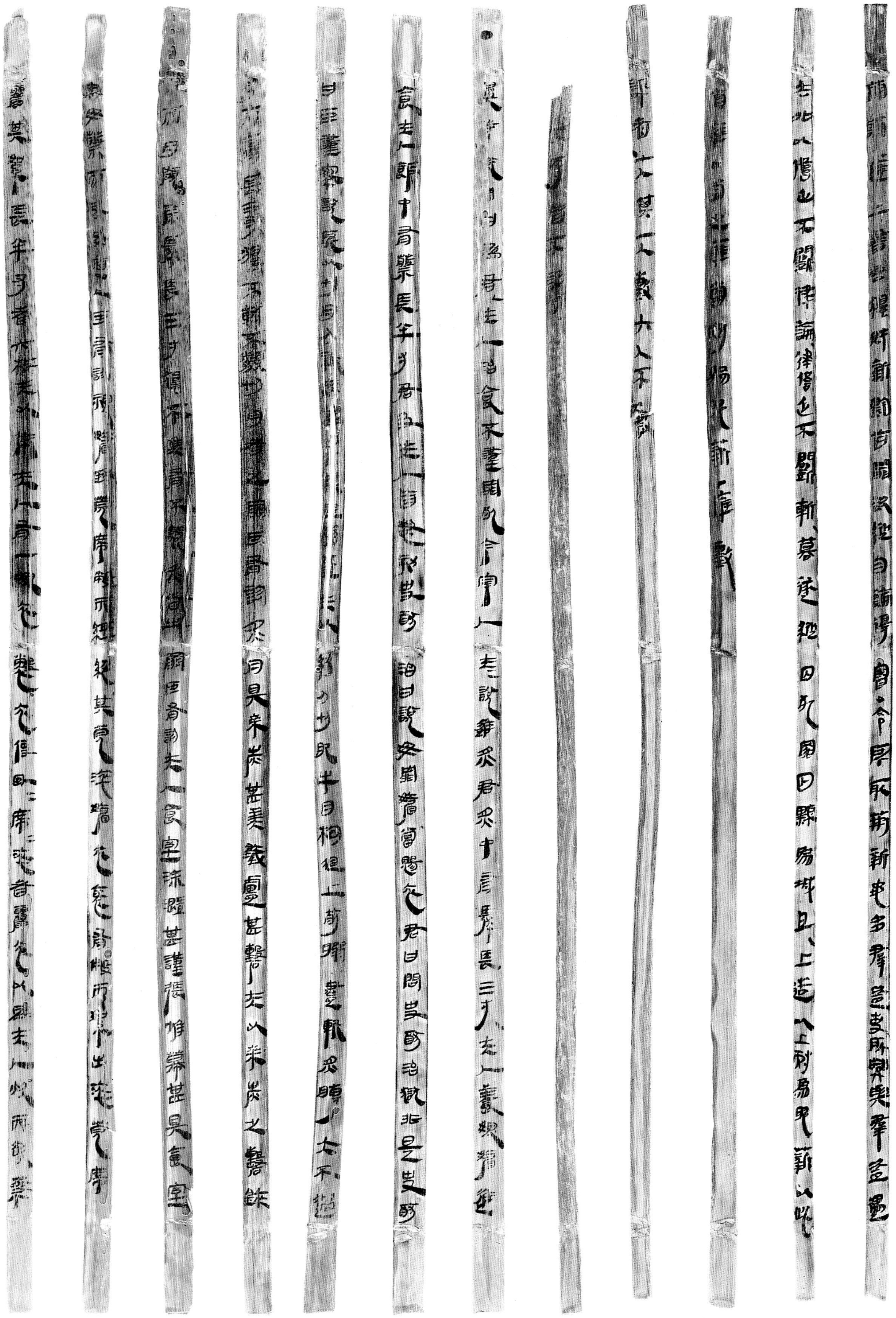

一五七　一五八　一五九　一六〇　一六一　一六二　一六三　一六四　一六五　一六六　一六七　一六八

一六九 一七〇 一七一 一七二 一七三 一七四 一七五 一七六 一七七 一七八 一七九 一八〇

一八一 一八二 一八三 一八四 一八五 一八六 一八七 一八八 一八九 一九〇 一九一 一九二

一九三

一九四

一九五

一九六

一九七

一九八

一九九

二〇〇

二〇一

二〇二

二〇三

二〇四

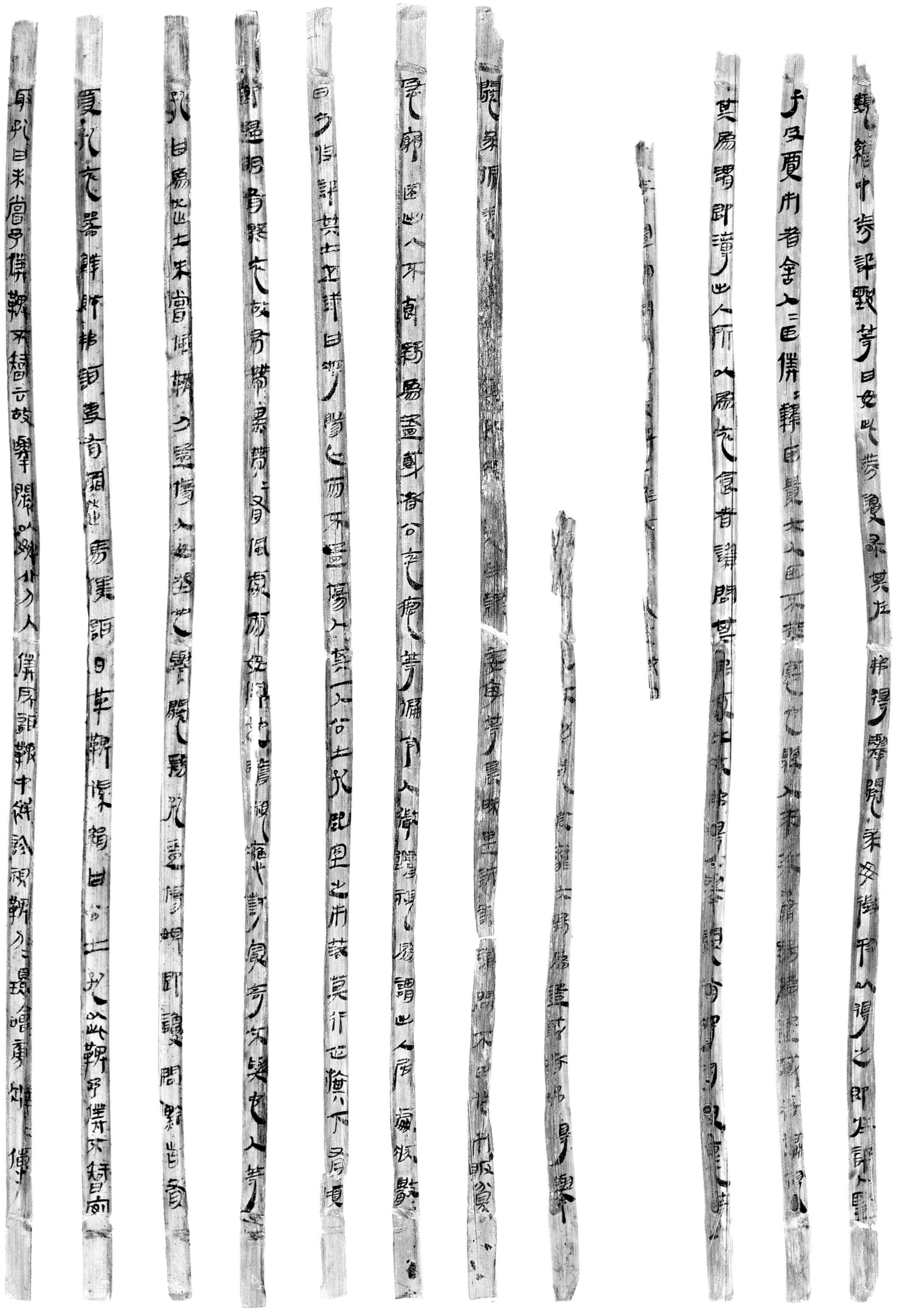

二〇五

二〇六

二〇七

二〇八

二〇九

二一〇

二一一

二一二

二一三

二一四

二一五

二一六

二二七 二二八 二二九 二三〇 二三一 二三二 二三三 二三四 二三五 二三六 二三七 二三八

三八背

脈書圖版

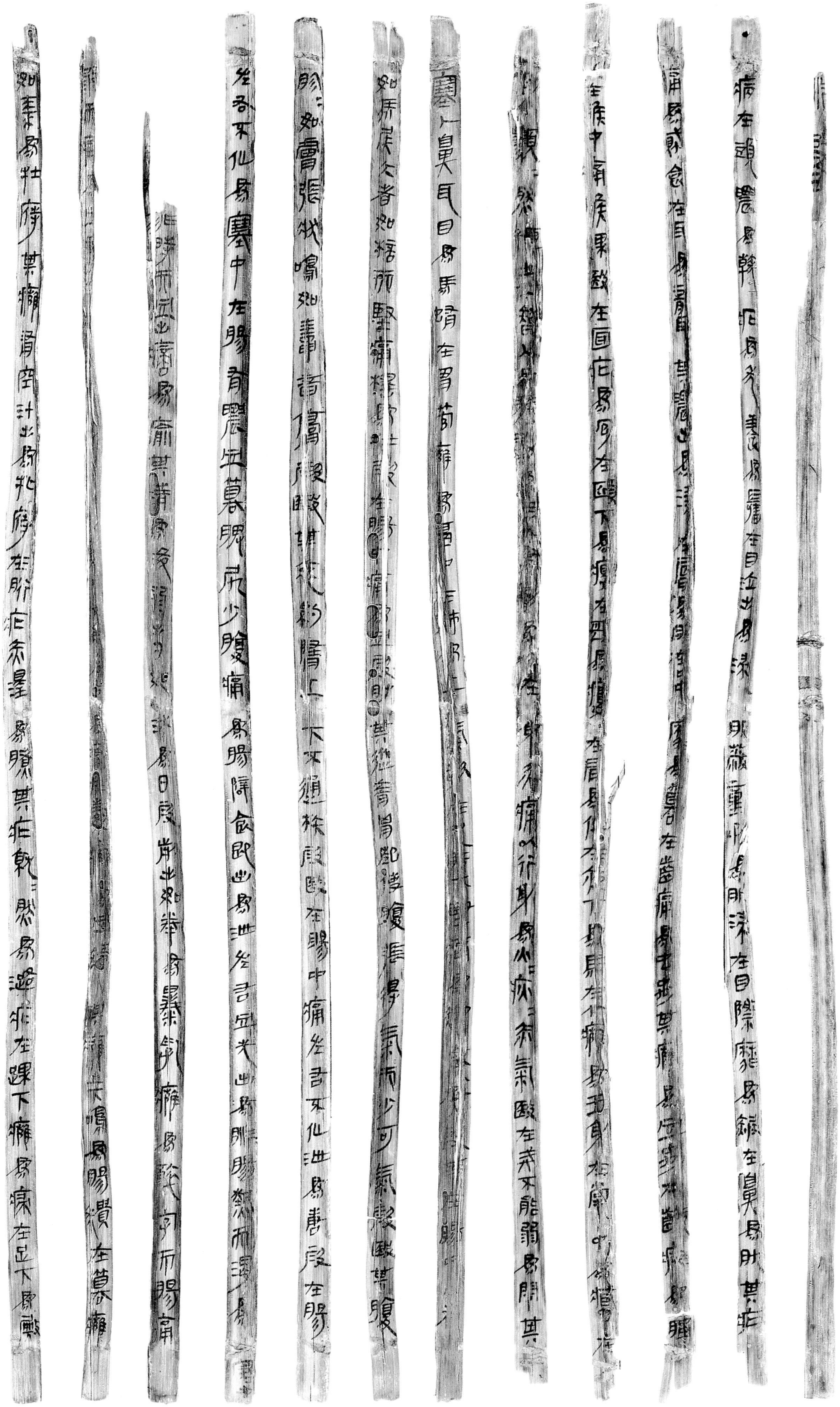

三 二 〇 九 八 七 六 五 四 三 二 一

一三　一四　一五　一六　一七　一八　一九　二〇　二一　二二　二三　二四

二五 二六 二七 二八 二九 三〇 三一 三二 三三 三四 三五 三六

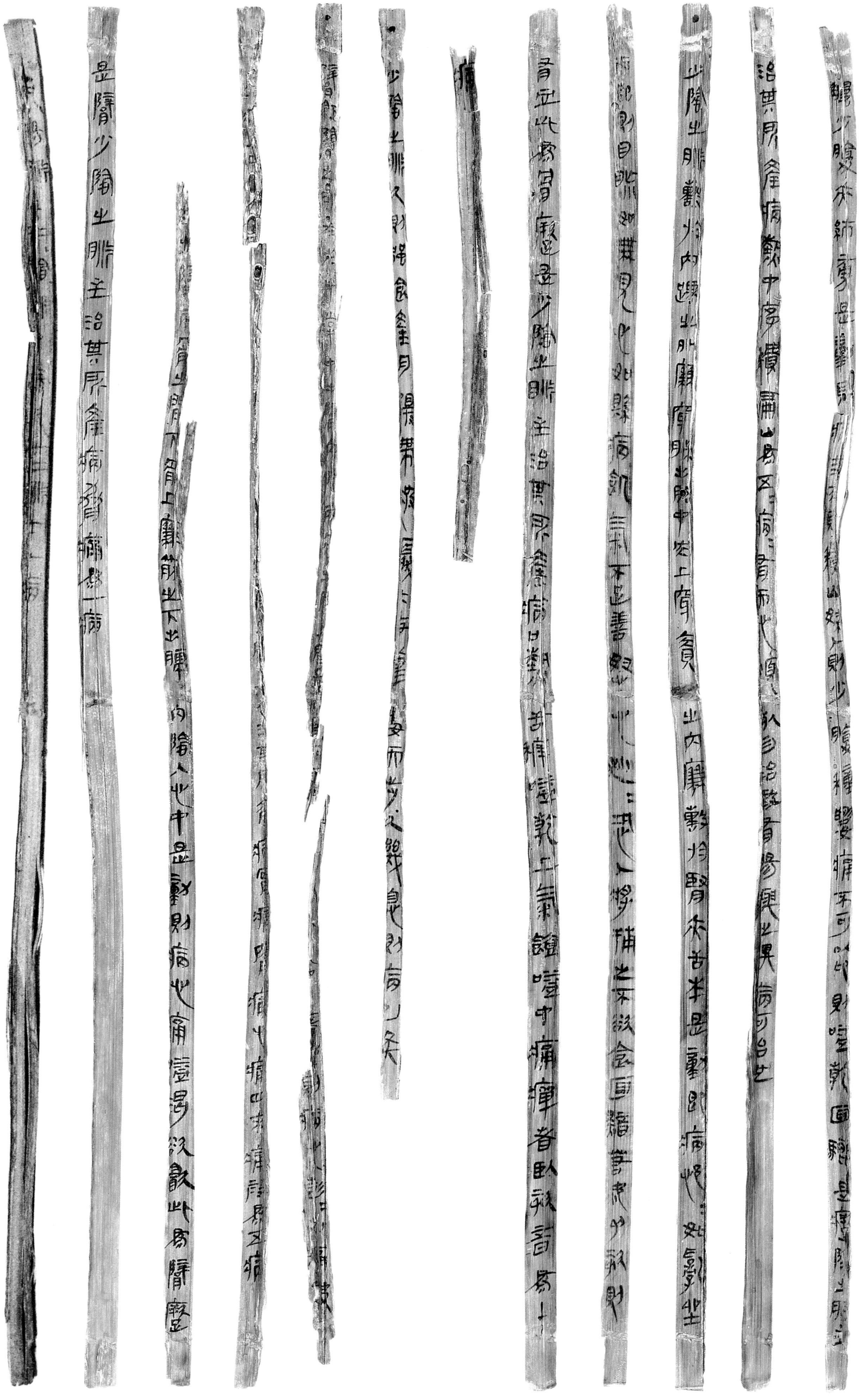

三七 三八 三九 四〇 四一 四二 四三 四四 四五 四六 四七 四八

四九 五〇 五一 五二 五三 五四 五五 五六 五七 五八 五九 六〇

六一 六二 六三 六四 六五 六六

算數書圖版

六背　一　二　三　四　五　六　七　八　九　一〇　一一

一二 一三 一四 一五 一六 一七 一八 一九 二〇 二一 二二 二三

二四 二五 二六 二七 二八 二九 三〇 三一 三二 三三 三四 三五

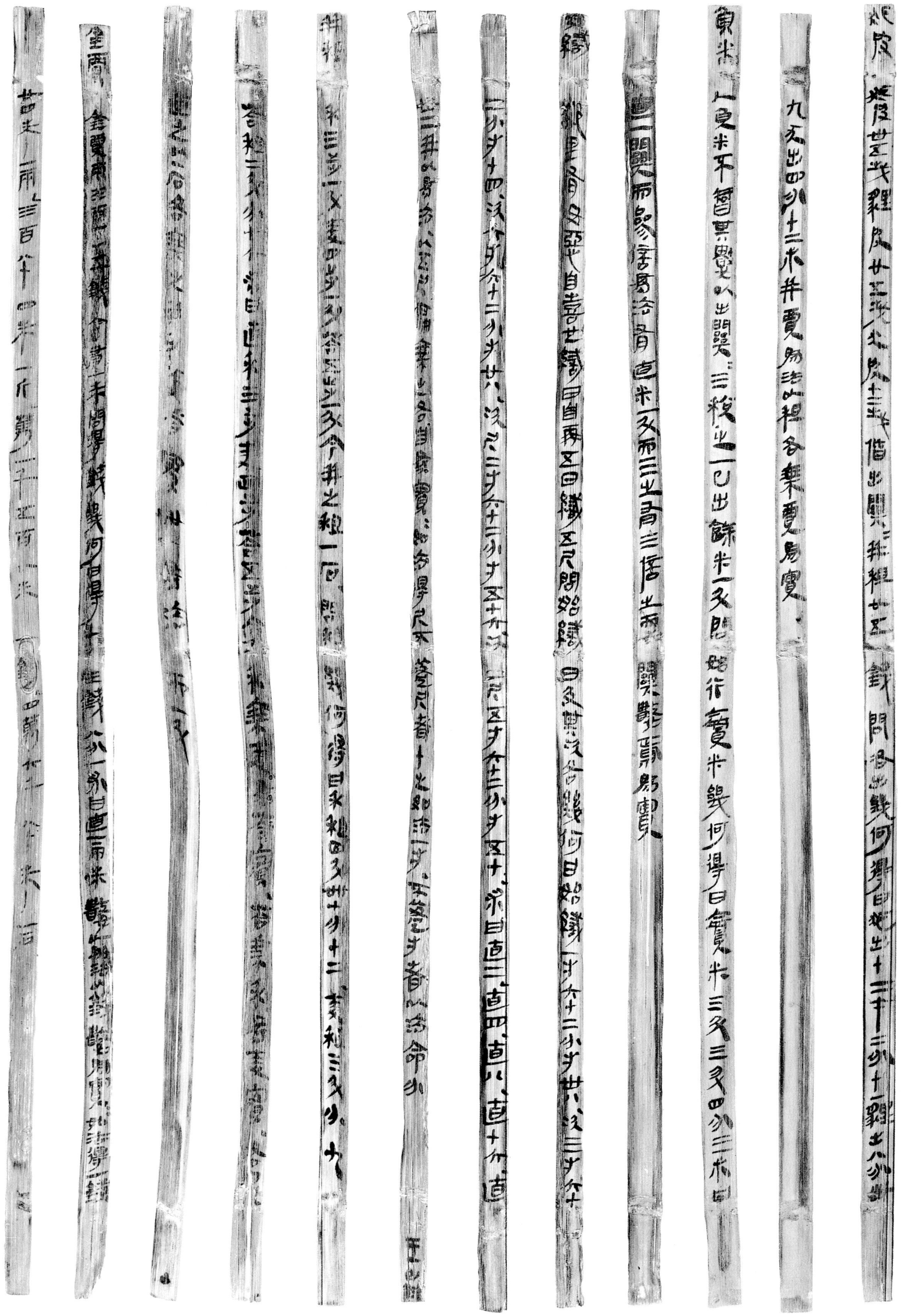

三六 三七 三八 三九 四〇 四一 四二 四三 四四 四五 四六 四七

四八 四九 五〇 五一 五二 五三 五四 五五 五六 五七 五八 五九

六〇 六一 六二 六三 六四 六五 六六 六七 六八 六九 七〇 七一

七二　七三　七四　七五　七六　七七　七八　七九　八〇　八一　八二　八三

八四 八五 八六 八七 八八 八九 九〇 九一 九二 九三 九四 九五

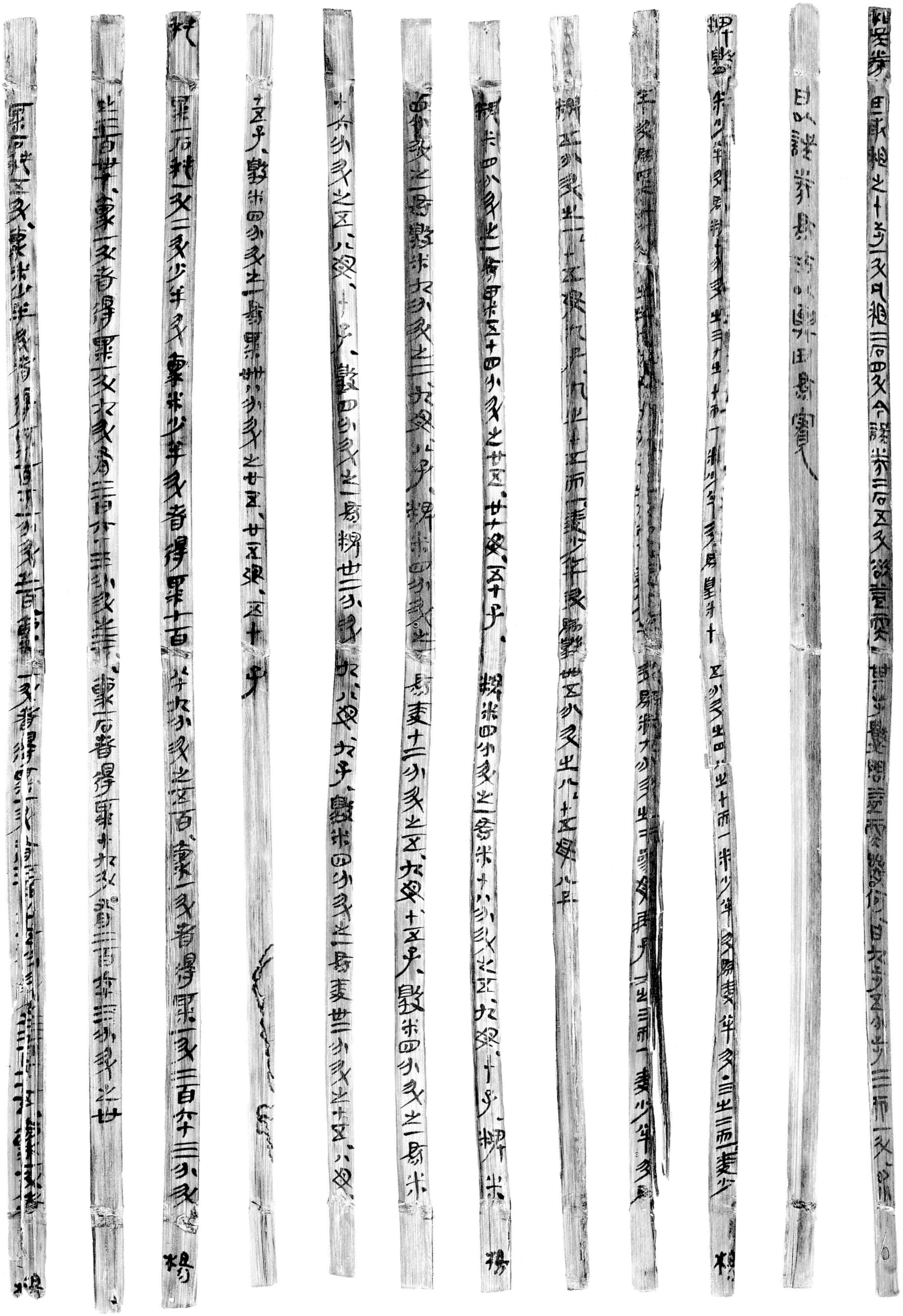

九六 九七 九八 九九 一〇〇 一〇一 一〇二 一〇三 一〇四 一〇五 一〇六 一〇七

一〇八 一〇九 一一〇 一一一 一一二 一一三 一一四 一一五 一一六 一一七 一一八 一一九

一二〇 一二一 一二二 一二三 一二四 一二五 一二六 一二七 一二八 一二九 一三〇 一三一

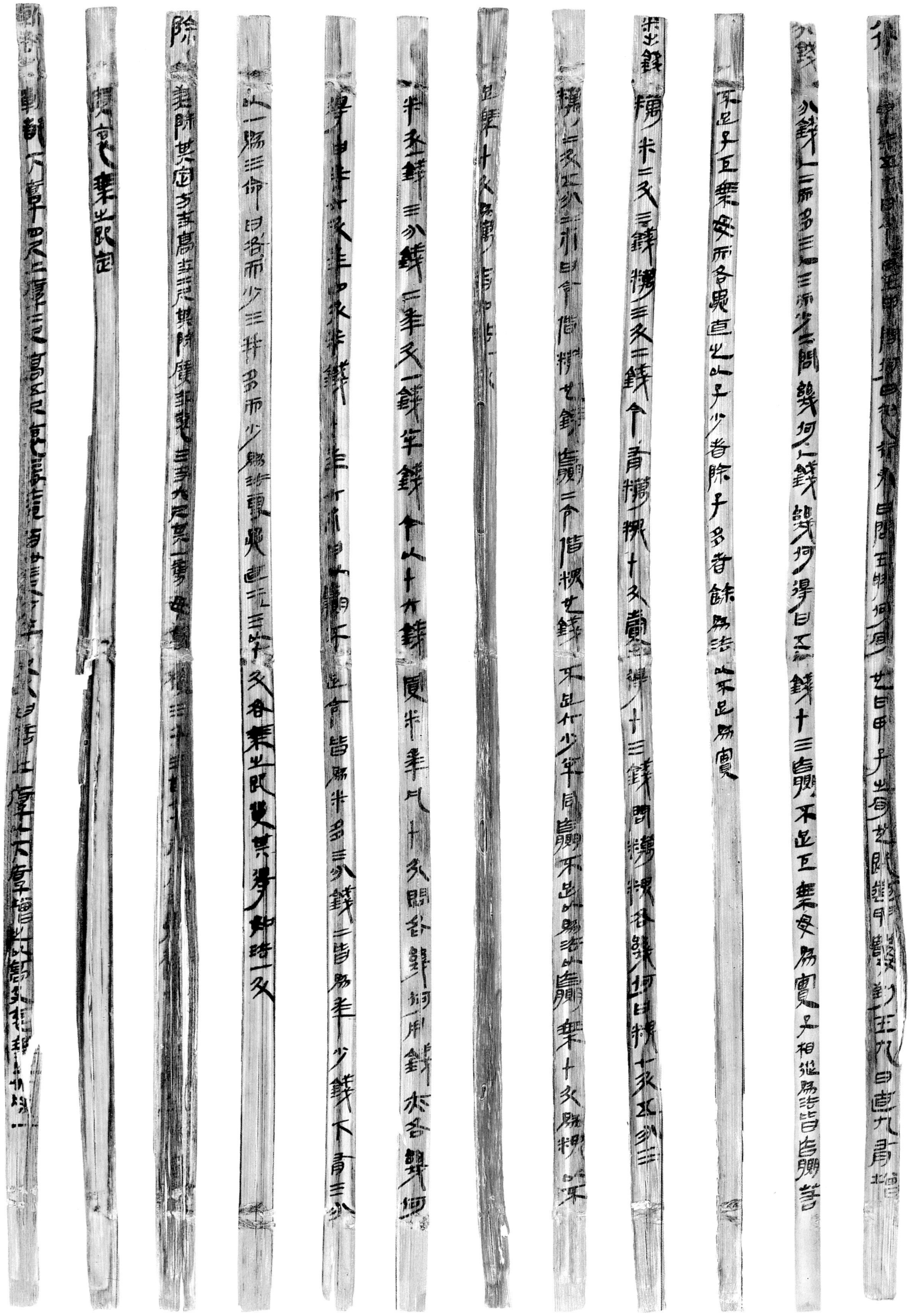

一三二

一三三

一三四

一三五

一三六

一三七

一三八

一三九

一四〇

一四一

一四二

一四三

一四四 一四五 一四六 一四七 一四八 一四九 一五〇 一五一 一五二 一五三 一五四 一五五

一五六 一五七 一五八 一五九 一六〇 一六一 一六二 一六三 一六四 一六五 一六六 一六七

一六八 一六九 一七〇 一七一 一七二 一七三 一七四 一七五 一七六 一七七 一七八 一七九

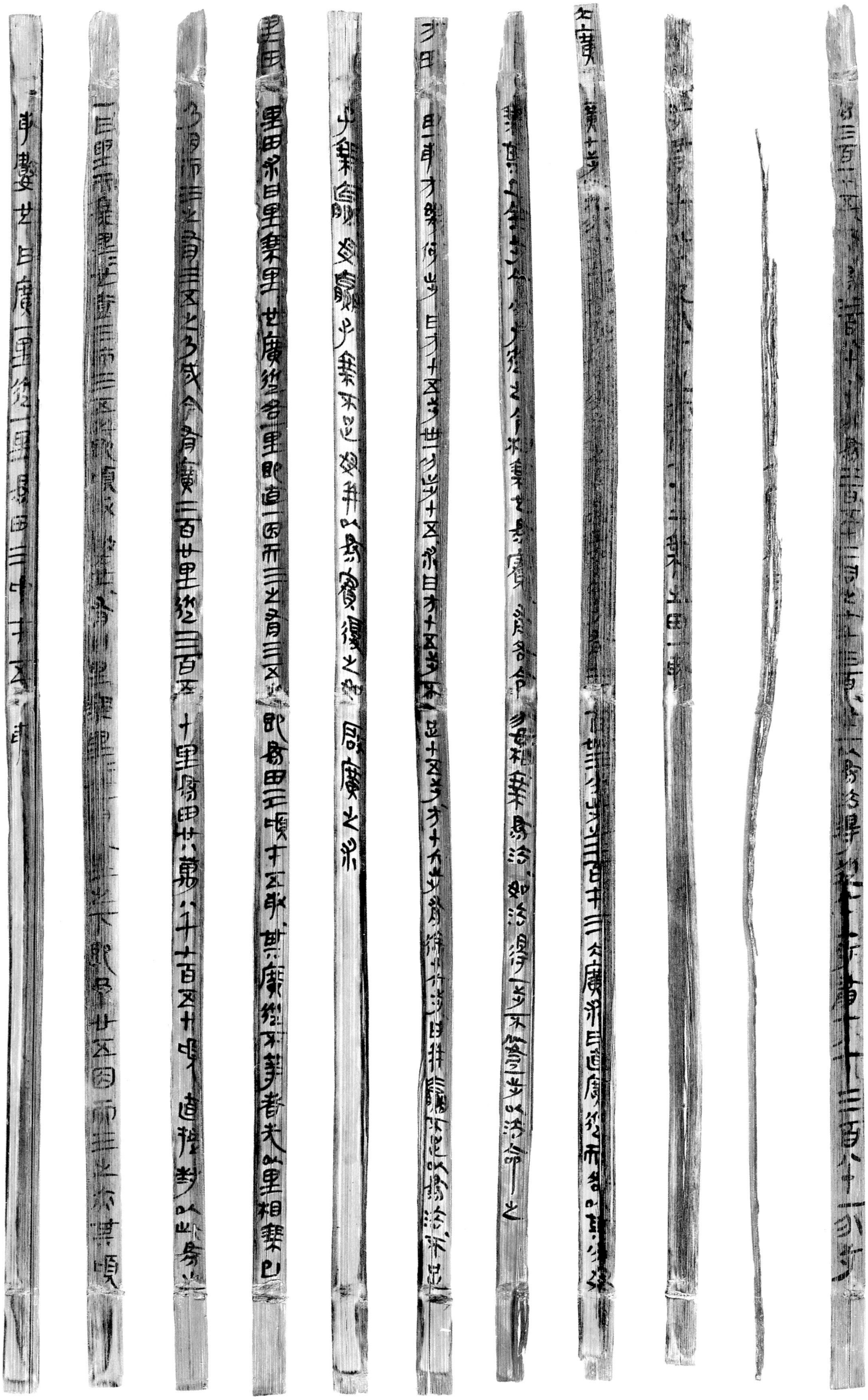

一八〇 一八一 一八二 一八三 一八四 一八五 一八六 一八七 一八八 一八九 一九〇

蓋盧圖版

一 二 三 四 五 六 七 八 九 一〇 一一 一二

一三 一四 一五 一六 一七 一八 一九 二〇 二一 二二 二三 二四

二五 二六 二七 二八 二九 三〇 三一 三二 三三 三四 三五 三六

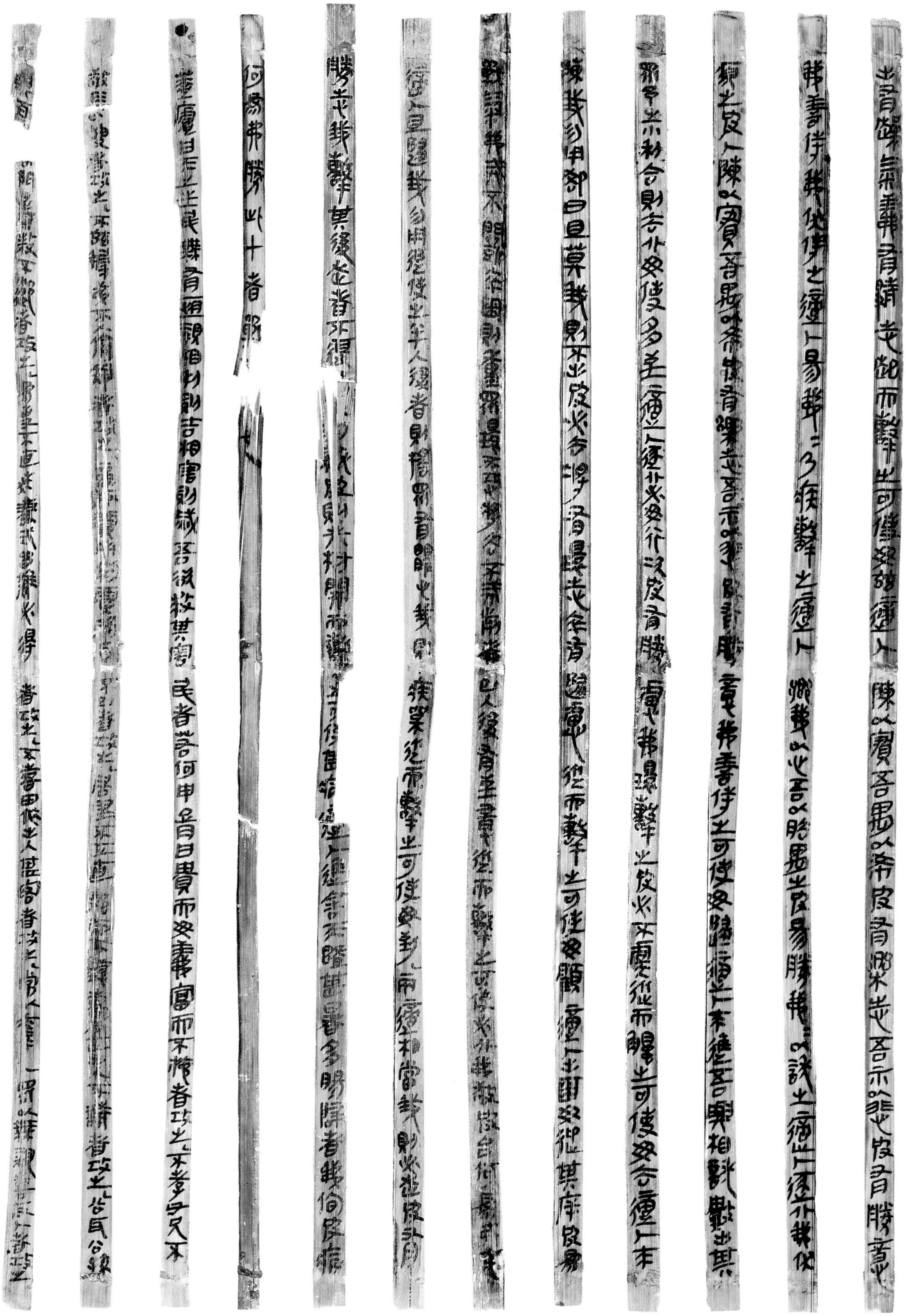

四八　四七　四六　四五　四四　四三　四二　四一　四〇　三九　三八　三七

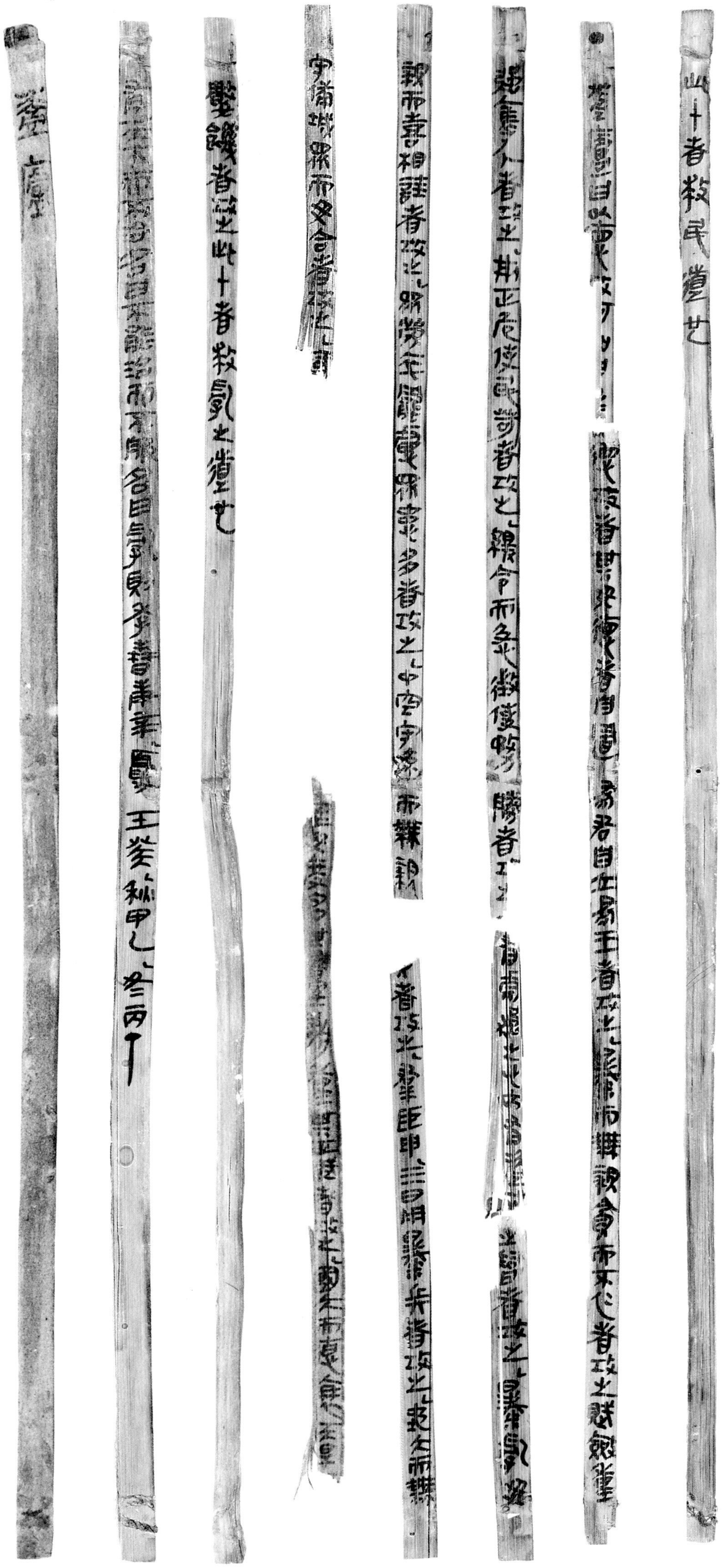

四九

五〇

五一

五二

五三

五四

五五

五五背

引書圖版

一背　一　二　三　四　五　六　七　八　九　一〇　一一

一二　一三　一四　一五　一六　一七　一八　一九　二〇　二一　二二　二三

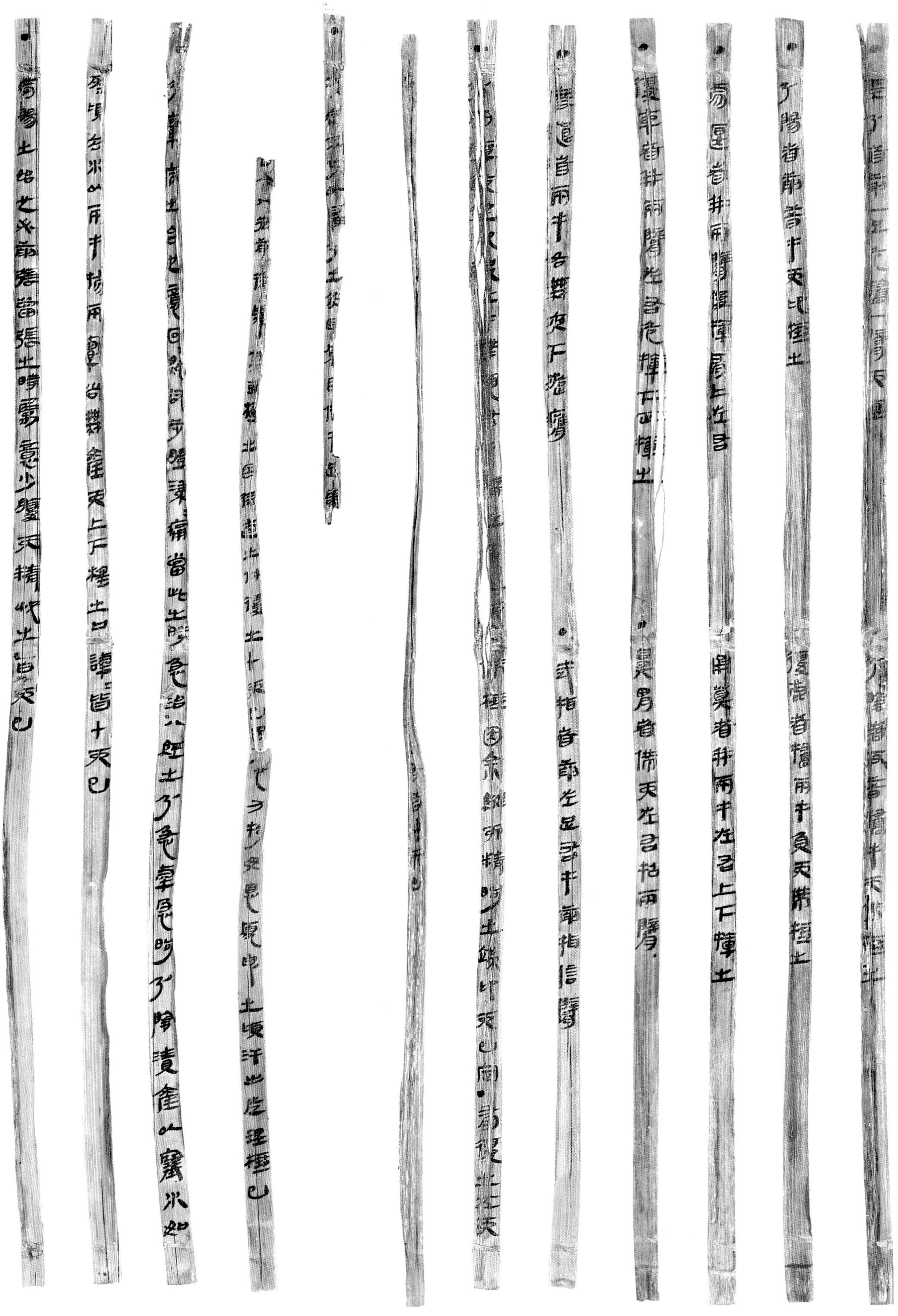

三五 三四 三三 三二 三一 三〇 二九 二八 二七 二六 二五 二四

三六 三七 三八 三九 四〇 四一 四二 四三 四四 四五 四六 四七

四八 四九 五〇 五一 五二 五三 五四 五五 五六 五七 五八 五九

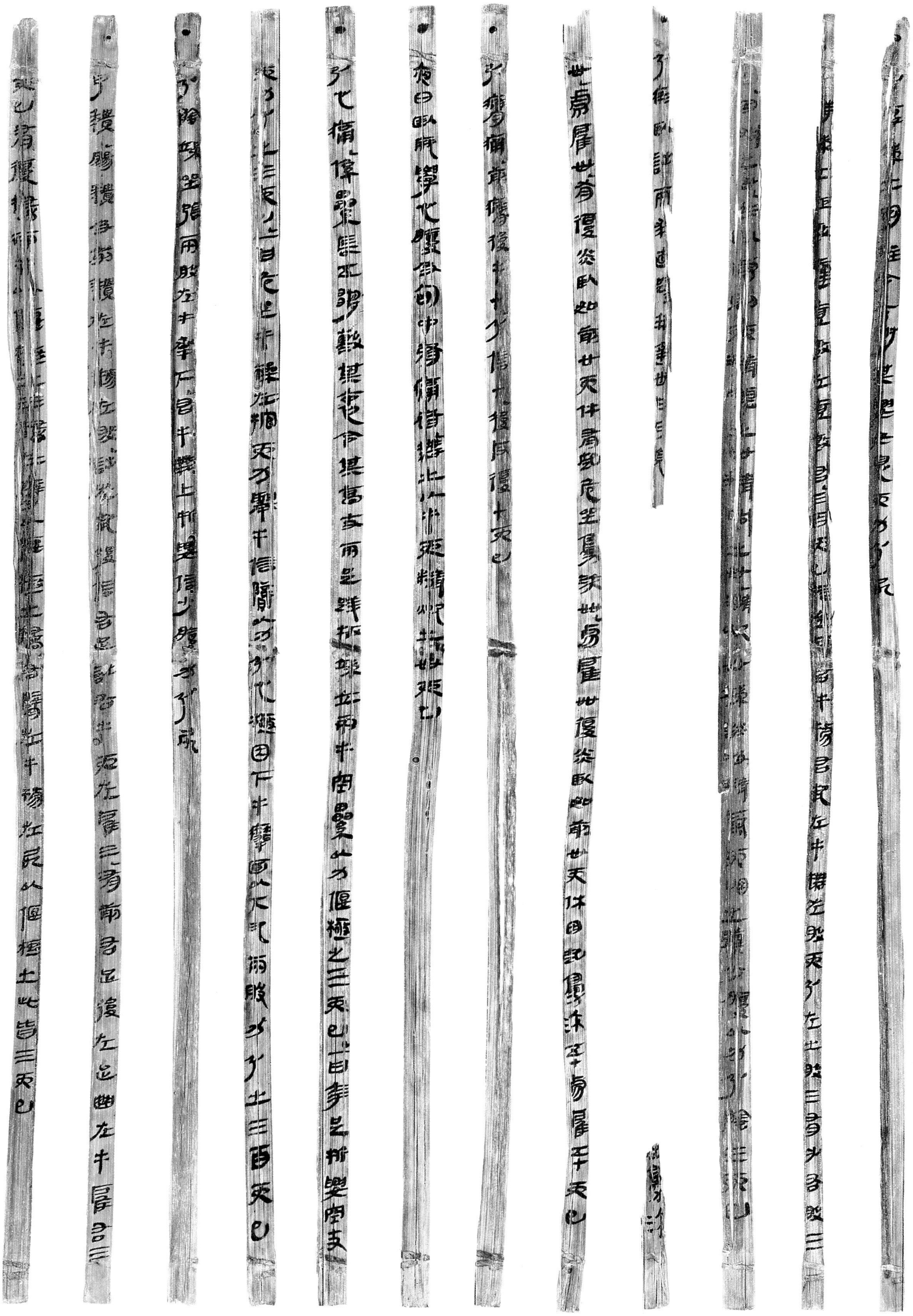

六〇 六一 六二 六三 六四 六五 六六 六七 六八 六九 七〇 七一

七二　七三　七四　七五　七六　七七　七八　七九　八〇　八一　八二　八三

八四 八五 八六 八七 八八 八九 九〇 九一 九二 九三 九四 九五

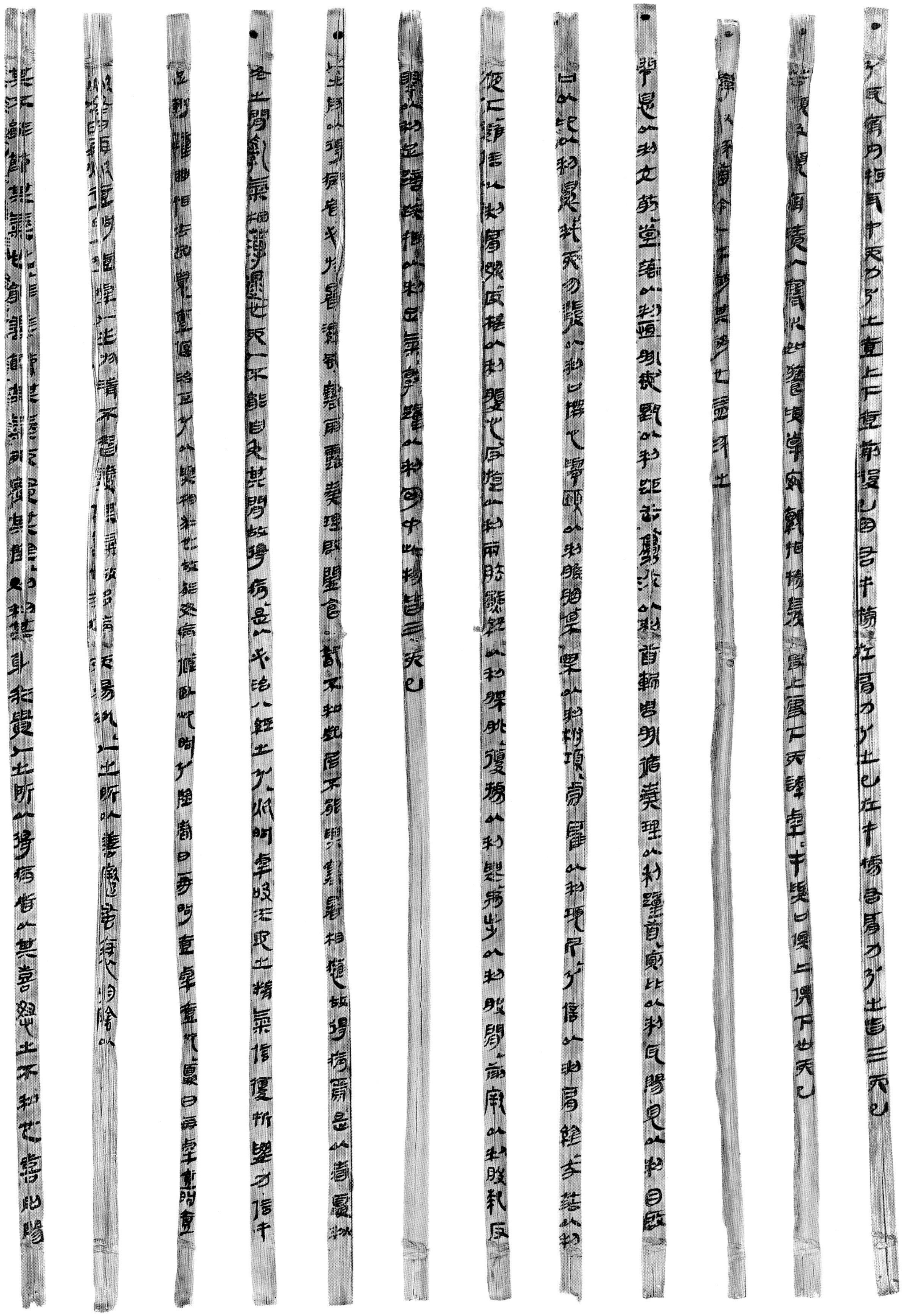

九六 九七 九八 九九 一〇〇 一〇一 一〇二 一〇三 一〇四 一〇五 一〇六 一〇七

一〇八

一〇九

一一〇

一一一

一一二

遣策圖版

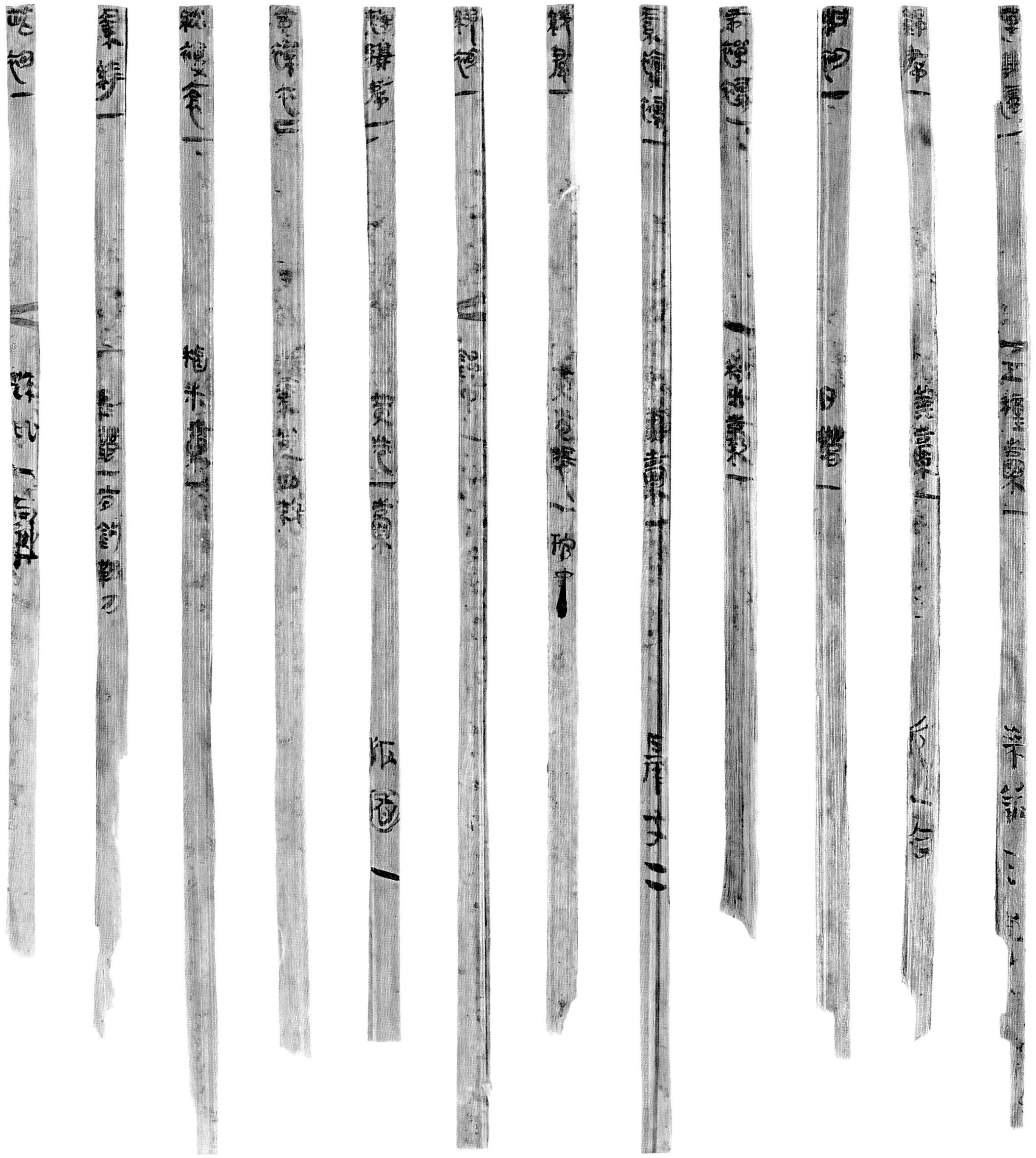

一二　一一　一〇　九　八　七　六　五　四　三　二　一

一三 一四 一五 一六 一七 一八 一九 二〇 二一 二二 二三 二四

二五 二六 二七 二八 二九 三〇 三一 三二 三三 三四 三五 三六

三七 三八 三九 四〇 四一

附竹簡殘片

曆譜釋文注釋

【説明】

曆譜共存竹簡十八枚，簡長二十三釐米。簡文所記是漢高祖五年（公元前二〇二年）四月至吕后二年（公元前一八六年）後九月間各月朔日干支，是目前已知年代最早的西漢初年的實用曆譜。它與以往根據銀雀山漢墓出土的西漢元光元年曆譜推步得出的西漢初年曆譜不盡相同，對於秦漢時期的曆法演變過程的研究是十分珍貴的。同時，它又是二四七號墓及所出竹簡斷代的重要依據。

☑四月辛卯，五月辛酉，六月庚寅，七月庚申，八月己丑，九月己未，後九月☑〔注一〕一☑新降為漢。九月☑二〔注二〕

六年：十月戊午，十一月丁亥，十二月丁巳，正月丙戌，二月丙辰，三月丙戌，四月乙卯，五月乙酉，六月甲寅，七月甲申，八月癸丑，九月癸未小。三

七年：十月壬子，十一月壬午，十二月辛亥，正月□□□□□□□□□□□□□□□□□□□□□□□□□□□□□□□□□□□大。四

・八年：十月丁未，十一月丙子，十二月丙午，正月乙亥，二月乙巳，三月甲戌，四月甲辰，五月癸酉，六月癸卯，七月壬申，八月壬寅，九月辛未，後九月辛丑大。五

・九年：十月辛未，十一月庚子，十二月庚午，正月己亥，二月己巳，三月戊戌，四月戊辰，五月丁酉，六月丁卯，七月丁酉〔注三〕，八月丙寅，九月乙未大。六

・十年：十月乙丑，十一月甲午，十二月甲子，正月甲午〔注四〕，二月癸亥，三月癸巳，四月壬戌，五月壬辰，六月辛酉，七月辛卯，八月庚申，九月庚寅，後九月己未。七

・十一年：十月己丑，十一月戊午，十二月戊子，正月丁巳，二月丁亥，三月丙辰，四月丙戌，五月丙辰，六月乙酉，七月乙卯，八月甲申，九月甲寅。八

・十二年：十月癸未，十一月癸丑，十二月壬午，正月壬子，二月辛巳，三月辛亥，四月庚辰，五月庚戌，六月己卯，七月己酉，八月戊寅，九月戊申。九

☑八月癸酉，九月壬寅，後九月壬申・六月病免〔注五〕。一〇

二年：十月辛丑，十一月辛未，十二月辛丑，正月庚午，二月庚子，三月己巳，四月己亥，五月戊辰，六月戊戌，七月丁卯，八月丁酉，九月丙寅。一一

三年：十月丙申，十一月乙丑，十二月乙未，正月甲子，二月甲午，三月癸亥，四月癸巳，五月癸亥，六月壬辰，七月壬戌，八月辛

卯，九月辛酉。一二

四年：十月庚寅，十一月庚申，十二月己丑，正月己未，二月戊子，三月戊午，四月丁亥，五月丁巳，六月丙戌，七月丙辰，八月丙
戌〔注六〕，九月乙一三卯，後九月乙酉。一三背

五年：十月甲寅，十一月甲申，十二月癸丑，正月癸未，二月壬子，三月壬午，四月辛亥，五月辛巳，六月庚戌，七月庚辰，八月己
酉，九月己卯。一四

六年：十月戊申，十一月戊寅，十二月戊申，正月丁丑，二月丁未，三月丙子，四月丙午，五月乙亥，六月乙巳，七月甲戌，八月甲
辰，九月癸酉，後九月一五癸卯。一五背

七年：十月壬申，十一月壬寅，十二月辛未，正月辛丑，二月庚午，三月庚子，四月庚午，五月己亥，六月己巳，七月戊戌，八月戊
辰，九月丁酉。一六

☑月癸巳，八月壬戌，九月壬辰〔注七〕。一七

☑庚寅，二月己未，三月己丑，四月戊午，五月戊子，六月丁巳，七月丁亥，八月丙辰，九月丙戌，後九月乙☑一八

【注釋】

〔一〕自本簡至第九簡為漢高祖五年（公元前二〇二年）至十二年（公元前一九五年）各月朔日干支。

〔二〕此段簡殘，疑編於此。該年，墓主降於漢。

〔三〕張培瑜《三千五百年曆日天象》七月丙申朔。

〔四〕《三千五百年曆日天象》正月癸巳朔。

〔五〕自第一〇簡至第一六簡為惠帝元年（公元前一九四年）至七年（公元前一八八年）各月朔日干支。惠帝元年六月，墓主因病去職。

〔六〕《三千五百年曆日天象》八月乙酉朔。

〔七〕第一七、一八簡為吕后元年（公元前一八七年）至二年（公元前一八六年）各月朔日干支。

二年律令釋文注釋

【說　明】

《二年律令》共有竹簡五百二十六枚，簡長三十一釐米。簡文含二十七種律和一種令，律、令之名均與律、令正文分開另簡抄寫。《二年律令》是全部律令的總稱。簡文中有優待吕宣王及其親屬的法律條文。吕宣王是吕后於吕后元年（公元前一八七年）贈與其父的謚號；與《二年律令》共存的曆譜所記最後年號是吕后二年（公元前一八六年），故推斷《二年律令》是吕后二年施行的法律。簡文包含了漢律的主要部分，内容涉及西漢社會、政治、軍事、經濟、地理等方面，是極為重要的歷史文獻。

■二年律令〔注一〕一背

【注　釋】

〔一〕《二年律令》，書題，寫於首簡背面。同墓所出曆譜是漢高祖五年（公元前二〇二年）至吕后二年（公元前一八六年）間的；簡文中有優待吕宣王及其親屬的規定，吕宣王是吕后之父的謚號，始用於吕后元年，故「二年律令」的「二年」應是吕后二年。此簡圖版係補拍，故與原正面形狀略有不同。

賊　律

以城邑亭障反〔注一〕，降諸侯〔注二〕，及守乘城亭障〔注三〕，諸侯人來攻盜，不堅守而棄去之若降之，及謀反者，皆要（腰）斬〔注四〕。其父母、妻子、同産〔注五〕，無少長皆棄市〔注六〕。其坐謀反者〔注七〕，能偏（徧）捕，若先告吏〔注八〕，皆除坐者罪。二

【注　釋】

〔一〕亭障，漢代要塞駐軍處。《後漢書·光武紀下》「築亭候，修烽燧」注：「亭候，伺候望敵之所」。《漢書·武帝紀》：太初三年秋，匈奴入定襄、雲中，「行壞光禄諸亭障」，師古曰：「漢制，每塞要處别築為城，置人鎮守，謂之候城，此即障也」。城比障要大。《文選·北征賦》注引《蒼頡》曰：「障，小城也」。反，即叛。

〔二〕諸侯，此時指漢初分封的諸侯國。

〔三〕乘，《漢書·高帝紀》「堅守乘城」注：「乘，登也，謂上城而守也」。

〔四〕腰斬，死刑的一種，處刑時斬腰。

〔五〕同産，《後漢書·明帝紀》注：「同産，同母兄弟也」。

〔六〕棄市，死刑的一種，殺於市。

〔七〕坐，連坐。

〔八〕若，或。

☐來誘及為間者，磔〔注一〕。亡之☐〔注二〕三

【注釋】

〔一〕本簡照片係補拍，原可見「來誘及」。磔，死刑的一種。《漢書·景帝紀》：「磔，謂張其尸也。」

〔二〕此簡殘失部分可參考以下各簡：《二年律令》第一五〇簡「捕從諸侯來為閒者」；《奏讞書》第二二簡「即從諸侯來誘也」，第二四簡「以亡之諸侯論」。

賊燔城〔注一〕、官府及縣官積冣（聚）〔注二〕，棄市。燔寺舍〔注三〕、民室屋廬舍〔注四〕、積冣（聚），黥為城旦舂〔注五〕。其失火延燔之，罰金四兩〔注六〕，責（債）四所燔。鄉部、官嗇夫、吏主者弗得，罰金各二兩。五

【注釋】

〔一〕賊燔城，故意焚燒城邑。

〔二〕官府，官衙。縣官，指官方。積聚，《漢書·荆燕吴傳》「燒其積聚」注曰：「倉廩芻稾之屬」。

〔三〕寺舍，《後漢書·馬援傳》注：「寺舍，官舍也」。

〔四〕廬舍，《漢書·食貨志》「餘二十畝以為廬舍」注：「廬，田中屋也」。

〔五〕黥，肉刑的一種。刺額並以墨填之。城旦舂，刑徒名，男稱城旦，女稱舂。

〔六〕金，《漢書·食貨志》「黄金一斤值萬錢」注：「諸賜言黄金者皆與之金，不言黄者，一金與萬錢也」。依此説，罰金四兩當出錢二千五百。

船人渡人而流殺人〔注一〕，耐之〔注二〕，船嗇夫、吏主者贖耐〔注三〕。其殺馬牛及傷人，船人贖耐，船嗇夫、吏贖䙴（遷）。其敗亡六粟米它物，出其半，以半負船人〔注四〕。舳艫負二〔注五〕，徒負一；其可紐轂（繫）而亡之，盡負之，舳艫亦負二，徒負一；罰船嗇七夫、吏金各四兩。流殺傷人，殺馬牛，有（又）亡粟米它物者，不負。八

【注釋】

〔一〕流殺，淹死。

〔二〕耐，刑罰的一種，《漢書·高帝紀》注引應劭曰：「輕罪不至於髡，完其耏鬢，故曰耐」。

〔三〕贖耐，與下贖遷均為贖刑的一種。有關贖刑的規定，請參閱《具律》。

〔四〕負，令之負責賠償。

〔五〕舳艫，《漢書·武帝紀》「舳艫千里」注引李斐曰：「舳，船後持柁處；艫，船前頭刺櫂處也」。簡文疑指船頭和船尾的船工。

偽寫皇帝信璽〔注一〕、皇帝行璽〔注二〕，要（腰）斬以勻（徇）〔注三〕。九

【注釋】

〔一〕寫，仿效而作，《淮南子·本經》注：「猶放斆（效）也」。皇帝信璽，皇帝六璽之一。《封泥考略》有「皇帝信璽」封泥。

〔二〕皇帝行璽，皇帝六璽之一。

〔三〕徇，《漢書·高帝紀》「二世使斬之以徇」注：「徇，行示也」。

偽寫徹侯印〔注一〕，棄市；小官印，完為城旦舂☐〔注二〕一〇

【注釋】

〔一〕徹侯，西漢二十級爵的最高一級。

〔二〕完，刑罰的一種。段玉裁認為，去其鬢而完其髮謂完。

撟（矯）制〔注一〕，害者〔注二〕，棄市；不害，罰金四兩。一一

【注釋】

〔一〕矯制，《漢書·高五王傳》「矯制以令天下」注：「矯，託也，託天子之制詔也」。

〔二〕害，指造成不良後果。

諸上書及有言也而謾〔注一〕，完為城旦舂。其誤不審〔注二〕，罰金四兩。一二

【注釋】

〔一〕謾，故意欺誑。

〔二〕誤不審，偶不確切。

為偽書者，黥為城旦舂。一三

☐諸詐（詐）增減券書，及為書故詐（詐）弗副〔注一〕，其以避負償，若受賞賜財物，皆坐臧（贓）為盜。其以避論，及所不當一四

【得為】〔注二〕，以所避罪罪之。所避毋罪名，罪名不盈四兩，及毋避也，皆罰金四兩。一五

【注釋】

〔一〕副，録置副本。

〔二〕所不當得為，《漢書·昌邑王傳》「昌邑哀王歌舞者張脩等十人，王薨當罷歸，大傅豹等擅留以為哀王園中人，所不當得為」注：「於法不當然」。

毀封〔注一〕，以它完封印印之，耐為隸臣妾〔注二〕。一六

【注釋】

〔一〕封，文書上的封泥。

〔二〕隸臣妾，刑徒名，男稱隸臣，女稱隸妾。

□□□而誤多少其實〔注一〕，及誤脱字，罰金一兩。誤，其事可行者，勿論。一七

【注釋】

〔一〕實，指數量。

有挾毒矢若謹（堇）毒〔注一〕、𥼶〔注二〕，及和為謹（堇）毒者〔注三〕，皆棄市。或命𥼶謂鼷毒〔注四〕。詔所令縣官為挾之，不用此律。一八

【注釋】

〔一〕挾，持有。《楚辭·天問》「何馮弓挾矢」注：「挾，持也」。堇，有毒植物名。《國語·晉語》「置堇於肉」注：「烏頭也」。

〔二〕𥼶，應作「蘸」。《廣雅·釋草》：「蕉，奚毒，附子也。」王念孫《疏證》：「蕉，《玉篇》作蘸。奚毒，一作雞毒，《淮南子·主術訓》云：『天下之物莫凶於雞毒，然而良醫橐而藏之，有所用也。』附子可以殺人，《漢書·外戚傳》云『即擣附子，齎入長定宮』是也。」

〔三〕和，合。

〔四〕命，命名。鼷毒，即奚毒、雞毒。

軍（？）吏緣邊縣道，得和為毒，毒矢謹臧（藏）〔注一〕。節追外蠻夷盜〔注二〕，以假之，事已輒收臧（藏）。匿及弗歸，盈五日，以律論。一九

【注釋】

〔一〕謹，《荀子·王制》「謹畜藏」注：「謹，嚴也」。

〔二〕節，讀作「即」，如果。

諸食脯肉〔注一〕，脯肉毒殺、傷、病人者，亟盡孰（熟）燔其餘〔注二〕。其縣官脯肉也，亦燔之。當燔弗燔，及吏主者，皆坐脯肉臧（贓），與盜同法。二〇

【注釋】

〔一〕脯肉，乾肉。

〔二〕熟，仔細。

賊殺人、鬬而殺人〔注一〕，棄市。其過失及戲而殺人〔注二〕，贖死〔注三〕；傷人，除。二一

【注釋】

〔一〕鬬殺，《晉書·刑法志》引張斐《律表》：「兩訟相趣謂之鬬」。

〔二〕戲殺，《晉書·刑法志》引張斐《律表》：「兩和相害謂之戲」。

〔三〕贖死，贖刑的一種。

謀賊殺〔注一〕、傷人，未殺，黥為城旦舂。二二

【注釋】

〔一〕謀，謀劃。《晉書·刑法志》引張斐《律表》：「二人對議謂之謀。」

[賊]殺人，及與謀者，皆棄市。未殺，黥為城旦舂。二三

鬬傷人，而以傷辜二旬中死〔注一〕，為殺人〔注二〕。二四

【注釋】

〔一〕《急就篇》「疻痏保辜謕呼號」注：「保辜者，各隨其狀輕重，令毆者以日數保之，限內至死，則坐重辜也。」

〔二〕為殺人，即以鬬殺人論罪。《漢書·高惠高后文功臣表》：嗣昌武侯單德，「元朔三年坐傷人二旬內死，棄市」。

賊傷人，及自賊傷以避事者〔注一〕，皆黥為城旦舂。二五

【注釋】

〔一〕事，役使。《漢書·高帝紀》「皆復其身及户勿事」注引如淳曰：「事謂役使也」。

謀賊殺、傷人，與賊同法。二六

鬭而以釰及金鐵銳〔注一〕、錘、椎傷人，皆完為城旦舂。其非用此物而盯人〔注二〕，折枳〔注三〕、齒、指，胅體〔注四〕，斷决鼻〔注五〕、耳者二七，耐。其毋傷也，下爵毆上爵，罰金四兩。毆同死〈列〉以下〔注六〕，罰金二兩；其有疻痏及□〔注七〕，罰金四兩。二八

【注釋】

〔一〕釰，即「刃」字。《漢書·薛宣傳》引律：「鬭以刃傷人，完為城旦。」銳，《書·顧命》傳：「矛屬也」。

〔二〕盯，疑為「眇」字。《說文》：「眇，一目少也。」即一目失明。

〔三〕枳，讀作「肢」。

〔四〕胅，《說文》：「骨差也」，段注：「謂骨節差忒不相值，故胅出也」。

〔五〕決，撕裂。

〔六〕死，「列」字之誤。列，《管子·四時》「賦爵列」注：「次也」。同列即爵位相等。

〔七〕疻痏，《急就篇》顏注：「毆人皮膚腫起曰疻，毆傷曰痏」。《漢書·薛宣傳》「遇人不以義而見疻者，與痏人之罪鈞，惡不直也」注引應劭曰：「以杖手毆擊人，剝其皮膚，腫起青黑而無瘡瘢者，律謂疻痏。」「及」下一字疑為「纇」，疵也。

鬼薪白粲毆庶人以上〔注一〕，黥以為城旦舂。城旦舂也，黥之。二九

【注釋】

〔一〕鬼薪白粲，刑徒名，男稱鬼薪，女稱白粲。《漢書·惠帝紀》注引應劭曰：「取薪給宗廟為鬼薪，坐擇米使正白為白粲。」

奴婢毆庶人以上，黥頯〔注一〕，畀主。三〇

【注釋】

〔一〕頯，面顴。《說文》：「頯，權也。」

鬭毆變人〔注一〕，耐為隸臣妾。褱（懷）子而敢與人争鬭，人雖毆變之，罰為人變者金四兩。三一

【注釋】

〔一〕變，流産，參看《睡虎地秦墓竹簡·封診式》之《出子》條。

妻悍而夫毆笞之，非以兵刃也，雖傷之，毋罪。三二

妻毆夫，耐為隸妾。三三

子賊殺傷父母，奴婢賊殺傷主、主父母妻子，皆梟其首市〔注一〕。三四

【注　釋】

〔一〕梟，《漢書・陳湯傳》注：「梟，謂斬其首而懸之也」。「梟其首市」謂斬首懸於市。

子牧殺父母〔注一〕，毆詈泰父母〔注二〕、父母叚（假）大母〔注三〕、主母〔注四〕、後母，及父母告子不孝，皆棄市。其子有罪當城旦舂、鬼薪白粲以上，三五[及]為人奴婢者，父母告不孝，[勿][聽]。[年][七][十][以][上][告]子不孝，必三環之〔注五〕。三環之各不同日而尚告，乃聽之。教人不孝，三六黥為城旦舂。三七

【注　釋】

〔一〕牧，《睡虎地秦墓竹簡・法律答問》：「可（何）謂牧？欲賊殺主，未殺而得，為牧」。

〔二〕泰，讀如「大」。泰父，大父。《漢書・鄭當時傳》「然其知友皆大父行」注：「大父謂祖父」。大母，祖母。

〔三〕假大母，庶祖母或繼祖母。《漢書・衡山王傳》「元朔四年中，人有賊傷後假母者」注：「繼母也，一曰父之旁妻」。

〔四〕主母，本為奴婢對女主人之稱，此處疑指名義上有母子關係的女主人。

〔五〕環，讀如「還」，《說文》：「復也」。三環，年齡在七十歲以上的人告其子不孝，必須經反復告三次，司法部門才予受理。類似的法律規定亦見於《睡虎地秦墓竹簡・法律答問》。

賊殺傷父母，牧殺父母，歐〈毆〉詈父母，父母告子不孝，其妻子為收者〔注一〕，皆錮〔注二〕，令毋得以爵償、免除及贖。三八

【注　釋】

〔一〕收，即收帑。《漢書・文帝紀》「盡除收帑相坐律令」注引應劭曰：「秦法，一有罪，並坐其家室，今除此律」。

〔二〕錮，禁錮。

父母毆笞子及奴婢，子及奴婢以毆笞辜死，令贖死。三九

婦賊傷、毆詈夫之泰父母、父母、主母、後母，皆棄市。四〇

毆兄、姊及親父母之同產，耐為隸臣妾。其奊訽詈之〔注一〕，贖黥。四一

【注　釋】

〔一〕奊訽，《荀子·非十二子》作「謑訽」，《呂氏春秋·誣徒》作「謑詬」，《漢書·賈誼傳》作「奊詬」，王先謙《荀子集解》：「詈辱也」。

毆父偏妻父母〔注一〕、男子同產之妻、泰父母之同產，及夫父母同產、夫之同產，若毆妻之父母，皆贖耐。其奊訽詈之，罰金四二四兩。

四三

【注　釋】

〔一〕偏妻，偏房。

〼母妻子者，棄市。其悍主而謁殺之〔注一〕，亦棄市；謁斬若刑〔注二〕，為斬、刑之。其奊詬詈主、主父母妻四四☐☐☐者，以賊論之。

四五

【注　釋】

〔一〕悍，凶暴。謁，請參看《睡虎地秦墓竹簡·封診式》之《告臣》條。

〔二〕斬，斬左趾、斬右趾之省稱。

以縣官事毆若詈吏，耐。所毆詈有秩以上〔注一〕，及吏以縣官事毆詈五大夫以上〔注二〕，皆黥為城旦舂。長吏以縣官事詈少吏四六〼者〔注三〕，亦得毋用此律。四七

【注　釋】

〔一〕有秩，漢制官秩比百石以上稱有秩。

〔二〕五大夫，漢爵第九級。

〔三〕少吏，小吏。《漢書·武帝紀》「少吏犯禁」注引文穎曰：「少吏，小吏也」。王先謙《漢書補注》引何若瑶曰：「百官表秩四百石至二百石為長吏，百石以下有卒食佐史之秩為少吏」。

諸吏以縣官事笞城旦舂、鬼薪白粲，以辜死，令贖死。四八

賊殺傷人畜產，與盜同法。畜產為人牧而殺傷▨四九

犬殺傷人畜產，犬主賞（償）之，它▨五〇

亡印，罰金四兩，而布告縣官，毋聽亡印。五一

亡書〔注一〕，符〈符〉券〔注二〕，入門衛〈衛〉木久〔注三〕，搴（塞）門、城門之蘥（鑰），罰金各二兩。五二

【注釋】

〔一〕書，文書。

〔二〕符，《說文》：「信也。漢制以竹長六寸，分而相合」。

〔三〕久，讀為「記」。

盜書，棄書官印以上〔注一〕，耐（？）。五三

【注釋】

〔一〕疑指棄去文書上的封泥，然後呈上。

【■】賊律〔注一〕五四

【注釋】

〔一〕賊律，律名。《二年律令》的律名都是單獨書寫在一枚簡上。《晉書·刑法志》引張斐《律表》：「無變斬擊謂之賊。」

盜律

盜臧（贓）直（值）過六百六十錢，黥為城旦舂。六百六十到二百廿錢，完為城旦舂。不盈二百廿到百一十錢，耐為隸臣妾。不五五盈
百一十錢到廿二錢，罰金四兩。不盈廿二錢到一錢罰金一兩〔注一〕。五六

【注釋】

〔一〕秦至漢初律文錢數常採用十一的倍數，係因「錢十一當一布」，見《睡虎地秦墓竹簡・秦律十八種》的《金布律》。

謀遣人盜，若教人可（何）盜所，人即以其言□□□□□及智（知）人盜與分〔注一〕，皆與盜同法。五七

【注釋】

〔一〕分，分贓。

謀偕盜而各有取也，并直（值）其臧（贓）以論之。五八

盜盜人。臧（贓），見存者皆以畀其主〔注一〕。五九

【注釋】

〔一〕畀，付。

受賕以枉法〔注一〕，及行賕者〔注二〕，皆坐其臧（贓）為盜。罪重於盜者，以重者論之。六〇

【注釋】

〔一〕賕，《説文》：「以財物枉法相謝也」，段注：「枉法者，違法也。法當有罪而以財求免，是曰賕，受之者亦曰賕」。受賕即受賄。

〔二〕行賕，行賄。

徼外人來入為盜者〔注一〕，要（腰）斬。吏所興能捕若斬一人〔注二〕，搸（拜）爵一級。不欲搸（拜）爵及非吏所興，購如律〔注三〕。六一

【注釋】

〔一〕徼，邊徼。

〔二〕興，徵發。

〔三〕購，獎賞。

盜五人以上相與功（攻）盜〔注一〕，為群盜〔注二〕。六二

【注釋】

〔一〕功，讀如「攻」。《漢書·郭解傳》「臧命作姦剽攻」注：「攻謂穿窬而盜也」。

〔二〕群盜，《漢書·袁盎傳》「其父楚人也，故為群盜」注：「群盜者，群衆相隨而為盜也」。

智（知）人為群盜而通歓（飲）食餽饋之〔注一〕，與同罪；弗智（知），黥為城旦舂。其能自捕若斬之，除其罪，有（又）賞如捕斬。

六三群盜法（發），弗能捕斬而告吏，除其罪，勿賞。六四

【注釋】

〔一〕餽，通作「饋」。《周禮·玉府》注：「古者致物於人，尊之則曰獻，通行曰饋」。饋，《後漢書·楊震傳》注：「食也」。

群盜及亡從群盜，毆折人枳（肢），胅體，及令彼（跛）蹇（蹇）〔注一〕，若縛守將人而強盜之〔注二〕，及投書〔注三〕、縣（懸）人書〔注四〕，恐猲人以求六五錢財〔注五〕，盜殺傷人，盜發冢（塚）〔注六〕，略賣人若已略未賣〔注七〕，橋（矯）相以為吏〔注八〕，自以為吏以盜，皆磔。六六

【注釋】

〔一〕彼，字亦作「跛」，脚不正。蹇，脚直，關節不能彎。

〔二〕將，押送。《爾雅·釋言》：「將，送也。」

〔三〕投書，匿名信。《三國志·國淵傳》：「時有投書誹謗者，太祖疾之，欲必知其主。」

〔四〕縣，讀如「懸」。《唐律疏議》「諸投匿名書告人罪者，流二千里」注：「謂絕匿姓名及假人姓名以避己作者。棄置、懸之俱是」。疏議曰：「謂或棄之於街衢，或置於衙府，或懸之於旌表之類，皆為投匿之坐」。

〔五〕猲，也作「喝」。《漢書·王子侯表》元鼎三年嗣葛魁侯戚「坐縛家吏，恐猲受賕，棄市」注：「猲，以威力脅人也」。《唐律疏議》「諸恐喝取人財物者」疏：「恐喝者，謂知人有犯，欲相告訴，恐喝以取財物者」。

〔六〕盜發塚，盜墓。

〔七〕略，《方言》二：「求也。就室曰搜，於道曰略。略，強取也」。

〔八〕矯相，疑指矯扮他人。

智（知）人略賣人而與賈〔注一〕，與同罪。不當賣而私為人賣，賣者皆黥為城旦舂；買者智（知）其請（情），與同罪。六七

【注釋】

〔一〕賈，交易。

劫人〔注一〕、謀劫人求錢財，雖未得若未劫，皆磔之；罪其妻子，以為城旦舂。其妻子當坐者偏（徧）捕，若告吏，吏六八捕得之，皆除坐者罪。六九

【注釋】

〔一〕劫，《說文》：「人欲去以力脅止曰劫，或曰以力止去曰劫」。

諸當坐劫人以論者〔注一〕，其前有罪隸臣妾以上，及奴婢，毋坐為民；為民者亦勿坐。七〇

【注釋】

〔一〕論，論罪。

相與謀劫人、劫人，而能頗捕其與〔注一〕，若告吏，吏捕頗得之，除告者罪，有（又）購錢人五萬。所捕告得者多，以人數購之，七一而勿責其劫人所得臧（贓）。所告毋得者，若不盡告其與，皆不得除罪。諸予劫人者錢財，及為人劫者，同居七二智（知）弗告吏〔注二〕，皆與劫人者同罪。劫人者去，未盈一日，能自頗捕，若偏（徧）告吏，皆除。七三

【注釋】

〔一〕頗，少部分。《廣雅·釋詁》：「頗，少也。」與，共同犯罪者。

〔二〕同居，《漢書·惠帝紀》注：「同居，謂父母、妻子之外，若兄弟及兄弟之子等，見與同居業者」。《睡虎地秦墓竹簡·法律答問》：「何為同居？户為同居」。

盗出財物于邊關徼〔注一〕，及吏部主智（知）而出者〔注二〕，皆與盗同法；弗智（知），罰金四兩，使者所以出，必有符致〔注三〕，毋符致，七四吏智（知）而出之，亦與盗同法。七五

【注釋】

〔一〕關，《周禮·地官·敍官》「司關」注：「關，界上之門」。徼，《史記·司馬相如傳》索隱引張揖曰：「徼，塞也。以木栅、水為蠻夷界」。

〔二〕部主，該管其事。《晉書·刑法志》：「張湯、趙禹始作監臨、部主、見知、故縱之例。」

〔三〕致，《禮記·曲禮》：「獻田宅者操書致」，朱駿聲《說文通訓定聲》云：「猶券也」。

盜出黃金邊關徼，吏、卒徒部主者智（知）而出及弗索〔注一〕，與同罪；弗智（知），索弗得，戍邊二歲。七六

【注釋】

〔一〕索，搜查。

□□□財（？）物（？）私自假貣（貸），假貣（貸）人罰金二兩。其錢金、布帛、粟米、馬牛殹，與盜同法。七七

諸有叚（假）於縣道官〔注一〕，事已，叚（假）當歸。弗歸，盈二十日，以私自叚（假）律論〔注二〕。其叚（假）別在它所，有（又）物故毋道歸叚（假）者〔注三〕，自言在七八所縣道官，縣道官以書告叚（假）在所縣道官收之。其不自言，盈廿日，亦以私自假律論。其假已前入它官及在縣道官廷（？）〔注四〕七九

【注釋】

〔一〕假，借。

〔二〕私自假律，指第七七簡文。

〔三〕物故，《漢書·司馬相如傳》注：「死也」。道，由。

〔四〕此下有缺簡。

諸盜□，皆以罪（？）所平賈（價）直（值）論之。八〇

■盜律　　鄭𡚸（？）書〔注一〕八一

【注釋】

〔一〕鄭𡚸，抄寫者姓名。

具律

上造〔注一〕、上造妻以上，及內公孫、外公孫〔注二〕、內公耳玄孫有罪〔注三〕，其當刑及當為城旦舂者，耐以為鬼薪白粲。八二

【注釋】

〔一〕本條律文見《漢書·惠帝紀》。上造，二十級爵的第二級。

〔二〕 內公孫、外公孫，《漢書·惠帝紀》注：「內外公孫，國家宗室及外戚之孫也」。

〔三〕 內公耳玄孫，即內公耳孫和內公玄孫。耳孫當如《漢書·惠帝紀》注引李斐說為曾孫。

公士〔注一〕、公士妻及□□行年七十以上，若年不盈十七歲，有罪當刑者，皆完之。八三

【注釋】

〔一〕 公士，二十級爵的第一級。

☐殺傷其夫，不得以夫爵論。八四

呂宣王內孫〔注一〕、外孫、內耳孫玄孫，諸侯王子、內孫耳孫，徹侯子〔注二〕、內孫有罪，如上造、上造妻以上。八五

【注釋】

〔一〕 呂宣王，呂后元年追尊后父呂公為呂宣王。

〔二〕 徹侯，二十級爵的第二十級。

吏、民有罪當笞〔注一〕，謁罰金一兩以當笞者〔注二〕，許之。有罪年不盈十歲，除；其殺人，完為城旦舂。八六

【注釋】

〔一〕 笞，肉刑的一種。《漢書·刑法志》：「笞者箠長五尺，其本大一寸，其竹也末薄半寸，皆平其節。當笞者笞臀，毋得更人，畢一罪乃更人。」

〔二〕 謁，請求。

☐所與同鬼薪白粲也，完以為城旦舂。八七

有罪當黥，故黥者劓之〔注一〕，故劓者斬左止（趾），斬左止（趾）者斬右止（趾），斬右止（趾）者府（腐）之〔注二〕。女子當磔若要（腰）斬者，棄市。當斬為城旦者黥為舂，當贖斬者贖黥，八八當耐者贖耐〔注三〕。八九

【注釋】

〔一〕 劓，肉刑的一種，割鼻。

〔二〕　府，讀作「腐」，肉刑的一種，即宮刑。《周禮·司刑》注：「宮者，丈夫割其勢，女子閉於宮中，今宦男女也。」以上為對曾受肉刑者再加肉刑的規定。

〔三〕　以上為對女子犯罪減輕處罰的規定。

有罪當耐，其法不名耐者，庶人以上耐為司寇〔注一〕，司寇耐為隸臣妾。隸臣妾及收人有耐罪，毄（繫）城旦舂六歲。毄（繫）日未備而復有耐罪，完九〇為城旦舂。城旦舂有罪耐以上，黥之。其有贖罪以下，及老小不當刑、刑盡者，皆笞百。城旦刑盡而盗臧（贓）百一十錢以上，若賊傷人及殺人，而先九一自告也，皆棄市。九二

【注　釋】

〔一〕　司寇，刑徒名。《漢舊儀》：「司寇男備守，女為作。」

鞫（鞠）獄故縱〔注一〕、不直〔注二〕，及診〔注三〕、報〔注四〕、辟故弗窮審者〔注五〕，死罪，斬左止（趾）為城旦，它各以其罪論之。其當毄（繫）城旦舂，作官府償日者〔注六〕，九三罰歲金八兩；不盈歲者，罰金四兩。九四□□□□兩，購、没入〔注七〕、負償，各以其直（值）數負之。其受賕者，駕（加）其罪二等。所予臧（贓）罪重，以重者論之，亦駕（加）二等。其非故也，而失〔注八〕不九五□□以其贖論之。爵戍四歲及毄（繫）城旦舂六歲以上罪〔注九〕，罰金四兩。贖死、贖城旦舂、鬼薪白粲、贖斬宮、贖劓黥、戍不盈九六四歲，毄（繫）不盈六歲，及罰金一斤以上罪，罰金二兩。毄（繫）不盈三歲，贖耐、贖䙴（遷）、及不盈一斤以下罪，購、没入、負償、償日作縣九七官罪，罰金一兩。九八

【注　釋】

〔一〕　鞫，字亦作「鞠」。《漢書·刑法志》「與郡鞠獄」注：「以囚辭决獄事為鞠。」故縱，《漢書·景武昭宣元功臣表》新時侯趙弟「太始三年為太常鞠獄不實」注引晉灼曰：「出罪為故縱」。

〔二〕　不直，《漢書·景武昭宣元功臣表》注：「入罪為故不直」。

〔三〕　診，檢驗，《漢書·董賢傳》注：「驗也」。

〔四〕　報，《後漢書·安帝紀》注：「謂决斷也」。

〔五〕　辟，審理，《左傳·文公六年》注：「猶理也」。窮審，將案情追查到底。

〔六〕　作官府償日，在官府服勞役以抵償刑期。

〔七〕　没入，財産没收入官府。

〔八〕　失，《二年律令》第一一二簡：「劾人不審，為失」。

〔九〕　「爵」字疑衍。戍，戍邊。

一人有數▨罪毆，以其重罪罪之。九九

□□□□□，以其罪論之。完城旦舂罪，黥之。鬼薪白粲罪，黥以為城旦舂。其自出者，死罪，黥為城旦舂；它罪，完為城旦舂。一〇〇

諸欲告罪人，及有罪先自告而遠其縣廷者，皆得告所在鄉，鄉官謹聽，書其告，上縣道官。廷士吏亦得聽告。一〇一

縣道官守丞毋得斷獄及潚（讞）〔注一〕。相國〔注二〕、御史及二千石官所置守、叚（假）吏〔注三〕，若丞缺，令一尉為守丞，皆得斷獄、潚（讞）獄，一〇二皆令監臨庳（卑）官，而勿令坐官。一〇三

【注釋】

〔一〕守，試守。《漢書·朱雲傳》：「以六百石秩試守御史大夫。」丞，縣丞。讞，《漢書·刑法志》：「自今以來，縣道官獄疑者，各讞所屬二千石官，二千石官以其罪名當報之。所不能決者，皆移廷尉，廷尉亦當報之。廷尉所不能決，謹具為奏，傅所當比律令以聞」。王先謙《補注》：「讞者，平議其罪而上之」。

〔二〕相國，漢高祖九年置，惠帝時又復稱丞相。

〔三〕假吏，《漢書·蘇武傳》「武與副中郎將張勝及假吏常惠等」注：「假吏猶言兼吏也」。

事當治論者，其令、長、丞或行鄉官視它事，不存，及病，而非出縣道界也，及諸都官令、長、丞行離官有它事〔注一〕，一〇四而皆其官之事也，及病，非之官在所縣道界也，其守丞及令、長若真丞存者所獨斷治論有不當者，令真令、長、一〇五丞不存及病者皆共坐之，如身斷治論及存者之罪。唯謁屬所二千石官者，乃勿令坐。一〇六

【注釋】

〔一〕都官令、長、丞，京師諸署官吏。《漢書·宣帝紀》「丞相以下至都官令、丞」注：「都官令、丞，京師諸署之令、丞」。離官，都官派駐各地的官署。

告，告之不審，鞫之不直，故縱弗刑，若論而失之，及守將奴婢而亡之，篡遂縱之〔注一〕，及諸律令中曰同法、同罪，其所一〇七與同當刑復城旦舂，及曰黥之，若鬼薪白粲當刑為城旦舂，及刑畀主之罪也，皆如耐罪然。其縱之而令亡城旦一〇八舂、鬼薪白粲也，縱者黥為城旦舂。一〇九

【注釋】

〔二〕 篡，劫奪，《漢書·成帝紀》注：「逆取曰篡」。遂，道路。

證不言請（情）〔注一〕，以出入罪人者，死罪，黥為城旦舂；它各以其所出入罪反罪之。獄未鞫而更言請（情）者，除。吏謹先以辨告證。一一〇

【注釋】

〔一〕 證，作證。

譯訊人為詐（詐）僞〔注一〕，以出入罪人，死罪，黥為城旦舂；它各以其所出入罪反罪之。一一一

【注釋】

〔一〕 譯，翻譯。《方言》十三：「譯，傳四夷之語也」。此指翻譯少數民族語言。訊，《漢書·張湯傳》「訊鞫論報」注：「訊，考問也」。

劾人不審〔注一〕，為失；其輕罪也而故以重罪劾之，為不直。一一二

【注釋】

〔一〕 劾，《漢書·敍傳》音義引石曹：「舉罪曰劾」。

治獄者，各以其告劾治之。敢放訊杜雅〔注一〕，求其它罪，及人毋告劾而擅覆治之〔注二〕，皆以鞫獄故不直論。一一三

【注釋】

〔一〕 放，《呂氏春秋·審分》「無使放悖」注：「放，縱也」。杜雅，聯綿字，疑有深文周納之意。

〔二〕 覆，《爾雅·釋詁》：「覆，審也」。參看《睡虎地秦墓竹簡·封診式》之《覆》條。

罪人獄已決〔注一〕，自以罪不當欲气（乞）鞫者〔注二〕，許之。气（乞）鞫不審，駕（加）罪一等；其欲復气（乞）鞫，當刑者，刑乃聽之。死罪不得自气（乞）一一四鞫，其父、母、兄、姊、弟、夫、妻、子欲為气（乞）鞫，許之。其不審，黥為城旦舂。年未盈十歲為气（乞）鞫，勿聽。獄已決盈一歲，不一一五得气（乞）鞫。气（乞）鞫者各辭在所縣道，縣道官令、長、丞謹聽，書其气（乞）鞫，上獄屬所二千石官，二千石官令都吏覆之。都吏所覆治，廷一一六及郡各移旁近郡〔注三〕，御史、丞相所覆治移廷。一一七

【注釋】

〔一〕決，判決。《淮南子·時則》「審決獄」注：「決，斷也。」

〔二〕乞鞫，請求重審。

〔三〕廷，參看《睡虎地秦墓竹簡·法律答問》之《辭者辭廷》條。移，移書。

毋敢以投書者言嗀（繫）治人。不從律者，以鞫獄故不直論。一一八

贖死，金二斤八兩。贖城旦舂、鬼薪白粲，金一斤八兩。贖斬、府（腐），金一斤四兩。贖劓、黥，金一斤。贖耐，金十二兩。贖䙴（遷）〔注一〕，金八兩。有罪當府（腐）者，移內官，內官府（腐）之。一一九

【注釋】

〔一〕遷，流放。

鬼薪白粲有耐罪到完城旦舂罪，黥以為城旦舂；其有贖罪以下，笞百。一二〇

城旦舂、鬼薪白粲有罪䙴（遷）、耐以上而當刑復城旦舂，及曰黥之若刑為城旦舂，及奴婢當刑畀主，其證不言請（情）、誣一二一人；奴婢有刑城旦舂以下至䙴（遷）、耐罪，黥顏（顏）頯畀主，其有贖罪以下及老小不當刑〔注一〕、刑盡者，皆笞百。刑盡而賊傷人及殺人，先自告也，棄市。有罪一二二當完城旦舂、鬼薪白粲以上而亡，以其罪命之〔注二〕；耐隸臣妾罪以下，論令出會之〔注三〕。其以亡為罪，當完城旦舂、鬼薪白粲以上不得者，亦以其罪一二三論命之。庶人以上，司寇、隸臣妾無城旦舂、鬼薪白粲罪以上，而吏故為不直及失刑之〔注四〕，皆以為隱官〔注五〕；女子庶人，毋筭（算）事其身〔注六〕，令自尚〔注七〕。一二四

【注釋】

〔一〕老小，指不到或超過法定年齡者。

〔二〕命，確認罪名。《漢書·刑法志》「已論命復有笞罪者，皆棄市」注引晉灼曰：「命者名也，成其罪也。」

〔三〕會，《說文》：「合也」。

〔四〕不直，《二年律令》第一一二簡：「……其輕罪也而故以重罪劾之，為不直」；《睡虎地秦墓竹簡·法律答問》：「罪當重而端輕之，當輕而端重之，是謂『不直』」。失刑，縱刑。

〔五〕隱官，在不易為人所見處所工作的人，參看《睡虎地秦墓竹簡·秦律十八種》之《軍爵律》條。

〔六〕算，算賦。事，徭役。

〔七〕尚，《廣雅·釋詁三》：「主也」。參看雲夢龍崗木牘，見湖北省文物考古研究所、孝感地區博物館、雲夢縣博物館：《雲夢龍崗六號秦墓及出土簡牘》，《考古學集刊》第八集。

■具律 一二五

告律

誣告人以死罪，黥為城旦舂；它各反其罪。一二六告不審及有罪先自告，各減其罪一等，死罪黥為城旦舂，城旦舂罪完為城旦舂，完為城旦舂罪▨一二七▨鬼薪白粲及府（腐）罪耐為隸臣妾，耐為隸臣妾罪一二八耐為司寇，司寇、䙴（遷）及黥顏（顏）頯罪贖耐，贖耐罪罰金四兩，贖死罪贖城旦舂〔注一〕，贖城旦舂罪贖斬，贖斬罪贖黥，贖黥罪贖耐，耐罪一二九▨金四兩罪罰金二兩，罰金二兩罪罰金一兩。令、丞、令史或偏（徧）先自一三〇得之，相除〔注二〕。一三一

【注　釋】

〔一〕贖城旦舂，原簡脫「贖」字下重文號，下文「贖」字係補。

〔二〕自「令丞令史」至「相除」一段文字疑為它簡粘連於此。

殺傷大父母、父母，及奴婢殺傷主、主父母妻子，自告者皆不得減。告人不審，所告者有它罪與告也罪等以上〔注一〕，告者不為不審。一三二

【注　釋】

〔一〕與告也罪等，和所舉告的罪量刑相等。

子告父母，婦告威公〔注一〕，奴婢告主、主父母妻子，勿聽而棄告者市。一三三

【注　釋】

〔一〕威，婆母，《廣雅·釋親》：「姑謂之威」。

年未盈十歲及毄（繫）者、城旦舂、鬼薪白粲告人，皆勿聽。一三四

奴婢自訟不審〔注一〕，斬奴左止（趾），黥婢顔（顏）頯，畀其主。一三五

【注釋】

〔一〕訟，《後漢書·靈帝紀》注：「訟謂申理之也」。

■告律 一三六

捕律

☐亡人、略妻、略賣人、强奸、偽寫印者棄市罪一人，購金十兩。刑城旦舂罪〔注一〕，購金四兩。完城一三七☐二兩。一三八

【注釋】

〔一〕刑城旦舂罪，指黥城旦舂、斬為城旦舂等。

詗告罪人〔注一〕，吏捕得之，半購詗者。一三九

【注釋】

〔一〕詗，偵察。《漢書·淮南王安傳》「王愛陵多予金錢，為中詗長安」注引孟康曰：「詗音偵，西方人以反間為偵，王使其女為偵於中也」，服虔云：「偵伺之也」。

群盜殺傷人、賊殺傷人、强盜，即發縣道，縣道亟為發吏徒足以追捕之，尉分將〔注一〕，令兼將〔注二〕，亟詣盜賊發及之所，以窮追捕之，毋敢☐一四〇界而環（還）。吏將徒，追求盜賊，必伍之〔注三〕，盜賊以短兵殺傷其將及伍人，而弗能捕得，皆戍邊二歲。三十日中能得其半以上，盡除其罪；一四一得不能半，得者獨除；·死事者〔注四〕，置後如律。大痍臂臑股胻〔注五〕，或誅斬，除。與盜賊遇而去北，及力足以追逮捕之而官☐☐☐☐逗一四二留畏耎弗敢就〔注六〕，奪其將爵一絡〈級〉，免之，毋爵者戍邊二歲；而罰其所將吏徒以卒戍邊各一歲。興吏徒追盜賊，已受令而逋〔注七〕，以畏耎論之。一四三

【注釋】

〔一〕尉，縣尉。《漢書·百官志》：「尉大縣二人，主盜賊，凡有賊發，則推尋之。」分將，分別率領。

〔二〕兼將，統一率領。

〔三〕伍，五人為伍。

〔四〕 死事，死於戰事。《吴子·勵士》：「有死事之家，歲使使者勞賜其父母，著不忘心。」

〔五〕 大痍，《睡虎地秦墓竹簡·法律答問》：「可（何）如為大痍？大痍者，支（肢）或未斷，及將長令二人扶出之，為大痍」。

〔六〕 耎，《説文》：「讀若畏偄」。《廣雅·釋詁》：「耎，弱也」。從「耎」從「需」字通，畏偄即畏懦。《漢書·祭彤傳》：「伐匈奴，坐逗留畏懦，下獄死。」就，接近敵人。

〔七〕 逋，逃走。

盜賊發，士吏、求盜部者〔注一〕，及令、丞、尉弗覺智（知），士吏、求盜皆以卒戍邊二歲，令、丞、尉罰金各四兩。令、丞、尉能先覺智（知），求捕其盜賊，及自劾，論一四四吏部主者，除令、丞、尉罰。一歲中盜賊發而令、丞、尉所（？）不覺智（知）三發以上，皆為不勝任，免之。一四五

【注釋】

〔一〕 求盜，亭卒。《漢書·高帝紀》注引應劭曰：「舊時亭有兩卒：一為亭父，掌開閉埽除；一為求盜，掌逐捕盜賊。」

群盜、盜賊發，告吏，吏匿弗言其縣廷，言之而留盈一日，以其故不得，皆以鞫獄故縱論之。一四六

□□□□發及鬬殺人而不得，官嗇夫、士吏、吏部主者，罰金各二兩，尉、尉史各一兩；而斬、捕、得、不得、所殺傷及臧（贓）物數屬所二千石一四七官，二千石官上丞相、御史。能産捕群盜一人若斬二人〔注一〕，捧（拜）爵一級。其斬一人若爵過大夫及不當捧（拜）爵者〔注二〕，皆購之如律。所捕、斬雖後會□□一四八論〔注三〕，行其購賞。斬群盜，必有以信之〔注四〕，乃行其賞。一四九

【注釋】

〔一〕 産，生，産捕即生捕。

〔二〕 大夫，西漢二十級爵的第五級。

〔三〕 會，計算。

〔四〕 信，證明。

捕從諸侯來為閒者一人，捧（拜）爵一級，有（又）購二萬錢。不當捧（拜）爵者，級賜萬錢，有（又）行其購。數人共捕罪人而當購賞，欲一五〇相移者，許之。一五一

捕盜賊、罪人，及以告劾逮捕人，所捕格鬭而殺傷之，及窮之而自殺也，殺傷者除，其當購賞者，半購賞之。殺傷一五二群盜、命者，及有罪當命未命，能捕群盜、命者，若斬之一人，免以為庶人。所捕過此數者，贖如律。一五三

數人共捕罪人而獨自書者〔注一〕，勿購賞。吏主若備盜賊、亡人而捕罪人，及索捕罪人，若有告劾非亡也，或捕之而一五四非群盜也，皆勿購賞。捕罪人弗當，以得購賞而移予它人，及詐偽，皆以取購賞者坐臧（贓）為盜。一五五

【注　釋】

〔一〕　書，登記。

■捕律 一五五

亡　律

吏民亡，盈卒歲〔注一〕，耐；不盈卒歲，毄（繫）城旦舂；公士、公士妻以上作官府，皆償亡日。其自出殹（也），笞五十。給逋事，皆籍亡日〔注二〕，軵數盈卒歲而得〔注三〕，亦耐之。一五七

【注　釋】

〔一〕　卒歲，終歲。

〔二〕　籍，記録。

〔三〕　軵，《淮南子·覽冥》注：「推也」。

女子已坐亡贖耐，後復亡當贖耐者，耐以為隸妾。司寇、隱官坐亡罪隸臣以上，輸作所官。一五八

☑□頯界主。其自出殹（也），若自歸主，主親所智（知），皆笞百。一五九

奴婢亡，自歸主，主親所智（知），及主、主父母、子若同居求自得之，其當論界主，或欲勿詣吏論者，皆許之。一六〇

☐主入購縣官，其主不欲取者，入奴婢，縣官購之。一六一

奴婢為善而主欲免者，許之，奴命曰私屬，婢為庶人，皆復使及筭（算）〔注一〕，事之如奴婢。主死若有罪，一六二以私屬為庶人，刑者以為隱官。所免不善，身免者得復入奴婢之〔注二〕。其亡，有它罪，以奴婢律論之〔注三〕。一六三

【注　釋】

〔一〕復，免除。

〔二〕身免者，指原來免其奴婢身份的主人。

〔三〕奴婢律，指有關奴婢的律文。

城旦舂亡，黥，復城旦舂。鬼薪白粲也，皆笞百。一六四

隸臣妾、收人亡〔注一〕，盈卒歲，毄（繫）城旦舂六歲；不盈卒歲，毄（繫）三歲。自出殹，□□。其去毄（繫）三歲亡〔注二〕，毄（繫）六歲；去毄（繫）六歲亡，完為城旦舂。一六五

【注　釋】

〔一〕收人，請參閱《收律》的有關條文。

〔二〕去繫三歲亡，在受繫三歲處分時逃亡。

諸亡自出，減之；毋名者〔注一〕，皆減其罪一等。一六六

【注　釋】

〔一〕毋名，律文没有特別提到減刑的規定。

匿罪人，死罪，黥為城旦舂，它各與同罪。其所匿未去而告之，除。諸舍匿罪人〔注一〕，罪人自出，若先自告，罪減，亦減舍匿者罪。所舍一六七

【注　釋】

〔一〕舍匿，匿於家中。

取（娶）人妻及亡人以為妻，及為亡人妻，取（娶）及所取（娶），為謀（媒）者，智（知）其請（情），皆黥以為城旦舂。其真罪重〔注一〕，以匿罪人律論〔注二〕。弗智（知）一六八者不☐一六九

【注釋】

〔一〕真，《淮南子·俶真》注：「實也」。真罪，指亡人本身之罪。

〔二〕匿罪人律，指《二年律令》第一六七簡的法律規定。

諸舍亡人及罪人亡者，不智（知）其亡，盈五日以上，所舍罪當黥☐贖耐；完城旦舂以下到耐罪，及亡收、隸臣妾、奴婢及亡盈十二月以上☐一七〇贖耐。一七一

取亡罪人為庸〔注一〕，不智（知）其亡，以舍亡人律論之〔注二〕。所舍取未去，若已去後，智（知）其請（情）而捕告，及詷〈詗〉告吏捕得之，皆除其罪，勿購。一七二

【注釋】

〔一〕庸，《漢書·司馬相如傳》注：「庸即謂賃作者」。

〔二〕舍亡人律，即前文第一七〇、一七一簡的法律條文。

■亡律一七三

收律

罪人完城旦舂、鬼薪以上，及坐奸府（腐）者，皆收其妻、子〔注一〕、財、田宅。其子有妻、夫，若為户、有爵，及年十七以上，若為人妻而棄、寡者，一七四皆勿收。坐奸、略妻及傷其妻以收〔注二〕，毋收其妻。一七五

【注釋】

〔一〕子，指子、女。

〔二〕略，《方言》：「强取也」。參看下第一九四簡。

夫有罪，妻告之，除于收及論；妻有罪，夫告之，亦除其夫罪。·毋夫，及為人偏妻，為户若别居不同數者，有罪完舂、白一七六粲以上，收之，毋收其子。內孫毋為夫收。一七七

有罪當收，獄未决而以賞除罪者，收之。一七八

當收者，令獄史與官嗇夫、吏襍封之，上其物數縣廷〔注一〕，以臨計〔注二〕。一七九

【注　釋】

〔一〕此律可與《睡虎地秦墓竹簡·封診式》之《封守》條參照。

〔二〕臨計，監督統計。

奴有罪，毋收其妻子為奴婢者。有告劾未遝死，收之。匿收〔注一〕，與盜同法。一八〇

【注　釋】

〔一〕匿收，舍匿當收之人。

■收律一八一

襍　律

越邑里、官市院垣〔注一〕，若故壞决道出入，及盜啓門户，皆贖黥。其垣壞高不盈五尺者，除。一八二

【注　釋】

〔一〕官，官舍。市，《說文》：「市，買賣所之也。市有垣」。

捕罪人及以縣官事徵召人，所徵召、捕越邑里、官市院垣，追捕、徵者得隨迹出入。一八三

吏六百石以上及宦皇帝〔注一〕，而敢字貸錢財者〔注二〕，免之。一八四

【注釋】

〔一〕宦皇帝，在朝中為官。

〔二〕字，《孝經援神契》：「言孳乳浸多也」。字貸，疑指以高利貸獲利。

擅賦斂者〔注一〕，罰金四兩，責所賦斂償主。一八五

【注釋】

〔一〕擅賦斂，《晉書·刑法志》引張斐《律表》：「斂人財物，積藏於官，為擅賦」。

博戲相奪錢財〔注一〕，若為平者〔注二〕，奪爵各一級，戍二歲。一八六

【注釋】

〔一〕博，或作「簙」，《說文》：「簙，局戲也，六箸十二棋也」。

〔二〕為平者，指在博戲中裁決的人。

諸有責（債）而敢强質者〔注一〕，罰金四兩。一八七

【注釋】

〔一〕强質，强以人或物為質。

民為奴妻而有子，子畀奴主；主婢奸，若為它家奴妻，有子，子畀婢主，皆為奴婢。一八八

奴與庶人奸，有子，子為庶人。一八九

奴取（娶）主、主之母及主妻、子以為妻，若與奸，棄市，而耐其女子以為隸妾。其强與奸，除所强。一九〇

同産相與奸，若取（娶）以為妻，及所取（娶）皆棄市。其强與奸，除所强。一九一

諸與人妻和奸〔注一〕，及其所與皆完為城旦舂。其吏也，以强奸論之。一九二

【注 釋】

〔一〕和奸，通奸。

强與人奸者，府（腐）以為宫隸臣〔注一〕。一九三

【注 釋】

〔一〕宫隸臣，曾受宫刑之隸臣。

强略人以為妻及助者，斬左止（趾）以為城旦。一九四

復兄弟〔注一〕、孝〈季〉父柏（伯）父之妻〔注二〕、御婢〔注三〕，皆黥為城旦舂。復男弟兄子、孝〈季〉父柏（伯）父子之妻、御婢，皆完為城旦。一九五

【注 釋】

〔一〕復，報。《左傳·宣公三年》「文公報鄭子之妃曰陳嬀」注：「鄭子，文公叔父子儀也。漢律淫季父之妻曰報」。

〔二〕孝，據上引《左傳》杜預注，當為「季」字之訛。《釋名·釋親屬》：「叔父之弟曰季父」，但據杜注應包括叔父在內。

〔三〕御，《儀禮·大射儀》注：「猶侍也」。御婢，應指與男主人有性關係之婢。

■襍律 一九六

錢 律

錢徑十分寸八以上〔注一〕，雖缺鑠〔注二〕，文章頗可智（知）〔注三〕，而非殊折及鉛錢也〔注四〕，皆為行錢〔注五〕。金不青赤者，為行金。敢擇一九七不取行錢、金者，罰金四兩。一九八

【注 釋】

〔一〕十分寸八，即十分之八寸。

〔二〕鑠，《廣雅·釋詁》：「磨也」。

〔三〕文章，錢文。《後漢書·董卓傳》：「又錢無輪廓文章，不便人用。」

〔四〕殊折，斷碎。《廣雅·釋詁》：「殊，斷也。」

〔五〕行，流通。

故毀銷行錢以為銅、它物者，坐臧（贓）為盜。一九九

為偽金者，黥為城旦舂。二〇〇

盜鑄錢及佐者，棄市。同居不告，贖耐。正典〔注一〕、田典、伍人不告〔注二〕，罰金四兩。或頗告，皆相除。尉、尉史、鄉部、官二〇一
嗇夫、士吏、部主者弗得，罰金四兩。二〇二

【注釋】

〔一〕正典，里典。

〔二〕伍人，五家為伍，同伍者為伍人。

智（知）人盜鑄錢，為買銅、炭，及為行其新錢，若為通之〔注一〕，與同罪。二〇三

【注釋】

〔一〕通，指通錢，參看《睡虎地秦墓竹簡·法律答問》之「邦亡來通錢過萬」等條。

捕盜鑄錢及佐者死罪一人，予爵一級。其欲以免除罪人者，許之。捕一人，免除死罪一人，若城旦舂、鬼薪白粲二人，隸臣妾、收人、
二〇四司空三人以為庶人〔注一〕。其當刑未報者〔注二〕，勿刑。有（又）復告者一人身，毋有所與。詗告吏，吏捕得之，賞如律。二〇五

【注釋】

〔一〕司空，在司空服役的刑徒。《漢書·百官公卿表》注引如淳云：「律，司空主水及罪人。賈誼云：『輸之司空，編之徒官』。」

〔二〕報，《後漢書·章帝紀》注：「論也」。此處指執行。

盜鑄錢及佐者，智（知）人盜鑄錢，為買銅、炭，及為行其新錢，若為通之，而能頗相捕，若先自告、告其與，吏捕二〇六，頗得之，

除捕者罪〔注一〕。二〇七

【注　釋】

〔一〕　據文意，「捕」下宜補「告」字。

諸謀盜鑄錢，頗有其器具未鑄者，皆黥以為城旦舂。智（知）為及買鑄錢具者，與同罪。二〇八

■錢律二〇九

置吏律

有任人以為吏〔注一〕，其所任不廉、不勝任以免〔注二〕，亦免任者。其非吏及宦也，罰金四兩，戍邊二歲。二一〇

【注　釋】

〔一〕　任，保舉。《後漢書・公孫述傳》注：「任，保任也。」

〔二〕　不勝任，《新書》：「古者大臣坐罷軟不勝任者，不謂罷軟，曰下官不職」。

□□□□有事縣道官而免斥〔注一〕，事已，屬所吏輒致事之。其弗致事〔注二〕，及其人留不自致事，二一一盈廿日，罰金各二兩，有（又）以亡律駕（加）論不自致事者。二一二

【注　釋】

〔一〕　斥，《漢書・武帝紀》「無益於民者斥」注：「斥，謂棄逐之」。

〔二〕　致事，即致仕，離職退居，見《禮記・曲禮上》。

郡守二千石官、縣道官言邊變事急者〔注一〕，及吏遷徙、新為官、屬尉、佐以上毋乘馬者，皆得為二一三駕傳〔注二〕。縣道官之計〔注三〕，各關屬所二千石官〔注四〕。其受恒秩氣稟〔注五〕，及求財用年輸〔注六〕，郡關其守〔注七〕，中關二一四內史〔注八〕。受（授）爵及除人關於尉〔注九〕。都官自尉、內史以下毋治獄，獄無輕重關於正〔注一〇〕；郡關其守。二一五

【注　釋】

〔一〕　變事，緊急事件。《漢書・梅福傳》「數因縣道上言變事」注：「變謂非常之事」。

〔二〕駕，《廣雅·釋詁》：「駕，乘也」。傳，由驛站供給的馬車。《漢書·高帝紀》「五年，橫懼，乘傳詣雒陽」注：「傳者，若今之驛。古者以車，謂之傳車，其後又單置馬，謂之驛騎。」又引如淳曰：「律：四馬高足為置傳，四馬中足為馳傳，四馬下足為乘傳，一馬二馬為軺傳。急者乘一乘傳。」

〔三〕計，賬目。

〔四〕關，報告。《史記·佞幸傳》「公卿皆因關說」注：「關，通也。」

〔五〕恒，常秩。氣，即餼，《考工記·玉人》「以致稍餼」注：「造賓客納禀食也」。

〔六〕輸，委輸。

〔七〕守，郡守。

〔八〕中，朝中官署。內史，《漢書·百官公卿表》：「掌治京師」。

〔九〕除，《漢書·景帝紀》「初除之官」注：「凡言除者，除故官就新官也」。尉，疑指廷尉。下文之「尉」也應是廷尉。

〔一〇〕正，此處指廷尉正，為廷尉屬官。

官各有辨〔注一〕，非其官事勿敢為，非所聽勿敢聽。諸使而傳不名取卒〔注二〕、甲兵、禾稼志者〔注三〕，勿敢擅予。二一六

【注釋】

〔一〕辨，分別。

〔二〕傳，《周禮·地官·司關》注：「傳如今過所文書」。

〔三〕志，讀為「識」，《漢書·匈奴傳》注：「識亦記也」。

吏及宦皇帝者、中從騎〔注一〕，歲予告六十日〔注二〕；它內官〔注三〕，卌日。吏官去家二千里以上者，二歲壹歸，予告八十日。二一七

【注釋】

〔一〕中從騎，疑指騎郎。《漢書·百官公卿表》：「郎，掌守門戶，出充軍騎。」

〔二〕予告，《漢書·高帝紀》注引孟康曰：「古者名吏休假曰告。……予告者，在官有功最，法所當得也」。

〔三〕內官，宮中職官。

都官除吏官在所及旁縣道。都官在長安〔注一〕、櫟陽〔注二〕、雒陽者〔注三〕，得除吏官在所郡及旁郡。二一八

【注釋】

〔一〕長安，漢高祖七年建都於此，屬內史管轄。

〔二〕櫟陽，漢高祖二年都於此，七年徙長安。漢初屬內史。

〔三〕雒陽，西漢屬河南郡。

縣道官有請而當為律令者，各請屬所二千石官，二千石官上相國、御史，相國、御史案致〔注一〕，當請，請之，毋得徑請〔注二〕。徑請者者〔注三〕二一九，罰金四兩。二二〇

【注　釋】

〔一〕　案，察。致，文書。

〔二〕　徑，直接。

〔三〕　「者」字下原有重文號，衍。

諸侯王得置姬八子、孺子、良人〔注一〕。二二一

【注　釋】

〔一〕　諸侯王，西漢初年分封的同姓王和異姓王。姬，衆妾之總稱。八子、孺子、良人均為姬妾稱號，有等級差別。

徹侯得置孺子、良人。二二二

諸侯王女毋得稱公主。二二三

■置吏律 二二四

均輸律

船車有輸，傳送出津關〔注一〕，而有傳嗇夫、吏，嗇夫、吏與敦長〔注二〕、方長各□□而□□□□發□出□置皆如關□〔注三〕。二二五

【注　釋】

〔一〕　津關，河流和道路上的關卡。

〔二〕　敦，讀作「屯」。屯長，隊長，參看《睡虎地秦墓竹簡·秦律雜抄》「不當稟軍中而稟者」條。

〔三〕　方，《說文》：「併船也」。方長，船隊之長。

諸（？）行（？）津關門（？）東（？）☑□□ 二二六

■均輸律〔注一〕 二二七

【注釋】

〔一〕均輸，《漢書·百官公卿表》注引孟康曰：「均輸，謂諸當所有輸於官者，皆令輸其地土所饒，平其所在時價，官更於它處賣之。輸者既便，而官有利也」。

傳食律

諸乘傳起長安之□＝陵＝□＝陽＝□＝□＝之☑ 二二八

發傳□□□□，度其行不能至者□□□□□長官皆不得釋新成〔注一〕。使非有事，及當釋駕新成也，毋得以傳食焉〔注二〕，二二九而以平賈（價）責錢。非當發傳所也，毋敢發傳食焉。為傳過員〔注三〕，及私使人而敢為食傳者，皆坐食臧（贓）為盜。二三〇

【注釋】

〔一〕釋，《說文》：「解也」。新成，剛調教好的馬匹。

〔二〕傳食，驛站供給人食和馬匹草料。

〔三〕過員，超過應有名額。

☑諸□□及乘置〔注一〕、乘傳者□□，皆毋得以傳食焉。二三一

【注釋】

〔一〕置，驛馬。

丞相、御史及諸二千石官使人，若遣吏、新為官及屬尉、佐以上徵若遷徙者，及軍吏、縣道有尤急二三二言變事，皆得為傳食。車大夫粺米半斗〔注一〕，參食〔注二〕，從者糲米〔注三〕，皆給草具〔注四〕。車大夫醬四分升一，鹽及從者人各廿二分升一〔注五〕。二三三食馬如律，禾之比乘傳者馬。使者非有事，其縣道界中也，皆毋過再食。其有事焉，留過十日者，稟米令自二三四炊〔注六〕。以詔使及乘置傳，不用此律。縣各署食盡日〔注七〕，前縣以誰（推）續食。食從者，二千石毋過十人，千石到六百石毋二三五過五人，五百石以下到二百石毋過

二人，二百石以下一人。使非吏，食從者，卿以上比千石〔注八〕，五大夫以下到官大夫比五百石〔注九〕，二三六大夫以下比二百石〔注一〇〕；吏皆以實從者食之。諸吏乘車以上及宦皇帝者，歸休若罷官而有傳者，縣舍食人、馬如令。二三七

【注釋】

〔一〕車大夫，指上述使人等。粺米，《說文》：「粺，穀也」，「米一斛舂為八斗也」。參看《睡虎地秦墓竹簡·秦律十八種》之《倉律》。

〔二〕參食，每日三餐，參看《睡虎地秦墓竹簡·秦律十八種》之《倉律》條（秦簡原注有誤）。

〔三〕糲（糲）米，《說文》：「糲，粟重一秳為十六斗大半斗，舂為米一斛曰糲」。

〔四〕草具，《史記·范睢蔡澤列傳》「使舍食草具」索隱：「草具謂麄食草菜之饌具也」。

〔五〕以上參看《睡虎地秦墓竹簡·秦律十八種》之《傳食律》。

〔六〕稟，給予。

〔七〕署，記録。

〔八〕《漢書·樊噲傳》王先謙《補注》引錢大昭曰：「卿則左庶長以上，封君則大庶長之屬矣」。

〔九〕五大夫，二十級爵第九級。官大夫，二十級爵第六級。

〔一〇〕大夫，二十級爵第五級。

■傳食律二三八

田律

田不可田者〔注一〕，勿行〔注二〕；當受田者欲受，許之。二三九

【注釋】

〔一〕下一「田」字意為種植穀物，《說文》：「樹穀曰田」。

〔二〕行，指授田，《禮記·月令》注：「猶賜也」。

入頃芻稾〔注一〕，頃入芻三石〔注二〕；上郡地惡，頃入二石；稾皆二石。令各入其歲所有，毋入陳，不從令者罰黃金四兩。收二四〇入芻稾，縣各度一歲用芻稾，足其縣用，其餘令頃入五十五錢以當芻稾。芻一石當十五錢，稾一石當五錢。二四一

【注釋】

〔一〕芻，飼草。稾，禾稈。參看《睡虎地秦墓竹簡·秦律十八種》之《田律》「入頃芻稾」條。

〔二〕石，重量單位，漢時為一百二十斤。

芻稾節貴於律〔注一〕，以入芻稾時平賈（價）入錢〔注二〕。二四二

【注釋】

〔一〕節，通即，如果。律，指第二四一簡所記的價格規定。

〔二〕平價，平均價格。

縣道已豤（墾）田，上其數二千石官，以户數嬰之〔注一〕，毋出五月望。二四三

【注釋】

〔一〕嬰，繫，指標明墾田的户數。嬰字此種用法參看《睡虎地秦墓竹簡·秦律十八種》之《金布律》「有買及賣殹」條。

田不可豤（墾）而欲歸，毋受償者，許之。二四四

盜侵巷術〔注一〕、谷巷〔注二〕、樹巷〔注三〕及豤（墾）食之，罰金二兩。二四五

【注釋】

〔一〕巷，《說文》：「里中道」。術，《說文》：「邑中道也」。

〔二〕谷巷，疑指溪水旁的小路。

〔三〕樹巷，樹木間的小路。

田廣一步，袤二百卌步，為畛〔注一〕，畝二畛，一佰（陌）道；百畝為頃，十頃一千（阡）道，道廣二丈。恒以秋七月除千（阡）佰（陌）之大草；九月大除二四六道□阪險〔注二〕；十月為橋，脩波（陂）堤，利津梁。雖非除道之時而有陷敗不可行，輒為之〔注三〕。鄉部主邑中道，田主田二四七道〔注四〕。道有陷敗不可行者，罰其嗇夫、吏主者黄金各二兩。□□□□□□及□土，罰金二兩〔注五〕。二四八

【注釋】

〔一〕畛，田間起分界作用的小道，《楚辭·大招》王逸注：「田上道也」。

〔二〕阪險，《呂氏春秋·孟春》「阪險原隰」注：「阪險，傾危也」。缺字據下引青川木牘當係「及」字。

〔三〕以上參看四川青川郝家坪出土戰國秦木牘，見《全國出土文物珍品選（一九七六—一九八四）》二六五頁，文物出版社，一九八七年。

〔四〕田主田道，上「田」字，官名，此處應指田典。

〔五〕「土」上一字下半從「土」作。

禁諸民吏徒隸，春夏毋敢伐材木山林，及進〈壅〉隄水泉，燔草為灰，取産䴠（麛）卵㲉（鷇）〔注一〕；毋殺其繩重者〔注二〕，毋毒魚〔注三〕。二四九

【注　釋】

〔一〕䴠，即「麛」，幼鹿，此處泛指幼獸。鷇，《說文》：「生而須母哺者曰鷇」。

〔二〕繩，讀為「𦢊」，見《管子·五行》。《玉篇》：「𦢊，或孕字。」孕重者，指懷孕將産的野獸。

〔三〕參看《睡虎地秦墓竹簡·秦律十八種》之《田律》「春二月」條，知此下有缺文。

毋以戊己日興土功〔注一〕。二五〇

【注　釋】

〔一〕戊己，土忌之日。《睡虎地秦墓竹簡·日書甲種》：「土忌日，戊己……」

諸馬牛到所，皆毋敢穿穽〔注一〕，穿穽及置它機能害人〔注二〕、馬牛者，雖未有殺傷也，耐為隸臣妾。殺傷馬牛，與盜同法。殺人，二五一棄市。傷人，完為城旦舂。二五二

【注　釋】

〔一〕穽，陷井。

〔二〕「及」字下原有重文號，衍。

馬、牛、羊、𤞞彘〔注一〕、彘食人稼穡，罰主金馬、牛各一兩，四𤞞彘若十羊、彘當一牛，而令撟（？）稼償主。縣官馬二五三、牛、羊，罰吏徒主者。貧弗能賞（償）者，令居縣官〔注二〕；□□城旦舂、鬼薪白粲也，笞百，縣官皆為賞（償）主，禁毋牧彘。二五四

【注　釋】

〔一〕𤞞，疑讀為「豰」，《廣雅·釋獸》：「豰，豛豭也」。即牡猪。

〔二〕居，居作，服勞役。

卿以下，五月户出賦十六錢，十月户出芻一石，足其縣用，餘以入頃芻律入錢〔注一〕。二五五

【注釋】

〔一〕入頃芻律，見第二四〇、二四一簡。

官各以二尺牒疏書一歲馬〔注一〕、牛它物用稾數，餘見芻稾數〔注二〕，上內史，恒會八月望〔注三〕。二五六

【注釋】

〔一〕牒，《說文》：「札也」。疏，分項書寫。《漢書·杜周傳》「後主所是疏為令」注：「疏謂分條也。」

〔二〕餘見，現剩。

〔三〕會，《周禮·小宰》注：「月計曰要，歲計曰會」。

■田律二五七

□市律

販賣繒布幅不盈二尺二寸者〔注一〕，沒入之。能捕告者，以畀之。絺緒〔注二〕、縞繙〔注三〕、纔緣〔注四〕、朱縷〔注五〕、⿱罒緂（罽）〔注六〕、緒二五八布、縠（縠）〔注七〕、荃蔞〔注八〕，不用此律。二五九

【注釋】

〔一〕繒，《說文》：「帛也」。西漢時，一尺約合今二十三釐米，二尺二寸合今五十·六釐米，與出土實物相合。

〔二〕絺緒，「緒」讀為「綌」，《小爾雅·廣服》：「葛之精者曰絺，麤者曰綌」。

〔三〕縞，《漢書·高帝紀》注：「白素也」，縞繙疑為素帛的幡。

〔四〕纔，《說文》：「帛雀頭色，一曰微黑色如紺」，纔緣疑為該色帛的緣。

〔五〕縷，《管子·侈靡》注：「帛也」。朱縷當係一種紅色的帛。

〔六〕罽，毳布。緒，讀為「紵」，《說文》「紵」字「或從緒省」，紵布是粗麻布。

〔七〕縠，縐紗，見《漢書·江充傳》注。

〔八〕荃，《漢書·景十三王傳》注引蘇林云「細布屬也」，臣瓚云「細葛也」，荃蔞當為一種細的葛布。

市販匿不自占租〔注一〕，坐所匿租臧（贓）為盜，沒入其所販賣及賈錢縣官，奪之列〔注二〕。列長、伍人弗告，罰金各一斤。嗇夫、二六〇

吏主者弗得，罰金各二兩。諸詐（詐）紿人以有取〔注三〕，及有販賣貿買而詐（詐）紿人，皆坐臧（贓）與盜同法，罪耐以下二六一有（又）䙴（遷）之。有能捕若詗吏，吏捕得一人，為除戍二歲；欲除它人者，許之。二六二

【注　釋】

〔一〕占，申報。自占，自己申報。《史記·平準書》「各以其物自占」索隱：「自隱度也」。

〔二〕列，市肆。《漢書·食貨志》「小者坐列販賣」注：「若今市中賣物行也」。列有伍的組織，見《睡虎地秦墓竹簡·秦律十八種》之《金布律》「賈市居列者及官府之吏」條。

〔三〕紿，欺騙。

□市律〔注一〕二六三

【注　釋】

〔一〕本簡原可見「市律」二字，現磨滅。

行書律

十里置一郵〔注一〕。南郡江水以南，至索（？）南水〔注二〕，廿里一郵。二六四

【注　釋】

〔一〕郵，《漢書·平帝紀》注：「行書舍也」。漢代一里約合一百八十丈。

〔二〕疑為「漸水」別稱。《水經注·沅水》：「沅水又東入龍陽縣，有澹水出漢壽縣西陽山，南流東折，逕其縣南，縣治索城，即索縣之故城也……亦曰漸水也」。

一郵十二室〔注一〕。長安廣郵廿四室，敬（警）事郵十八室。有物故、去，輒代者有其田宅。有息〔注二〕，戶勿減。令郵人行制書〔注三〕、急二六五書，復，勿令為它事。畏害及近邊不可置郵者，令門亭卒、捕盜行之〔注四〕。北地、上、隴西〔注五〕，卅里一郵；地險陜不可郵者〔注六〕，二六六得進退就便處。郵各具席，設井磨。吏有縣官事而無僕者，郵為炊；有僕者，叚（假）器，皆給水漿。二六七

【注　釋】

〔一〕室，家。

〔二〕息，《漢書·五行志》注：「謂蕃滋也」。此處指人口增多。

〔三〕制書，《漢書·高后紀》注：「天子之言，一曰制書，二曰詔書。制書者，謂為制度之命也」。

〔四〕　門亭卒、捕盜，即亭之兩卒亭父、求盜，參上一四四簡注釋。

〔五〕　北地、上、隴西，均郡名，位於西漢版圖的北部和西部。

〔六〕　陜，讀作「狹」。

復蜀、巴、漢（?）中、下辨、故道及雞劍中五郵〔注一〕，郵人勿令繇（徭）戍，毋事其户，毋租其田一頃，勿令出租、芻稾。二六八

【注　釋】

〔一〕　蜀、巴、漢中，郡名。下辨、故道，道名，在武都郡。

發致及有傳送，若諸有期會而失期〔注一〕，乏事〔注二〕，罰金二兩。非乏事也，及書已具〔注三〕，留弗行，行書而留過旬，皆二六九盈一日罰金二兩。二七〇

【注　釋】

〔一〕　期會，在規定的時間内會合。失期，誤期。

〔二〕　乏，廢。

〔三〕　具，備。

□□□不以次〔注一〕，罰金各四兩，更以次行之。二七一

〔一〕　以次，按規定次序遞送到各個地點，參看《睡虎地秦墓竹簡·語書》。

書不急，擅以郵行，罰金二兩。二七二

郵人行書，一日一夜行二百里。不中程半日〔注一〕，笞五十；過半日至盈一日，笞百；過一日，罰金二兩。郵吏居界過書〔注二〕，二七三弗過而留之，半日以上，罰金一兩。書不當以郵行者，為送告縣道，以次傳行之〔注三〕。諸行書而毁封者〔注四〕，皆罰金二七四一兩。書以縣次傳，及以郵行，而封毁，□縣□劾印〔注五〕，更封而署其送徼（檄）曰〔注六〕：封毁，更以某縣令若丞印封。二七五

【注　釋】

〔一〕　不中程，不合規定。此處指郵人行書的速度。

〔二〕 過，遞交。

〔三〕 傳，驛傳。

〔四〕 封，封泥，上有印文。

〔五〕 劾，讀為「核」，查驗。

〔六〕 檄，《漢書·高帝紀》注：「檄者，以木簡為書，長尺二寸」。

諸獄辟書五百里以上〔注一〕，及郡縣官相付受財物當校計者書，皆以郵行。二七六

【注　釋】

〔一〕 辟書，《文選·詣蔣公奏記》注：「辟，猶召也」。

■行書律二七七

復　律

□□工事縣官者復其户而各其工。大數衛（率）取上手什（十）三人為復〔注一〕，丁女子各二人〔注二〕，它各一人，勿筭（算）繇（徭）賦。家毋當二七八繇（徭）者，得復縣中它人。縣復而毋復者，得復官在所縣人〔注三〕。新學盈一歲，乃為復，各如其手次。盈二歲而巧不成二七九者〔注四〕，勿為復。二八〇

【注　釋】

〔一〕 率，法，比率。手，指技藝的等級。十三人為復，十人中復其三人。

〔二〕 丁女子，成年女子。西漢時期成年的規定，請參閱《傅律》。

〔三〕 指工事者供役機構所在縣。

〔四〕 巧，技藝，參看《睡虎地秦墓竹簡·秦律十八種》之《均工》「隸臣有巧可以為工者」條。

■復律二八一

賜律

賜衣者六丈四尺〔注一〕、緣五尺、絮三斤，襦二丈二尺〔注二〕、緣丈、絮二斤，絝（袴）二丈一尺〔注三〕、絮一斤半，衾五丈二尺、緣二丈六尺、絮十一斤。五大夫以上二八二錦表，公乘以下縵表〔注四〕，皆帛裏；司寇以下布表、裏〔注五〕。二月盡八月賜衣、襦，勿予裏、絮。二千石吏不起病者，賜衣襦、棺及官衣常（裳）〔注六〕。二八三　郡尉，賜衣、棺及官常（裳）。千石至六百石吏死官者，居縣賜棺及官衣。五百石以下至丞、尉死官者，居縣賜棺。二八四

【注　釋】

〔一〕　衣，《釋名·釋衣服》：「凡服上曰衣」。

〔二〕　襦，《說文》：「短衣也」。

〔三〕　袴，《釋名·釋衣服》：「袴，跨也，兩股各跨別也」。類似今人所着套褲。

〔四〕　公乘，二十級爵第八級。縵，《說文》：「繒無文」。

〔五〕　布，麻布。

〔六〕　裳，《釋名·釋衣服》：「凡服……下曰裳」。

官衣一，用縵六丈四尺，帛裏，毋絮；常（裳）一，用縵二丈。二八五

吏各循行其部中，有疾病色（？）者收食，寒者叚（假）衣，傳詣其縣。二八六

□□□□□室毋以相鄉（饗）者〔注一〕，賜米二石、一豚〔注二〕、酒一石。二八七

【注　釋】

〔一〕　饗，《說文》：「鄉人飲酒也」。

〔二〕　豚，小猪。

一室二肂在堂〔注一〕，縣官給一棺〔注二〕；三肂在當（堂），給二棺。二八八

【注　釋】

〔一〕 殔，陳尸，見《儀禮·士喪禮》疏。

〔二〕 《周禮·小行人》鄭注：「若今時一室二戶則官與之棺也」。

賜棺享（椁）而欲受齎者〔注一〕，卿以上予棺錢級千、享（椁）級六百；五大夫以下棺錢級六百、享（椁）級三百；毋爵者棺錢三百。二八九

【注釋】

〔一〕 齎，通「資」，此指錢。《漢書·霍去病傳》注：「齎與資同。」

諸當賜，官毋其物者，以平賈（價）予錢。二九〇

賜不為吏及宦皇帝者，關內侯以上比二千石〔注一〕，卿比千石，五大夫比八百石，公乘比六百石，公大夫、官大夫比五百二九一石〔注二〕，大夫比三百石，不更比有秩〔注三〕，簪褭比斗食〔注四〕，上造、公士比佐史〔注五〕。毋爵者，飯一斗、肉五斤、酒大半斗〔注六〕、醬少半升〔注七〕。二九二司寇、徒隸，飯一斗，肉三斤，酒少半斗，鹽廿分升一〔注八〕。二九三

【注釋】

〔一〕 關內侯，二十級爵的第十九級。

〔二〕 官大夫，二十級爵的第六級。

〔三〕 不更，二十級爵的第四級。有秩，《漢書·張敞傳》注：「鄉有秩者，嗇夫之類也」。王先謙《補注》：「《百官表》有秩次於三老」。

〔四〕 簪褭，「褭」為「裊」字異體，二十級爵的第三級。斗食，《漢書·百官公卿表》：「百石以下有斗食、佐史之秩」。

〔五〕 上造、公士，分別為二十級爵的第二級和第一級。佐史，見注〔四〕。

〔六〕 大半斗，三分之二斗。

〔七〕 少半升，三分之一升。

〔八〕 廿分升一，二十分之一升。

吏官庳（卑）而爵高，以宦皇帝者爵比賜之。二九四

賜公主比二千石。二九五

御史比六百石，相□ 二九六

賜吏酒食，衛（率）秩百石而肉十二斤、酒一斗；斗食、令史肉十斤，佐史八斤，酒七升。二九七

二千石吏食糳（糳）〔注一〕、粲〔注二〕、穤（糯）各一盛〔注三〕，醯〔注四〕、醬各二升，介（芥）一升。二九八

【注釋】

〔一〕 糳，較精的粟米，《說文》：「粟重一石（為）十六斗大半斗，舂為米一斛曰糲」，「糲米一斛舂為九斗曰糳」。參看《睡虎地秦墓竹簡·秦律十八種》之《倉律》「粟一石六斗大半斗」條。

〔二〕 粲，精稻米，《說文》：「稻重一石為粟二十斗，為米十斗曰毇，為米六斗大半斗曰粲」。參看《睡虎地秦墓竹簡·秦律十八種》之《倉律》「為粟廿斗」條。

〔三〕 穤，似讀作「糯」，黏稻。盛，用米九升，見下第三〇一簡。

〔四〕 醯，醋。

千石吏至六百石，食二盛，醯、醬各一升。二九九

五百石以下，食一盛，醬半升。三〇〇

食一盛用米九升。三〇一

賜吏六百石以上以上尊〔注一〕，五百石以下以下尊，毋爵以和酒〔注二〕。三〇二

【注釋】

〔一〕 上尊，《漢書·平當傳》注引如淳曰：「律稻米一斗，得酒一斗為上尊；稷米一斗，得酒一斗為中尊；粟米一斗，得酒一斗為下尊」。

〔二〕 和酒，疑為混合酒。

賜酒者勿予食。三〇三

■賜律 三〇四

户律

自五大夫以下，比地為伍〔注一〕，以辨□為信〔注二〕，居處相察，出入相司〔注三〕。有為盜賊及亡者，輒謁吏、典。田典更挾里門籥（鑰），以時開；三〇五伏閉門〔注四〕，止行及作田者；其獻酒及乘置乘傳，以節使〔注五〕，救水火，追盜賊，皆得行，不從律，罰金二兩。三〇六

【注　釋】

〔一〕比，相連。

〔二〕辨，分。古時有可分為兩半的符信，分為三份的璽印或券，參看下第三三四簡。

〔三〕相司，《史記·商君列傳》「令民為什伍，而相牧司連坐」索隱：「牧司謂相糾發也」。

〔四〕伏，伏日。《後漢書·和帝紀》「初令伏閉盡日」注引《漢官舊儀》：「伏日萬鬼行，故盡日閉，不幹它事」。

〔五〕節，符節。《後漢書·光武紀》注：「節，所以為信也。以竹為之，柄長八尺，旄牛尾為其毦三重。」使，出使。

隸臣妾、城旦舂、鬼薪白粲家室居民里中者，以亡論之。三〇七

募民欲守縣邑門者，令以時開閉門，及止畜産放出者，令民共（供）食之，月二户〔注一〕。三〇八

【注　釋】

〔一〕月二户，指每月由民二户供食。

□□□□令不更以下更宿門〔注一〕。三〇九

【注　釋】

〔一〕更，輪值。

關内侯九十五頃，大庶長九十頃，駟車庶長八十八頃，大上造八十六頃，少上造八十四頃，右更八十二頃，中更八十三一〇頃，左更七

十八頃，右庶長七十六頃，左庶長七十四頃，五大夫廿五頃，公乘廿頃，公大夫九頃，官大夫七頃，大夫五頃，不三一一更四頃，簪褭三頃，上造二頃，公士一頃半頃〔注一〕，公卒、士五（伍）〔注二〕、庶人各一頃，司寇、隱官各五十畝。不幸死者，令其後先三一二擇田〔注三〕，乃行其餘。它子男欲為户，以為其□田予之。其已前為户而毋田宅，田宅不盈，得以盈。宅不比〔注四〕，不得。三一三

【注　釋】

〔一〕　自關内侯至公士為二十級爵的第十九級至第一級。一頃半頃，一頃半。

〔二〕　士伍，《漢舊儀》：「無爵為士伍」。或指削爵者，《史記·淮南厲王傳》注如淳引律：「有罪失官爵稱士伍」。

〔三〕　後，繼承人。

〔四〕　比，近接。

宅之大方卅步。徹侯受百五宅〔注一〕，關内侯九十五宅，大庶長九十宅，駟車庶長八十八宅，大上造八十六宅，少上造八十四宅，右三一四更八十二宅，中更八十宅，左更七十八宅，右庶長七十六宅，左庶長七十四宅，五大夫廿五宅，公乘廿宅，公大夫九宅，官大夫七宅，大夫三一五五宅，不更四宅，簪褭三宅，上造二宅，公士一宅半宅，公卒、士五（伍）、庶人一宅，司寇、隱官半宅。欲為户者，許之。三一六

【注　釋】

〔一〕　徹侯，二十級爵的第二十級。

卿以上所自田户田，不租，不出頃芻稾。三一七

□□廷歲不得以庶人律〔注一〕未受田宅者，鄉部以其為户先後次次編之〔注二〕，久為右。久等，以爵先後。有籍縣官田宅，上其廷，令輒以次行之。三一八

【注　釋】

〔一〕　「□□廷□不得以律」係殘簡文字，殘簡粘黏於本簡之上，無法剥離，故附於此。下文「未受田宅者……以爵先後」一段為殘簡覆蓋，釋文係目驗原簡所得。

〔二〕　為户先後次，立户時間前後的次第。

田宅當入縣官而詐（詐）代其户者，令贖城旦，没入田宅。三一九

欲益買宅，不比其宅者，勿許。為吏及宦皇帝，得買舍室〔注一〕。三二〇

【注　釋】

〔一〕舍室，居室。

受田宅，予人若賣宅，不得更受。三二一

代戶、貿賣田宅，鄉部、田嗇夫、吏留弗為定籍〔注一〕，盈一日，罰金各二兩。三二二

【注　釋】

〔一〕留，稽留。

諸不為戶，有田宅，附令人名〔注一〕，及為人名田宅者，皆令以卒戍邊二歲，沒入田宅縣官。為人名田宅，能先告，除其三二三罪，有（又）畀之所名田宅，它如律令。三二四

【注　釋】

〔一〕附，依附。名，名田，《漢書·食貨志》注：「名田，占田也」。

民皆自占年〔注一〕。小未能自占，而毋父母、同產為占者，吏以□比定其年。自占、占子、同產年，不以實三歲以上，皆三二五耐。產子者恒以戶時占其☐三二六☐罰金四兩。三二七〔注二〕

【注　釋】

〔一〕自占年，自行申報年齡，見《睡虎地秦墓竹簡·編年紀》。

〔二〕此段殘簡暫附於此。

恒以八月令鄉部嗇夫、吏、令史相襍案戶籍〔注一〕，副臧（藏）其廷〔注二〕。有移徙者，輒移戶及年籍爵細徙所〔注三〕，并封〔注四〕。留弗移，移不并封，三二八及實不徙數盈十日〔注五〕，皆罰金四兩；數在所正、典弗告〔注六〕，與同罪。鄉部嗇夫、吏主及案戶者弗得，罰

金三二九各一兩。三三〇

【注釋】

〔一〕襍，共。案，察。
〔二〕副，録副。
〔三〕移，移文。年籍爵細，年齡、籍貫、爵位等詳細情況。
〔四〕并封，一起用印封緘。
〔五〕數，指户口。
〔六〕正、典，里正、田典。

民宅園户籍、年細籍、田比地籍〔注一〕、田命籍、田租籍，謹副上縣廷，皆以篋若匣匱盛，緘閉，以令若丞、三三一官嗇夫印封，獨别為府〔注二〕，封府户〔注三〕；節（即）有當治為者，令史、吏主者完封奏（湊）令若丞印〔注四〕，嗇夫發，即襍治為；三三二臧（藏）□已，輒復緘閉封臧（藏），不從律者罰金各四兩。其或為誹（詐）偽，有增減也，而弗能得，贖耐。官恒先計讎，三三三□籍□不相（？）復者，毄（繫）劾論之。民欲先令相分田宅〔注五〕、奴婢、財物，鄉部嗇夫身聽其令〔注六〕，皆參辨券書之〔注七〕，輒上三三四如户籍。有争者，以券書從事；毋券書，勿聽。所分田宅，不為户，得有之，至八月書户〔注八〕，留難先令，弗為券書，三三五罰金一兩。三三六

【注釋】

〔一〕田比地籍，依田地比鄰次第記録的簿籍。
〔二〕府，《説文》：「文書藏也」。
〔三〕户，門。
〔四〕完封，指封緘完好。湊，合。
〔五〕先令，遺囑。《漢書·景十三王傳》「病先令，令能為樂奴婢從死」注：「先令者，預為遺令也」。江蘇儀徵胥浦一〇一號漢墓出土有《先令券書》。
〔六〕身，親自。
〔七〕參辨券，可分為三份的券，亦見《睡虎地秦墓竹簡·秦律十八種》之《金布律》「縣、都官坐效、計以負償者」條。
〔八〕八月書户，《後漢書·安帝紀》：元初四年詔，「方今案比之時」，李賢注引《東觀漢記》曰：「方今八月案比之時，請案驗户口次比之也」。參下第三四五簡。

民大父母、父母、子、孫、同産、同産子，欲相分予奴婢、馬牛羊、它財物者，皆許之，輒為定籍。孫為户，與大父母居，養之不
三三七善，令孫且外居，令大父母居其室，食其田，使其奴婢，勿貿賣。孫死，其母而代為户。令毋敢遂（逐）夫父母及入贅，三三八及道

外取其子財〔注一〕。三三九

【注釋】

〔一〕道，由。

諸（？）後欲分父母、子、同産、主母、叚（假）母，及主母、叚（假）母欲分孽子〔注一〕、叚（假）子田以為户者〔注二〕，皆許之。三四〇

【注釋】

〔一〕孽子，庶子。《漢書·淮南衡山濟北王傳》「王有孽子不害」注：「孽，庶也。」

〔二〕假子，前妻之子。《漢書·王尊傳》「美陽女子告假子不孝」王先謙《補注》引沈欽韓曰：「前妻之子也。」

孽子皆☐三四一

寡夫、寡婦毋子及同居，若有子，子年未盈十四，及寡子年未盈十八，及夫妻皆瘁（癃）病〔注一〕，及老年七十以上，毋三四二異其子〔注二〕；今毋它子，欲令歸户入養，許之。三四三

【注釋】

〔一〕癃病，廢疾。

〔二〕異，分異。

子謁歸户，許之。三四四

為人妻者不得為户。民欲別為户者，皆以八月户時，非户時勿許。三四五

■户律三四六

效律

縣道官令長及官（?）比（?）長而有丞者□免、徙，二千石官遣都吏效代者〔注一〕。雖不免、送（徙），居官盈三歲，亦輒遣都吏三四七案效之。效案官而不備，其故吏不效新吏，新吏罪之；不盈歲，新吏弗坐〔注二〕。三四八

【注釋】

〔一〕效，核驗。

〔二〕本條律文可與《睡虎地秦墓竹簡·效律》類似文字相參看。

實官史免徙〔注一〕，必效☐〔注二〕三四九

【注釋】

〔一〕實，《國語·晉語》注：「穀也」。

〔二〕參看《睡虎地秦墓竹簡·效律》之「實官佐、史被免徙」條。

吏坐官當論者，毋遝免、徙〔注一〕。三五〇

【注釋】

〔一〕遝，及，參看《睡虎地秦墓竹簡·法律答問》之「廢令、犯令」條。

效案官及縣料而不備者〔注一〕，負之〔注二〕。三五一

【注釋】

〔一〕縣料，稱量計數。縣，《漢書·刑法志》注引服虔云：「稱也」。料，《國語·晉語》注：「數也」。不備，數量不足。

〔二〕負，賠償。

出實多於律程，及不宜出而出，皆負之〔注一〕。三五二

【注釋】

〔一〕出實，超出實有數，參看《睡虎地秦墓竹簡·效律》之「計脫實及出實多於律程」條。

■效律 三五三

傅律

大夫以上【年】九十〔注一〕，不更九十一，簪裹九十二，上造九十三，公士九十四，公卒、士五（伍）九十五以上者，稟⿱癹言米月一石〔注二〕。三五四

【注　釋】

〔一〕「年」字據文例補。

〔二〕⿱癹言，疑應作「⿱粥言」，讀為「鬻」。《漢書·文帝紀》「今聞吏稟當受鬻者，或以陳粟」注：「稟，給也。鬻，淖糜也。給米使為糜鬻也。」

大夫以上年七十，不更七十一，簪裹七十二，上造七十三，公士七十四，公卒、士五（伍）七十五，皆受仗（杖）〔注一〕。三五五

【注　釋】

〔一〕參看甘肅武威磨咀子所出詔令簡，見《考古》一九六〇年第九期，又甘肅省文物工作隊、甘肅省博物館：《漢簡研究文集》，甘肅人民出版社，一九八四年。

大夫以上年五十八，不更六十二，簪裹六十三，上造六十四，公士六十五，公卒以下六十六，皆為免老〔注一〕三五六。

【注　釋】

〔一〕免老，因年高免服徭役。《漢舊儀》：「秦制二十爵，男子賜爵一級以上，有罪以減，年五十六免。無爵為士伍，年六十乃免老。」與此有異。

不更年五十八，簪裹五十九，上造六十，公士六十一，公卒、士五（伍）六十二，皆為睆老〔注一〕。三五七

【注　釋】

〔一〕睆老，減半服徭役，參看下第四〇七簡。

民産子五人以上，男傅〔注一〕，女十二歲，以父為免☐者；其父大夫也，以為免老。三五八

【注　釋】

〔一〕傅，傅籍。《漢書·高帝紀》注：「傅，著也。言著名籍，給公家徭役也」。傅籍年齡見下第三六四簡。

不為後而傅者〔注一〕，關内侯子二人為不更，它子為簪褭；卿子二人為不更，它子為上造；五大夫子二人為簪褭，三五九它子為上造；公乘、公大夫子二人為上造，它子為公士；官大夫及大夫子為公士；不更至上造子為公卒。三六〇當士（仕）為上造以上者，以適（嫡）子；毋適（嫡）子，以扁（偏）妻子、孽子，皆先以長者。若次其父所，所以以未傅〔注二〕，須其傅〔注三〕，各以其傅三六一時父定爵士（仕）之。父前死者，以死時爵。當為父爵後而傅者，士（仕）之如不為後者。三六二

【注釋】

〔一〕後，置後，即直接繼承人。一説嗣子，見《荀子·正論》注。

〔二〕「以」字下原有重文號，衍。

〔三〕須，等待。

當傅，高不盈六尺二寸以下，及天烏者〔注一〕，以為罷痒（癃）〔注二〕。三六三

【注釋】

〔一〕烏，疑讀為「亞」。《説文》：「亞，醜也，象人局背之形」，在此當指天生殘疾醜惡。

〔二〕罷癃，廢疾，參看《説文》「癃」字段玉裁注。

不更以下子年廿歲，大夫以上至五大夫子及小爵不更以下至上造年廿二歲〔注一〕，卿以上子及小爵大夫以上年廿四歲，皆傅之。公士三六四、公卒及士五（伍）、司寇、隱官子，皆為士五（伍）。疇官各從其父疇，有學師者學之〔注二〕。三六五

【注釋】

〔一〕小爵，從律文看，指有爵的青年。

〔二〕疇，世業。《史記·曆書》集解引如淳曰：「家業世世相傳為疇。律：年二十三傅之疇官，各從其父學。」

■傅律三六六

置後律

疾死置後者，徹侯後子為徹侯，其毋適（嫡）子，以孺子□□□子〔注一〕。關内侯後子為關内侯，卿[侯]〈後〉[子]為公乘，【五大夫】後子為公大夫，公乘後子為官三六七大夫，公大夫後子為大夫，官大夫後子為不更，大夫後子為簪褭，不更後子為上造，簪褭後子為公士，

其毋適（嫡）子，以下妻子〔注二〕、偏妻子。三六八

【注　釋】

〔一〕簡文所殘字應為「子、良人」，孺子、良人，徹侯姬妾，參看前第二二一簡。

〔二〕下妻，《漢書·王莽傳》注：「下妻猶言小妻」。

□□□為縣官有為也，以其故死若傷二旬中死，皆為死事者，令子男襲其爵。毋爵者，其後為公士。毋子男以女，毋女三六九以父，毋父以母〔注一〕，毋母以男同產，毋男同產以女同產，毋女同產以妻。諸死事當置後，毋父母、妻子、同產者，以大父，毋大父三七〇以大母與同居數者〔注二〕。三七一

【注　釋】

〔一〕《史記·高祖功臣侯者年表》和《漢書·高惠高后文功臣表》記魯侯奚涓死於戰事，高祖六年，因奚涓無子，以其母疵（《漢書》作「底」）為魯侯，屬母襲子爵之例。

〔二〕同居數，同一名籍。

女子比其夫爵。三七二

☑及（？）爵，與死事者之爵等，各加其故爵一級，盈大夫者食之〔注一〕。三七三

【注　釋】

〔一〕食，《周禮·醫師》注：「謂禄也」。

長爵為下爵〔注一〕、毋爵□□□□□三七四

【注　釋】

〔一〕長爵，較高之爵。下爵，較低之爵。

☑先以長者、有爵者即之。爵當即而有物故，奪□，以其數減後爵。其自賊殺，勿為置後。三七五

死，其寡有遺腹者〔注一〕，須遺腹產，乃以律為置爵、户後。三七六

【注釋】

〔一〕寡，寡婦。

父母及妻不幸死者已葬卅日，子、同產產〔注一〕、大父母、大父母之同產十五日之官〔注二〕。三七七

【注釋】

〔一〕「產」下衍重文號。

〔二〕之，往。之官，指赴官府報告。

同產相為後，先以同居，毋同居乃以不同居，皆先以長者。其或異母，雖長，先以同母者。三七八

死毋子男代户，令父若母，毋父母令寡，毋寡令女，毋女令孫，毋孫令耳孫，毋耳孫令大父母，毋大父母令同產三七九子代户。同產子代户，必同居數。棄妻子不得與後妻子争後〔注一〕。三八〇

【注釋】

〔一〕棄妻，已休棄之妻。

後妻毋子男為後，乃以棄妻[子男]。三八一

死毋後而有奴婢者，免奴婢以為庶人，以□人律□之□主田宅及餘財。奴婢多，代户者毋過一人，先用勞久、有三八二□子若主所言吏者〔注一〕。三八三

【注釋】

〔一〕勞久，服事勞役長久。

女子為父母後而出嫁者，令夫以妻田宅盈其田宅。宅不比，弗得。其棄妻，及夫死，妻得復取以為户。棄妻，畀之其財。三八四

□□□□長（？）次子，□之其財，與中分〔注一〕。其共為也，及息。婢御其主而有子，主死，免其婢為庶人。三八五

【注　釋】

〔一〕中分，平分。

寡為户後，予田宅，比子為後者爵。其不當為户後，而欲為户以受殺田宅，許以庶人予田宅。毋子，其夫；夫三八六毋子，其夫而代為户。夫同産及子有與同居數者，令毋貿賣田宅及入贅。其出為人妻若死，令以次代户。三八七

□□□不審，尉、尉史主者罰金各四兩。三八八

當置後，留弗為置後過旬，尉、尉史主者罰金各□兩。三八九

嘗有罪耐以上，不得為人爵後。諸當撵（拜）爵後者，令典若正、伍里人毋下五人任占〔注一〕。三九〇

【注　釋】

〔一〕任，保。占，登記。

■置後律三九一

爵　律

當撵（拜）爵及賜，未撵（拜）而有罪耐者，勿撵（拜）賜。三九二

諸當賜受爵，而不當撵（拜）爵者，級予萬錢。三九三

諸詐（詐）偽自爵、爵免〔注一〕、免人者〔注二〕，皆黥為城旦舂。吏智（知）而行者，與同罪。三九四

【注　釋】

〔一〕 爵免，以爵免己之罪。

〔二〕 免人，免他人之罪。

■爵律三九五

興　律

縣道官所治死罪及過失、戲而殺人，獄已具，勿庸論〔注一〕，上獄屬所二千石官。二千石官令毋害都吏復案〔注二〕，問（聞）二千石官，二千石官三九六丞謹掾〔注三〕，當論，乃告縣道官以從事。徹侯邑上在所郡守。〔注四〕三九七

【注　釋】

〔一〕 勿庸，不要。

〔二〕 毋害，即無害，没有過失。《史記·蕭相國世家》：「以文無害為沛主吏掾」。參看楊樹達《漢書窺管》卷四。

〔三〕 掾，佐助，見朱駿聲《說文通訓定聲》。

〔四〕 此條律文或當入《具律》。

當戍，已受令而逋不行盈七日〔注一〕，若戍盗去署及亡盈一日到七日〔注二〕，贖耐；過七日，耐為隸臣；過三月〈日〉，完為城旦。三九八

【注　釋】

〔一〕 逋，逃。

〔二〕 盗，私自。去署，離開崗位，見《睡虎地秦墓竹簡·法律答問》之「何謂竇署」條。

當奔命而逋不行〔注一〕，完為城旦。三九九

【注　釋】

〔一〕 奔命，《漢書·昭帝紀》「及發犍為郡奔命」注引應劭曰：「舊時郡國皆有材官騎士，以赴急難，今夷反，常兵不足以討之，故權選取精勇，聞命奔走，故謂之奔命」。

□□□□□為城旦。四〇〇

已（?）繇（徭）及車牛當繇（徭）而乏之，皆貲日十二錢〔注一〕，有（又）賞（償）乏繇（徭）日，車☐ 四〇一

【注 釋】

〔一〕貲，罰交財物。

☐繇（?）日（?）☐ 四〇二

☐罰有日及錢數者。四〇三

乘徼〔注一〕，亡人道其署出入〔注二〕，弗覺，罰金□☐〔注三〕 四〇四

【注 釋】

〔一〕乘，《漢書·高帝紀》注引李奇曰：「守也」。徼，邊界。

〔二〕道其署，由其崗位。

〔三〕「金」下殘字存一横筆。

守隧乏之〔注一〕，及見寇失不燔隧，燔隧而次隧弗私〈和〉〔注二〕，皆罰金四兩。四〇五

【注 釋】

〔一〕隧，即「燧」字。

〔二〕和，響應。

■興律 四〇六

䌛律

睆老各半其爵繇（徭），□入獨給邑中事。·當繇（徭）戍而病盈卒歲及毄（繫），勿聶（攝）〔注一〕。四〇七

【注 釋】

〔一〕攝，拘捕，《國語·吴語》注：「執也」。

諸當行粟〔注一〕，獨與若父母居老如睆老〔注二〕，若其父母罷痒（癃）者，皆勿行。金痍〔注三〕、有□病〔注四〕，皆以為罷痒（癃），可事如睆老。其非從四〇八軍戰痍也，作縣官四更〔注五〕，不可事，勿事。勿（？）以□眕（？）瘳之令、尉前。四〇九

【注釋】

〔一〕行粟，運糧。

〔二〕居老，當指免老。如，或，見楊樹達《詞詮》卷五。

〔三〕金痍，兵器創傷。

〔四〕缺字左從「金」旁。

〔五〕更，踐更。四更，踐更四次。

縣道官敢擅壞更官府寺舍者〔注一〕，罰金四兩，以其費負之。四一〇

【注釋】

〔一〕更，拆改。

發傳送，縣官車牛不足，令大夫以下有訾（貲）者，以訾共出車牛及益〔注一〕，令其毋訾（貲）者與共出牛食、約〔注二〕、載具。吏及宦皇帝者不四一一與給傳送。事委輸，傳送重車重負日行五十里，空車七十里，徒行八十里。免老、小未傅者、女子及諸有除者〔注三〕，縣道勿四一二敢繇（徭）使。節（即）載粟，乃發公大夫以下子〔注四〕、未傅年十五以上者。補繕邑□〔注五〕，除道橋，穿波（陂）池，治溝渠，塹奴苑〔注六〕；自公大夫以下〔注七〕，四一三勿以為繇（徭）。市垣道橋，命市人不敬者為之〔注八〕。縣弩春秋射各旬五日〔注九〕，以當繇（徭）。戍有餘及少者，隤後年〔注一〇〕。興□□□四一四□□為□□□□及發繇（徭）戍不以次，若擅興車牛，及繇（徭）不當繇（徭）使者，罰金各四兩。四一五

【注釋】

〔一〕益，疑意為助。

〔二〕約，指駕牛用繩。

〔三〕除，免。

〔四〕「夫」字下脱合文號。

〔五〕 缺字左從「阜」旁。
〔六〕 奴，《水經注·滱水》云水「不流曰奴」。
〔七〕 下，疑為「上」字之誤。
〔八〕 不敬，《晉書·刑法志》引張斐律表：「虧禮廢節，謂之不敬」。
〔九〕 縣弩，縣中弩箭射手。
〔一〇〕 隤，《廣雅·釋詁一》：「下也」。隤後年，下推到次年計算。

都吏及令、丞時案不如律者論之，而歲上繇（徭）員及行繇（徭）數二千石官〔注一〕。四一六

【注釋】

〔一〕 員，《漢書·尹翁歸傳》注：「數也」。此指人數。

■繇（徭）律 四一七

金布律

諸內作縣官及徒隸，大男〔注一〕，冬稟布袍表裏七丈、絡絮四斤〔注二〕，絝（袴）二丈、絮二斤；大女及使小男，冬袍五丈六尺、絮三斤，絝（袴）丈八尺、絮四一八二斤；未使小男及使小女，冬袍二丈八尺、絮一斤半斤；未使小女，冬袍二丈、絮一斤。夏皆稟褌〔注三〕，各半其丈數而勿稟絝（袴）。夏以四月盡六月，冬四一九以九月盡十一月稟之。布皆八稯〔注四〕、七稯。以裘皮絝（袴）當袍絝（袴），可。四二〇

【注釋】

〔一〕 大男，簡文中還有「大女」、「使小男」、「使小女」，據居延漢簡，六歲以下為未使男、未使女，七歲至十四歲為使男、使女，十五歲及以上為大男、大女，其使男、使女與未使男、未使女統稱小男、小女，見《楊聯陞文集》，第六頁，中國社會科學出版社，一九九二年。
〔二〕 絡，《說文》：「絮也」，與簡文合。段玉裁注改「絮」為「絜」，未必正確。
〔三〕 褌，單衣。
〔四〕 稯，《說文》：「布之八十縷為稯」。

馬牛當食縣官者，犙以上牛日芻二鈞八斤〔注一〕；馬日二鈞□斤，食一石十六斤，□□稟□。乘輿馬芻二稟一〔注二〕。犻、□食之四二一

各半其馬牛食〔注三〕。僕牛日芻三鈞六斤〔注四〕，犢半之。以冬十一月稟之，盡三月止。其有縣官事不得芻牧者，夏稟之如冬，四二二各半之。四二三

【注釋】

〔一〕犙，《說文》：「三歲牛」。鈞，三十斤。

〔二〕乘輿馬，《漢書，昭帝紀》注：「謂天子所自乘以駕車輿者」。亦見《睡虎地秦墓竹簡·秦律雜抄》。

〔三〕犻，《說文》：「二歲牛」。《說文》：「馬一歲也。……讀若弦」，缺字右從「玄」，當為「馬」字別體。

〔四〕僕牛，駕車的牛。《山海經·大荒東經》：「王亥託于有易、河伯僕牛，有易殺王亥，取僕牛。」

□□日□芻一鈞十六斤。四二四

□□馬日匹二斗粟、一斗尌（？）〔注一〕。傳馬、使馬、都廄馬日匹尌（？）一斗半斗。四二五

【注釋】

〔一〕「尌」字不清，疑從「叔」，即菽，豆。

□□□□□吏□□□□告官及歸任行縣道官者，若稗官有印者〔注一〕，聽。券書上其廷，移居縣道，居縣道皆封臧（藏）。四二六

【注釋】

〔一〕稗官，《漢書·藝文志》注：「小官」。亦見《睡虎地秦墓竹簡·秦律十八種》之《金布律》「官嗇夫免」條。

有罰、贖、責（債），當入金，欲以平賈（價）入錢，及當受購、償而毋金，及當出金、錢縣官而欲以除其罰、贖、責（債），及為人除者，皆許之。各以其二千石四二七官治所縣十月金平賈（價）予錢〔注一〕，為除。四二八

【注釋】

〔一〕十月，漢初以十月為歲首。

官為作務〔注一〕、市及受租、質錢〔注二〕，皆為缿〔注三〕，封以令、丞印而入，與參辨券之〔注四〕，輒入錢缿中，上中辨其廷〔注五〕。質者勿與券。租、質、户賦、園池入錢四二九縣道官，勿敢擅用，三月壹上見金、錢數二千石官，二千石官上丞相、御史。不幸流〔注六〕，

或能産拯一人〔注七〕，購金二兩；拯死者，購一兩。不智（知）何人，廁貍而四三〇讂之〔注八〕。流者可拯，同食、將吏及津嗇夫〔注九〕、吏弗拯，罰金一兩。拯亡船可用者，購金二兩；不盈七丈以下，丈購五十錢；有識者，予而令四三一自購之。四三二

【注　釋】

〔一〕作務，手工業。《漢書・尹賞傳》：「無市籍商販作務」王先謙《補注》引周壽昌云：「作務，作業工技之流」。

〔二〕質，抵押。

〔三〕缿，《説文》：「受錢器也……古以瓦，今以竹」。《漢書・趙廣漢傳》注：「缿，若今盛錢臧（藏）瓶，為小孔，可入而不可出」。本條以上參見《睡虎地秦墓竹簡・秦律十八種》之《關市》律。

〔四〕「券」字下疑脱「書」字。

〔五〕中辨，參辨券之中間一份。

〔六〕自此為另一條律文，從内容看，似與第六至第八簡相關。流，指溺水。

〔七〕或，有人。産，生，産拯即拯得活人。

〔八〕廁貍，即掩埋。讂，《廣雅・釋詁三》：「求也」。在此指徵求辨認。

〔九〕津嗇夫，津渡管理人。

亡、殺、傷縣官畜産，不可復以為畜産，及牧之而疾死，其肉、革腐敗毋用，皆令以平賈（價）償。入死、傷縣官，賈（價）以減償〔注一〕。四三三

【注　釋】

〔一〕價以減償，加以估價而減少賠償數額。

亡、毀、傷縣官器財物，令以平賈（價）償。入毀傷縣官，賈（價）以減償。四三四

縣官器敝不可繕者〔注一〕，賣之。諸收人〔注二〕，皆入以為隸臣妾。四三五

【注　釋】

〔一〕繕，脩理。

〔二〕「諸收人」以下文字當為誤抄入此。

有贖買其親者，以為庶人，勿得奴婢〔注一〕。諸私為菌（鹵）鹽，煮濟、漢〔注二〕，及有私鹽井煮者，稅之，縣官取一，主取五。采銀租之，縣官給槖（橐）〔注三〕，四三六□十三斗為一石〔注四〕，□石縣官稅□□三斤〔注五〕。其□也〔注六〕，牢橐，石三錢。租其出金，稅二錢。租賣穴者，十錢稅一。采鐵者五稅一；其鼓銷以四三七為成器，有（又）五稅一。采鉛者十稅一。采金者租之，人日十五分銖二。民私采丹者租之〔注七〕，男子月六斤九兩，女子四斤六兩。四三八

【注釋】

〔一〕奴婢，以為奴婢。此條係錯抄於此。

〔二〕濟、漢，水名。

〔三〕橐，排橐，《淮南子·本經》注：「橐，冶爐排橐也」。

〔四〕缺字左從「金」旁。

〔五〕下一缺字左從「金」旁。

〔六〕缺字左從「足」旁。

〔七〕丹，朱砂。

■金布律四三九

秩律

·御史大夫〔注一〕，廷尉〔注二〕，內史，典客〔注三〕，中尉〔注四〕，車騎尉〔注五〕，大僕〔注六〕，長信詹事〔注七〕，少府令〔注八〕，備塞都尉〔注九〕，郡守、尉〔注一〇〕，衞〈衛〉將軍〔注一一〕，衞〈衛〉尉〔注一二〕，漢四四〇中大夫令〔注一三〕，漢郎中〔注一四〕、奉常〔注一五〕，秩各二千石。御史，丞相、相國長史〔注一六〕，秩各千石。四四一

【注釋】

〔一〕御史大夫，《漢書·百官公卿表》「……位上卿，銀印青綬，掌副丞相」注引應劭曰：「侍御史之率」。（以下引文出自此表者，不特注出）

〔二〕廷尉，「掌刑辟」。

〔三〕典客，「掌諸侯歸義蠻夷」。

〔四〕中尉，「掌徼循京師」。

〔五〕車騎尉，應即車騎都尉。《漢書·馮唐傳》「拜唐為車騎都尉，主中尉及郡國車士」王先謙《補注》：「中尉之車士及郡國之車士皆得主之，《漢紀》作主中尉及郡車騎士。表無車騎都尉官」。

〔六〕大僕，即太僕，「掌輿馬」。

〔七〕長信詹事，「掌皇太后宮」。

〔八〕少府令，即少府，「掌山海池澤之稅，以給共養」注：「大司農供軍國之用，少府以養天子也」。

〔九〕備塞都尉，管理關塞、津關之官，參見下《津關令》：「丞相上備塞都尉書，請為夾谿河置關……」（第五二三簡）

〔一〇〕郡守，「掌治其郡」。郡尉，「掌佐守典武職甲卒」。

〔一一〕衛將軍，見《漢書·文帝紀》及《高惠高后文功臣表》。《續漢書·百官志》注引蔡質《漢儀》：「漢興，置大將軍、驃騎，位次丞相；車騎，衛將軍，左右前後，皆金紫，位次上卿，典京師兵衛，四夷屯警」。

〔一二〕衛尉，「掌宮門衛屯兵」。

〔一三〕漢，指朝廷，與諸侯國區別。大夫，「掌論議」，「太初元年更名中大夫為光祿大夫，秩比二千石」。

〔一四〕漢郎中，應即郎中令，「掌宮殿掖門户」。

〔一五〕奉常，「掌宗廟禮儀」王先謙《補注》引齊召南云：「《唐六典》：漢高名曰太常，惠帝復曰奉常，景帝又曰太常」。

〔一六〕丞相、相國之名，漢初常互易。長史為其屬官，《通典》卷二一云：「衆史之長，職無不監」。

□君（?），長信□卿（?）、□傅（?），長信謁者令〔注一〕，□大僕〔注二〕，秩各千石，有丞、尉者半之。四四二

【注釋】

〔一〕謁者令，用宦者，掌出入奏事。以上長信宮官當皆為呂后所置。

〔二〕「大僕」前一字應為「中」字，中大僕，「掌皇太后輿馬」。

櫟陽〔注一〕、長安〔注二〕、頻陽〔注三〕、臨晉〔注四〕、成都〔注五〕、□雒〔注六〕、雒陽〔注七〕、酆〔注八〕、雲中〔注九〕、□□□□□、新豐〔注一〇〕、槐里〔注一一〕、雎〔注一二〕、好時〔注一三〕、沛〔注一四〕、郃陽〔注一五〕，郎中四四三司馬〔注一六〕，衛尉司馬〔注一七〕，秩各千石，丞四百石。·丞相長史正、監〔注一八〕，衛將軍長史〔注一九〕，秩各八百石。二千石□丞六百石。四四四

【注釋】

〔一〕櫟陽，《漢書·地理志》屬左馮翊，漢初屬内史。漢高祖二年都櫟陽，七年徙長安。以下地名均注出《漢書·地理志》所在郡。漢初建置或有不同。

〔二〕長安，屬京兆尹，漢初屬内史。

〔三〕頻陽，屬左馮翊，漢初屬内史。

〔四〕臨晉，屬左馮翊，漢初屬内史。

〔五〕成都，蜀郡郡治。

〔六〕缺字疑為「上」。上雒，屬弘農郡。

〔七〕雒陽，屬河南郡。

〔八〕酆，即豐，漢高祖沛之豐邑人，屬沛郡。

〔九〕雲中，雲中郡郡治。

〔一〇〕新豐，屬京兆尹，高祖十年為娛其父置，漢初屬內史。

〔一一〕槐里，屬右扶風，漢初屬內史。

〔一二〕睢，字左從「且」，應即「䣜」，今寫作「酇」，屬沛郡。

〔一三〕好畤，屬右扶風，漢初屬內史。

〔一四〕沛，屬沛郡。

〔一五〕郃陽，屬左馮翊，漢初屬內史。

〔一六〕郎中司馬，郎中令屬官。

〔一七〕衛尉司馬，衛尉屬官。

〔一八〕丞相長史正、監，丞相長史下屬。

〔一九〕衛將軍長史，衛將軍屬官。

中發弩〔注一〕、枸（勾）指發弩，中司空〔注二〕、輕車〔注三〕，郡發弩〔注四〕、司空、輕車，秩各八百石，有丞者三百石。·卒長五百石〔注五〕。四四五

【注釋】

〔一〕中發弩，中央政府所設主教放弩官。

〔二〕中司空，中央政府所設主罪人作役官。《漢書·陳咸傳》注：「司空主作役官」。

〔三〕輕車，當指中輕車，以區別於郡輕車。中央政府統轄輕車之官。

〔四〕郡發弩，《漢書·地理志》記南郡別置發弩官，可參看。

〔五〕卒長，係上列軍官之佐。

中候〔注一〕，郡候〔注二〕，騎千人〔注三〕，衞〈衛〉將軍候，衞〈衛〉尉候，秩各六百石，有丞者二百石。四四六

【注釋】

〔一〕中候，據《漢書·百官公卿表》，中尉屬官有候，中候即此官簡稱。

〔二〕郡候，郡所設之候，似為郡尉屬官。

〔三〕騎千人，即中尉屬官司馬千人，《封泥考略》有「中騎千人」。

胡、夏陽〔注一〕、彭陽〔注二〕、朐忍〔注三〕、□□□□□臨邛〔注四〕、新都、武陽、梓湩（潼）、涪〔注五〕、南鄭〔注六〕、宛、穰〔注七〕、温、脩武、軹〔注八〕、楊、臨汾〔注九〕、九原〔注一〇〕、咸陽、四四七原陽、北與（輿）〔注一一〕、旗（？）陵、西安陽〔注一二〕、下邽、斄、鄭、雲陽、重泉、華陰〔注一三〕、慎〔注一四〕、衙、蘫（藍）田〔注一五〕、新野〔注一六〕、宜成〔注一七〕、蒲反〔注一八〕、成固〔注一九〕、圜陽〔注二〇〕、巫〔注二一〕、沂陽〔注二二〕、四四八長子〔注二三〕、江州〔注二四〕、上邽〔注二五〕、陽翟〔注二六〕、西成〔注二七〕、江陵〔注二八〕、高奴〔注二九〕、平陽、降（絳）〔注三〇〕、酇〔注三一〕、贊〔注三二〕、城父〔注三三〕，公車司馬〔注三四〕、大（太）倉治粟〔注三五〕、大（太）倉中廐〔注三六〕、未央廐〔注三七〕、外樂〔注三八〕，池四四九陽、長陵〔注三九〕、濮（濮）陽〔注四〇〕，秩各八百石，有丞、尉者半之，司空、田、鄉部二百石。四五〇

【注釋】

〔一〕胡、夏陽，漢初屬內史。

〔二〕彭陽，秦屬北地郡，高帝二年屬漢，武帝元鼎三年分屬安定郡。

〔三〕朐忍，屬巴郡。

〔四〕臨邛，屬蜀郡。

〔五〕新都、武陽、梓潼、涪，漢初屬廣漢郡。武帝建元六年置犍為郡，武陽從廣漢郡劃入該郡。

〔六〕南鄭，屬漢中郡。

〔七〕宛、穰，屬南陽郡。

〔八〕温、脩武、軹，屬河內郡。

〔九〕楊、臨汾，屬河東郡。

〔一〇〕九原，秦屬九原郡，漢初因之。漢武帝元朔二年改屬五原郡。

〔一一〕咸陽、原陽、北輿，屬雲中郡。

〔一二〕西安陽，秦屬九原郡，漢初因之。漢武帝元朔二年改屬五原郡。

〔一三〕下邽、斄、鄭、雲陽、重泉、華陰，漢初屬內史。

〔一四〕慎，屬汝南郡。

〔一五〕衙、藍田，漢初屬內史。

〔一六〕新野，屬南陽郡。

〔一七〕宜成，屬濟南郡。《漢書·高五王傳》「齊悼惠王肥……高祖六年立，食七十餘城」王先謙《補注》引齊召南曰：「案《高紀》以膠東、膠西、臨淄、濟北、博陽、城陽郡七十三縣封齊。」漢初濟南郡未入齊國封地。

〔一八〕蒲反，屬河東郡。

〔一九〕成固，屬漢中郡。

〔二〇〕圜陽，秦屬上郡，漢初因之。漢武帝元朔四年歸西河郡。
〔二一〕巫，屬南郡。
〔二二〕沂陽，地望不詳。
〔二三〕長子，上黨郡郡治。
〔二四〕江州，巴郡郡治。
〔二五〕上邽，屬隴西郡。
〔二六〕陽翟，屬潁川郡。《漢書·高帝紀》：十一年，「罷潁川郡，頗益淮陽」，錢大昕認為，高帝十一年未罷潁川全郡，以部分縣益淮陽國。
〔二七〕西成，即西城，屬漢中郡。
〔二八〕江陵，屬南郡。
〔二九〕高奴，屬上郡。
〔三〇〕平陽，絳，屬河東郡。
〔三一〕酇，屬沛郡。
〔三二〕贊，又名酇國，屬南陽郡。
〔三三〕城父，屬沛郡。
〔三四〕公車司馬，衛尉屬官。《漢官儀》：「掌殿司馬門，夜徼宫中，天下上事及闕下，凡所徵召皆總領之。」
〔三五〕太倉治粟，治粟内史屬官。
〔三六〕太倉中廐，治粟内史屬官。中廐，皇后車馬所在處。
〔三七〕未央廐，太僕屬官，皇帝車馬所在。
〔三八〕外樂，疑為奉常屬官，主管樂人。
〔三九〕池陽，長陵，屬内史。
〔四〇〕濮陽，屬東郡。

汾陰〔注一〕、汧、杜陽〔注二〕、沬〔注三〕、上雒、商、武城、翟道〔注四〕、烏氏、朝那、陰密、郁郅〔注五〕、葴（蓾）〔注六〕、楬邑〔注七〕、歸德、朐（昫）衍、義渠道、略畔道〔注八〕、朐衍四五一道〔注九〕、雕陰、洛都〔注一〇〕、襄城〔注一一〕、漆垣、定陽〔注一二〕、平陸、饒〔注一三〕、陽周、原都、平都〔注一四〕、平周〔注一五〕、武都〔注一六〕、安陵〔注一七〕、徒涅〔注一八〕、西都、中陽、廣衍〔注一九〕、高望〔注二〇〕、四五二☑平樂〔注二一〕、狄道、戎邑〔注二二〕、□□□陵、江陽〔注二三〕、臨江、涪陵、安漢、宕渠、枳〔注二四〕、菹〔注二五〕、旬陽、安四五三陽、長利、錫、上庸、武陵、房陵〔注二六〕、陽平〔注二七〕、垣、蘡（獲）澤、襄陵、蒲子、皮氏、北屈、彘〔注二八〕、潞〔注二九〕、涉〔注三〇〕、余吾、屯留〔注三一〕、武安〔注三二〕、端氏、阿氏、壺關四五四、泫氏、高都、銅鞮、涅、襄垣〔注三三〕、成安〔注三四〕、河陽、汲、蕩陰、朝歌〔注三五〕、鄭〔注三六〕、野王、山陽〔注三七〕、内廣（黄）、蘩（繁）陽〔注三八〕、陝、盧氏、新安〔注三九〕、新城（成）〔注四〇〕、宜陽〔注四一〕四五五、平陰、河南、緱氏、成皋、熒（滎）陽、卷、岐、陽武〔注四二〕、陳留〔注四三〕、梁〔注四四〕、圉〔注四五〕、姊（秭）歸、臨沮、夷陵〔注四六〕、醴陵〔注四七〕、孱陵〔注四八〕、銷〔注四九〕、竟陵、安陸、州陵、沙羨（羨）〔注五〇〕四五六、西陵〔注五一〕、夷道、下雋〔注五二〕、析〔注五三〕、酈、鄧〔注五四〕、南陵〔注五五〕、比陽、平氏、胡陽、祭（蔡）陽、隋〔注五六〕、西平〔注五七〕、葉〔注五八〕、陽成（城）〔注五九〕、雉〔注六〇〕、陽安〔注六一〕、魯陽〔注六二〕、朗陵〔注六三〕、犨（犨）〔注六四〕、酸棗四五七、密〔注六五〕，長安西市〔注六六〕、陽城〔注六七〕、苑陵〔注六八〕、襄城、偃、郟〔注六九〕、尉氏〔注七〇〕、穎（潁）陽、長社〔注七一〕、解陵〔注七二〕、武泉、沙陵〔注七三〕、南輿、蔓（曼）柏、莫䵣、河陰〔注七四〕、博陵〔注七五〕、許〔注七六〕四五八、辨道〔注七七〕、武都道〔注七八〕、予道、氐道〔注七九〕、薄道〔注八〇〕、下辨〔注八一〕、豲道、略陽、縣〈緜〉諸〔注八二〕、方渠、除道〔注八三〕、雕陰道〔注八四〕、青衣道、嚴道〔注八五〕、·鄘（鄜）、美陽、壞（褱）德〔注八六〕、共〔注八七〕、館陰〔注八八〕、隆慮〔注八九〕四五九、□□、中牟〔注九〇〕、潁陰、定陵、舞陽〔注九一〕、啓封〔注九二〕、閑陽〔注九三〕、女陰〔注九四〕、索〔注九五〕、焉（鄢）陵〔注九六〕、東阿、聊城、□、觀、白馬、東武陽、茬平、甄（鄄）城、揗（頓）丘〔注九七〕，大行走士〔注九八〕、未四六〇央走士〔注九九〕，大（太）卜〔注一〇〇〕，大（太）史〔注一〇一〕，大（太）祝〔注一〇二〕，宦者〔注一〇三〕，中謁者〔注一〇四〕，大（太）官〔注一〇五〕，寺工〔注一〇六〕，右工室〔注一〇七〕，都水〔注一〇八〕，武庫〔注一〇九〕，御府〔注一一〇〕，御府鹽（監）〔注一一一〕，和〈私〉府鹽（監）〔注一一二〕，詔事〔注一一三〕，長信掌衣〔注一一四〕，長安市〔注一一五〕，雲夢〔注一一六〕，四六一長信詹事丞〔注一一七〕，家馬〔注一一八〕，長信祠祀〔注一一九〕，長信倉〔注一二〇〕，大匠官司空〔注一二一〕，長秋中謁者〔注一二二〕，長信尚浴，長信謁者，祠祀，大（太）宰〔注一二三〕，居室〔注一二四〕，西織，東織（織）〔注一二五〕，長信四六二私官，内者，長信永巷，永巷詹事丞，詹事將行〔注一二六〕，長秋謁者令，右廏（廄），靈州〔注一二七〕，樂府，寺，車府〔注一二八〕，内官〔注一二九〕，圜陰〔注一三〇〕，東園主章〔注一三一〕，上林騎〔注一三二〕，秩四六三各六百石，有丞、尉者半之，田、鄉部二百石，司空及衛〈衛〉官、校長百六十石。詹事、和〈私〉府長，秩各五百石，丞三百石。四六四

【注　釋】

〔一〕　汾陰，屬河東郡。

〔二〕　汧、杜陽，屬内史。

〔三〕　沫，疑為「漆」之誤，屬内史。

〔四〕　上雒、商、武城、翟道，漢初屬内史。

〔五〕　烏氏、朝那、陰密、郁郅，漢初屬北地郡。

〔六〕 鹵，字亦作「鹵」，漢初屬北地郡。

〔七〕 楬邑，地望不詳。

〔八〕 歸德、眴衍、義渠道、略畔道，屬北地郡。

〔九〕 朐衍道，疑為上文「朐衍」的抄重。

〔一〇〕 雕陰、洛都，屬上郡。

〔一一〕 襄城，疑為襄洛之誤，屬上郡。潁川郡有襄城縣。

〔一二〕 漆垣、定陽，屬上郡。

〔一三〕 平陸、饒，漢初疑屬上郡，《地理志》記屬西河郡。

〔一四〕 陽周、原都、平都，屬上郡。

〔一五〕 平周，屬西河郡。

〔一六〕 武都，漢初疑屬雲中郡，《地理志》記屬五原郡。

〔一七〕 安陵，屬平原郡。《地理志》記平原郡為高帝時設。

〔一八〕 徒涅，疑為「徒經」之誤，漢初屬西河郡或上郡。

〔一九〕 西都、中陽、廣衍，屬西河郡。

〔二〇〕 高望，屬上郡。

〔二一〕 平樂，漢初屬廣漢郡。

〔二二〕 狄道、戎邑，漢初屬隴西郡。

〔二三〕 江陽，漢初屬廣漢郡。

〔二四〕 臨江、涪陵、安漢、宕渠、枳，屬巴郡。

〔二五〕 葭，亦名「沮」，漢初疑屬漢中郡，《地理志》記屬武都郡。

〔二六〕 旬陽、安陽、長利、錫、上庸、武陵、房陵，屬漢中郡。

〔二七〕 陽平，屬東郡。

〔二八〕 垣、獲澤、襄陵、蒲子、皮氏、北屈、彘，屬河東郡。

〔二九〕 潞，屬上黨郡。

〔三〇〕 涉，漢初疑屬上黨郡，《地理志》記屬魏郡。

〔三一〕 余吾、屯留，屬上黨郡。

〔三二〕 武安，屬魏郡。

〔三三〕 端氏，漢初疑屬上黨郡，《地理志》記屬河東郡。阿氏，疑為「猗氏」之誤，屬上黨郡。壺關、泫氏、高都、銅鞮、涅、襄垣，屬上黨郡。

〔三四〕 成安，屬潁川郡。

〔三五〕 河陽、汲、蕩陰、朝歌，屬河内郡。

〔三六〕鄭，漢初屬内史。
〔三七〕野王、山陽，屬河内郡。
〔三八〕内黄、繁陽，屬魏郡。
〔三九〕陜、盧氏、新安，漢初屬内史。
〔四〇〕新成，漢初疑屬内史，《地理志》記屬河南郡。
〔四一〕宜陽，漢初屬内史。
〔四二〕平陰、河南、緱氏、成皋、滎陽、卷、歧、陽武，屬河南郡。
〔四三〕陳留，漢初疑屬河南郡。
〔四四〕梁，屬河南郡。
〔四五〕圉，漢初疑屬河南郡。
〔四六〕秭歸、臨沮、夷陵，屬南郡。
〔四七〕醴陵，地望不詳。
〔四八〕孱陵，屬武陵郡。
〔四九〕銷，地望不詳。
〔五〇〕竟陵、安陸、州陵、沙羡，漢初屬南郡，武帝元狩二年歸江夏郡。
〔五一〕西陵，漢初疑屬南郡。
〔五二〕夷道，屬南郡。下雋，漢初疑屬南郡，《地理志》歸長沙國。
〔五三〕析，漢初疑屬南陽郡，《地理志》記屬弘農郡。
〔五四〕酈、鄧，屬南陽郡。
〔五五〕南陵，疑為「春陵」之誤，屬南陽郡。
〔五六〕比陽、平氏、胡陽、蔡陽、隋，屬南陽郡。
〔五七〕西平，屬汝南郡。
〔五八〕葉，屬南陽郡。
〔五九〕陽城，屬汝南郡。
〔六〇〕雉，屬南陽郡。
〔六一〕陽安，屬汝南郡。
〔六二〕魯陽，屬南陽郡。
〔六三〕朗陵，屬汝南郡。
〔六四〕犨，屬南陽郡。
〔六五〕酸棗、密，漢初屬河南郡。

〔六六〕長安西市，屬内史。

〔六七〕陽城，屬潁川郡。

〔六八〕苑陵，屬河南郡。

〔六九〕襄城、偃、郟，屬潁川郡。

〔七〇〕尉氏，漢初屬潁川郡。

〔七一〕潁陽、長社，屬潁川郡。

〔七二〕解陵，地望不詳。

〔七三〕武泉、沙陵，屬雲中郡。

〔七四〕南輿，《地理志》誤作「南興」。曼柏、莫䵣、河陰，以上各縣均屬五原郡。

〔七五〕博陵，屬西河郡。

〔七六〕許，屬潁川郡。

〔七七〕辨道，漢初疑屬隴西郡。

〔七八〕武都道，漢初屬隴西郡。

〔七九〕予道、氐道，屬隴西郡。

〔八〇〕薄道，地望不詳。

〔八一〕下辨，漢初屬隴西郡。

〔八二〕豲道、略陽、縣諸，漢初屬隴西郡。

〔八三〕方渠、除道，屬北地郡。

〔八四〕雕陰道，屬上郡。

〔八五〕青衣道、嚴道，屬蜀郡。

〔八六〕鄜、美陽、褱德，漢初屬内史。

〔八七〕共，屬河内郡。

〔八八〕館陰，地望不詳。

〔八九〕隆慮，屬河内郡。

〔九〇〕中牟，屬河南郡。

〔九一〕潁陰、定陵、舞陽，屬潁川郡。

〔九二〕啓封，即開封，屬河南郡。

〔九三〕閑陽，地望不詳。

〔九四〕女陰，屬汝南郡。

〔九五〕索，武陵郡有索縣，河内郡有索邑，此當為後者。

〔九六〕鄢陵，屬潁川郡。

〔九七〕東阿、聊城、觀、白馬、東武陽、茬平、甄城、頓丘，屬東郡。「觀」上一字疑為「燕」，東郡縣名。《漢書・高帝紀》：十一年「立子恢為梁王……罷東郡，頗益梁。」

〔九八〕大行走士，典客屬官。《漢書・景帝紀》中元二年有大行令，師古云：「大行令者，本名行人，即典客之屬官也，後改曰大行令」。《二年律令》已有典客，大行走士當為其屬官。

〔九九〕未央走士，未央宮所設官職。

〔一〇〇〕太卜，奉常屬官，即太卜令。

〔一〇一〕太史，奉常屬官，即太史令。

〔一〇二〕太祝，奉常屬官，即太祝令。

〔一〇三〕宦者，少府令屬官，即宦者令。

〔一〇四〕中謁者，即中謁者令，少府令屬官。《漢書・高后紀》注引如淳曰：「灌嬰為中謁者，後常以閹人為之。諸官加中者，多閹人也。」

〔一〇五〕太官，少府令屬官，主膳食。

〔一〇六〕寺工，疑為少府令屬官，主工事。

〔一〇七〕右工室，少府令屬官，疑與《漢書・百官公卿表》載「考工室」有關。

〔一〇八〕都水，少府令屬官。

〔一〇九〕武庫，疑為少府令屬官。

〔一一〇〕御府，即御府令，屬少府令。

〔一一一〕御府監，少府令屬官。

〔一一二〕私府監，詹事屬官。

〔一一三〕詔事，隸屬不詳。

〔一一四〕長信掌衣，長信詹事屬官。

〔一一五〕長安市，內史屬官。

〔一一六〕雲夢，南郡編縣和江夏郡西陵縣均有雲夢官。

〔一一七〕長信詹事丞，長信詹事屬官。

〔一一八〕家馬，太僕屬官。

〔一一九〕長信祠祀，長信詹事屬官。

〔一二〇〕長信倉，長信宮屬官。《漢書・百官公卿表》：「倉廄長一人，丞一人，宦者為之。」

〔一二一〕大匠官司空，大匠官職掌似與後來的將作大匠相同，呂后時疑屬少府令，大匠官司空似亦屬少府令。

〔一二二〕長秋中謁者，長信詹事屬官。長秋，皇后官名。

〔一二三〕太宰，奉常屬官。

〔一二四〕居室，長信詹事屬官。

〔一二五〕西織、東織，少府令屬官。
〔一二六〕詹事將行，職掌不詳。
〔一二七〕靈州，屬北地郡。
〔一二八〕車府，太僕屬官。
〔一二九〕內官，少府令屬官。
〔一三〇〕圜陰，漢初屬上郡。
〔一三一〕東園主章，少府令屬官。
〔一三二〕上林騎，似為少府令屬官。

陰平道、蜀〈甸〉氏道〔注一〕、縣〈緜〉遞道、湔氏道長〔注二〕，秩各五百石，丞、尉三百石。太醫〔注三〕、祝長及它都官長，黃（廣）鄉長〔注四〕，萬年邑長〔注五〕，長安厨四六五長〔注六〕，秩各三百石，有丞、尉者二百石，鄉部百六十石。未央宦者，宦者監僕射，未央光〈永〉巷，光〈永〉巷監〔注七〕，長信宦者中監，長信光〈永〉巷，光〈永〉巷〔注八〕。四六六

【注釋】

〔一〕陰平道、甸氏道，漢初屬廣漢郡。
〔二〕緜遞道、湔氏道，屬蜀郡。
〔三〕太醫，奉常和少府的屬官均有太醫。
〔四〕廣鄉，漢初似屬鉅鹿郡。
〔五〕萬年，邑名，漢初屬內史。
〔六〕長安厨，漢初屬內史。
〔七〕從「未央宦者」至「未央永巷監」各官職均屬少府令。
〔八〕以上為長信宮屬官。此簡續接簡殘缺。

☐室僕射、室僕射大官，未央食官、食監，長信[食]☐宦三楊關，長信詹事、和〈私〉官長，詹事祠祀長，詹事廄長，月氏。四六七

田、鄉部二百石，司空二百五十石。中司馬，郡司馬，騎司馬，中輕車司馬，備盜賊，[關][中]司馬□□[關][司]☐四六八

縣有塞、城尉者〔注一〕，秩各減其郡尉百石。道尉秩二百石。□□□□秩□□□□□秩□□□□秩百廿石。□四六九都官之稗官及馬

苑有乘車者，秩各百六十石，有秩毋乘車者，各百廿石。四七〇

【注　釋】

〔一〕 塞、城尉，軍官。《漢書·匈奴傳》注引漢律：「近塞郡置尉，百里一人，士史、尉史各二人」。

縣、道傳馬、候、廄有乘車者，秩各百六十石；毋乘車者，及倉、庫、少內、校長〔注一〕、髳長〔注二〕、發弩、衛〈衛〉將軍、衛〈衛〉尉士吏，都市亭厨有四七一秩者及毋乘車之鄉部，秩各百廿石。李公主、申徒公主、榮公主、傅公【主】家丞〔注三〕，秩各三百石。四七二

【注　釋】

〔一〕 校長，見於《睡虎地秦墓竹簡·封診式》的《群盜》條，《續漢書·百官志》注：「主兵戎盜賊事」。

〔二〕 髳長，《說文》：「漢令有髳長」，徐鍇《繫傳》：「髳，羌地名，髳地之長也」。

〔三〕 據文例「家」前脱「主」字。李公主、申徒公主、榮公主、傅公主，均不見於史籍，從簡文看，疑為呂后之女。

■秩律四七三

史　律

史、卜子年十七歲學。史、卜、祝學童學三歲，學佴將詣大史〔注一〕、大卜、大祝，郡史學童詣其守，皆會八月朔日試之〔注二〕。四七四

【注　釋】

〔一〕 佴，《爾雅·釋言》：「佴，貳也」。學佴，輔導者。

〔二〕 朔，每月初一日。

試史學童以十五篇〔注一〕，能風（諷）書五千字以上〔注二〕，乃得為史。有（又）以八𦢊（體）試之〔注三〕，郡移其八𦢊（體）課大史〔注四〕，大史誦課，取㝡（最）一人以為其縣令四七五史，殿者勿以為史。三歲壹并課，取㝡（最）一人以為尚書卒史〔注五〕。四七六

【注　釋】

〔一〕 十五篇，指《史籀篇》。《漢書·藝文志》：「《史籀》十五篇。」

〔二〕 諷，誦讀。

〔三〕 八體，《說文·叙》：「秦書有八體，一曰大篆，二曰小篆，三曰刻符，四曰蟲書，五曰摹印，六曰署書，七曰殳書，八曰隸書」。

〔四〕 課，《廣雅·釋言》：「試也」。

〔五〕《漢書·藝文志》和《說文·敘》引《尉律》均有與本條律文相似的內容。

卜學童能風（諷）書史書三千字〔注一〕，徵卜書三千字〔注二〕，卜九發中七以上，乃得為卜，以為官処（？）〔注三〕。其能誦三萬以上者，以為四七七卜上計六更〔注四〕。缺，試脩法〔注五〕，以六發中三以上者補之。四七八

【注釋】

〔一〕史書，指隸書。《漢書·王尊傳》：「尊竊學問，能史書，年十三，求為獄小史。」《說文·敘》段玉裁注：「或云善史書，或云能史書，皆謂便習隸書，適於時用，猶今人之楷書耳。」

〔二〕徵，引用。

〔三〕「官」下一字不清，似作「处」形，不知是否「処」字。

〔四〕六更，踐更六次。

〔五〕脩法，據簡文係管理占卜的人員。

以祝十四章試祝學童，能誦七千言以上者，乃得為祝五更。大祝試祝，善祝、明祠事者，以為冗祝〔注一〕，冗之。四七九不入史、卜、祝者，罰金四兩，學佴二兩。四八〇

【注釋】

〔一〕冗，散。《睡虎地秦墓竹簡》有冗吏，《周禮·槁人》賈疏：「冗，散也。外內朝上直諸吏，謂之冗吏，亦曰散吏」，可參考。

□□，大史官之；郡，郡守官之。卜，大卜官之。史、人〈卜〉不足，乃除佐。四八一

大史、大卜謹以吏員調官史、卜縣道官〔注一〕，官受除事〔注二〕，勿環〔注三〕。吏備（憊）罷、佐勞少者，毋敢亶（擅）史、卜。史、卜受調書大史、大卜而逋、四八二留，及亶（擅）不視事盈三月，斥勿以為史、卜。吏壹弗除事者，與同罪；其非吏也，奪爵一級。史、人〈卜〉屬郡者，亦以從事。四八三

【注釋】

〔一〕調，選調。

〔二〕除事，任職。

〔三〕環，《周禮·夏官·序官》注：「猶却也」。意為拒絕。

謁任史、卜，上計脩法。謁任卜學童，令外學者，許之。□□學佴敢擅繇（徭）使史、卜、祝學童者，罰金四兩。史、卜年五十六，四八四佐為吏盈廿歲，年五十六，皆為八更；六十，為十二【更】〔注一〕。五百石以下至有秩為吏盈十歲，年當睆老者，為十二更，踐更□□。四八五疇尸〔注二〕、茜御〔注三〕、杜主樂皆五更〔注四〕，屬大祝。祝年盈六十者，十二更，踐更大祝。四八六

【注　釋】

〔一〕　據文意「二」下脱「更」字。

〔二〕　疇，《漢書·律曆志》注引如淳曰：「家業世世相傳為疇」。尸，《説文》：「神像也」。祭祀時代神受祭的人。疇尸，應指專業任某些神之尸者。

〔三〕　茜，《説文》：「禮祭束茅加於裸圭而灌鬯酒是為茜，象神歆之也」。茜御，應為執行此種儀式的人。

〔四〕　杜主，《史記·封禪書》「……而雍菅廟亦有杜主。杜主，故周之右將軍，其在秦中最小鬼之神者」《索隱》引《墨子·明鬼下》，以為即周宣王所殺杜伯。《漢書·地理志》：「杜陵，故杜伯國，……有周右將軍杜主祠四所」。杜主樂，應為杜主祠之樂人。

■史律四八七

津關令

一〔注一〕、御史言〔注二〕，越塞闌關〔注三〕，論未有□，請闌出入塞之津關，黥為城旦舂；越塞，斬左止（趾）為城旦；吏卒主者弗得，贖耐；令、四八八丞、令史罰金四兩。智（知）其請（情）而出入之，及假予人符傳〔注四〕，令以闌出入者，與同罪。非其所□為□而擅為傳出入津關，以四八九傳令闌令論，及所為傳者。縣邑傳塞，及備塞都尉、關吏、官屬人、軍吏卒乘塞者□其□□□□□日□□牧□□四九〇塞郵、門亭行書者得以符出入。·制曰：可。四九一

【注　釋】

〔一〕　自此以下為《津關令》，分條編號寫於簡首。

〔二〕　御史，御史大夫省稱。陳直《漢書新證》：「御史大夫與丞相連稱者，簡稱為丞相御史，《高祖紀》所謂制詔丞相御史是也，非指侍御史而言」。言，上奏。

〔三〕　闌，《漢書·汲黯傳》注引臣瓚曰：「無符傳出入為闌」。

〔四〕　符，出入津關的憑證。《説文》：「信也。漢制以竹長六寸，分而相合」。傳，《周禮·司關》注：「如今移過所文書」，賈疏：「執節者别有過所文書，若下文節傳，當載人年幾及物多少。至關至門，皆别寫一通，入關家門家，乃案勘而過。其自内出者，義亦然」。

二、制詔御史〔注一〕，其令扜〈扞〉關〔注二〕、鄖關〔注三〕、武關〔注四〕、函谷【關】〔注五〕、臨晉關〔注六〕，及諸其塞之河津，禁毋出黃金，諸奠黃金器及銅〔注七〕，有犯令〔注八〕 四九二

【注釋】

〔一〕制詔御史，陳直《漢書新證》：「《漢書》所記制詔丞相御史，或制詔御史，皆指御史大夫而言，非指御史大夫屬官之御史也」。

〔二〕扞關，即江關，《漢書·地理志》巴郡魚復縣有江關都尉，在今四川奉節東。

〔三〕鄖關，《漢書·地理志》漢中郡長利縣有鄖關，在今湖北鄖縣東北。

〔四〕武關，《漢書·地理志》弘農郡商縣有武關。商縣在今陝西商州東，關在其東南。

〔五〕據文意「谷」下脱「關」字。函谷關，《漢書·地理志》弘農郡弘農縣有「故秦函谷關」，在今河南靈寶西南。

〔六〕臨晉關，屬左馮翊臨晉縣，在今陝西大荔東朝邑鎮東北。

〔七〕奠，疑讀為「填」。填黃金器，鑲嵌黃金的器物。

〔八〕以下缺簡。

□、制詔御史，其令諸關，禁毋出私金□□〔注一〕。或以金器入者，關謹籍書〔注二〕，出復以閱，出之。籍器，飾及所服者不用此令。四九三

【注釋】

〔一〕下一缺字左從「金」。

〔二〕籍，登記。

□、相國、御史請緣關塞縣道群盜、盜賊及亡人越關、垣離（籬）〔注一〕、格塹〔注二〕、封刊〔注三〕，出入塞界，吏卒追逐者得隨出入服迹窮追捕〔注四〕。令四九四將吏為吏卒出入者名籍，伍人閱具〔注五〕，上籍副縣廷。事已，得道出入所。出人盈五日不反（返），伍人弗言將吏，將吏弗劾，皆以越塞令論之〔注六〕。四九五

【注釋】

〔一〕籬，以柴竹等做的藩籬。

〔二〕格塹，用作邊界的深溝。

〔三〕封刊，作為邊界標誌的樹木。

〔四〕服，《荀子·宥坐》注：「行也」。

〔五〕閱具，《漢書·朱博傳》音義引《字林》：「數也」。

〔六〕　越塞令，指《津關令》的第一條。

□、相國上内史書言，請諸詐（詐）襲人符傳出入塞之津關，未出入而得，皆贖城旦舂；將吏智（知）其請（情），與同罪。·御史以聞，·制四九六曰：可，以□論之。四九七

□、御史請諸出入津關者，詣入傳□□吏（？）里□長物色□瑕見外者及馬職（識）物關舍人占者〔注一〕，津關謹閲，出入之。縣官馬勿職（識）物四九八者，與出同罪。·制曰：可。四九九

【注　釋】

〔一〕　識物，標記。

□、制詔相國、御史，諸不幸死家在關外者，關發索之，不宜，其令勿索（索），具為令。相國、御史請關外人宦為吏若繇（徭）使，有事關中，五〇〇不幸死，縣道各（？）屬所官謹視收斂〔注一〕，毋禁物，以令若丞印封櫝槥〔注二〕，以印章告關〔注三〕，關完封出，勿索（索）。櫝槥中有禁物，視收斂及封〔注四〕五〇一

【注　釋】

〔一〕　收斂，斂尸於棺中。

〔二〕　櫝槥，棺柩。參閲《漢書·高帝紀》八年十一月令。

〔三〕　印章，印上文字。

〔四〕　以下缺簡。

九、相國下〈上〉内史書言，函谷關上女子廁傳，從子雖不封二千石官，内史奏，詔曰：入，令吏以縣次送至徙所縣。縣問，審有引書〔注一〕，毋怪，五〇二□□□等出。·相國、御史復請，制曰：可。五〇三

【注　釋】

〔一〕　引，引見。

□、相國上中大夫書，請中大夫謁者、郎中、執盾、執戟家在關外者〔注一〕，得私置馬關中。有縣官致上中大夫〔注二〕、郎中，中大夫、

郎中為書告津關，來，復傳，五〇四津關謹閲出入。馬當復入不入，以令論。·相國、御史以聞，·制曰：可。五〇五

【注　釋】

〔一〕　中大夫謁者、郎中、執盾、執戟，均屬郎中令。

〔二〕　致，文書。

□議，禁民毋得私買馬以出扜〈扞〉關、鄖關、函谷【關】〔注一〕、武關及諸河塞津關。其買騎、輕車馬、吏乘、置傳馬者，縣各以所買五〇六名匹數告買所内史、郡守，内史、郡守各以馬所補名為久久馬〔注二〕，為致告津關，津關謹以藉（籍）、久案閲，出。諸乘私馬入而復以出，若出而當復入者，五〇七出，它如律令。御史以聞，請許，及諸乘私馬出，馬當復入而死亡，自言在縣官，縣官診及獄訊審死亡，皆津關〔注三〕，制曰：可。五〇八

【注　釋】

〔一〕　據文意「谷」下脱「關」字。

〔二〕　久，記，指馬身上的火印。

〔三〕　「皆」與「津」之間似有脱字。

十二、相國議，關外郡買計獻馬者〔注一〕，守各以匹數告買所内史、郡守，内史、郡守謹籍馬職（識）物、齒、高，移其守，及為致告津關，津關案閲，五〇九津關謹以傳案出入之。詐偽出馬，馬當復入不復入，皆以馬賈（價）訛過平令論，及賞捕告者。津關吏卒、吏卒乘塞者智（知），弗告劾，五一〇與同罪；弗智（知），皆贖耐。·御史以聞，制曰：可。五一一

【注　釋】

〔一〕　計獻，上計、貢獻。《禮記·射義》正義：「漢時謂郡國送文書之使為計吏，其貢獻之物與計吏俱來，故謂之計偕物也」。

十三、相國上内史書言，諸以傳出入津關而行□子□未盈一歲，與其母偕者，津關謹案實籍書出入。·御史以聞，制曰：可。五一二

十五、相國、御史請郎騎家在關外〔注一〕，騎馬節（即）死，得買馬關中人一匹以補。郎中為致告買所縣道，縣道官聽，為質〈致〉告居縣，受數而籍書五一三馬職（識）物、齒、高，上郎中〔注二〕。節（即）歸休、繇（徭）使，郎中為傳出津關，馬死，死所縣道官診

上。其詐（詐）貿易馬及偽診，皆以詐（詐）偽出馬令論。其五一四不得□及馬老病不可用，自言郎中，郎中案視，為致告關中縣道官，賣更買。·制曰：可。五一五

【注　釋】

〔一〕郎騎，充任軍騎的郎。《漢書·百官公卿表》：「郎，掌守門户，出充軍騎……」。

〔二〕郎中，指郎中令。

十六、相國上長沙丞相書言〔注一〕，長沙地卑濕，不宜馬，置缺不備一駟〔注二〕，未有傳馬，請得買馬十，給置傳，以為恒。·相國、御史以聞，請五一六許給買馬。·制曰：可。五一七

【注　釋】

〔一〕長沙丞相，長沙國丞相。漢高祖五年封吴芮為長沙王。

〔二〕駟，四馬。

〼、相國上南郡守書言，雲夢附竇園一所在朐忍界中〔注一〕，任徒治園者出人（入）扜〈扞〉關〔注二〕，故巫為傳〔注三〕，今不得，請以園印為傳，扜〈扞〉關聽〔注四〕五一八

【注　釋】

〔一〕朐忍，屬巴郡，在今四川雲陽西。

〔二〕任，任使。

〔三〕巫，巫縣，屬南郡，今四川巫山北。

〔四〕以下缺簡。

廿一、丞相上長信詹事書〔注一〕，請湯沐邑在諸侯〔注二〕，屬長信詹事者，得買騎、輕車、吏乘、置傳馬，關中比關外縣。丞相、御史以聞，·詔〔注三〕五一九

【注　釋】

〔一〕丞相，漢高帝九年改丞相為相國，孝惠、高后置左右丞相。此令可能在惠帝、吕后時，稱「相國」的令則可能在此之前頒布。

〔二〕湯沐邑，《漢書·高帝紀》注：「凡言湯沐邑者，謂以其賦稅供湯沐之具也」。

〔三〕以下缺簡。

廿二、丞相上魯御史書言〔注一〕，魯侯居長安，請得買馬關中。·丞相、御史以聞，制曰：可。五二〇

【注釋】

〔一〕魯，《史記·漢興以來諸侯王年表》載，惠帝七年初置魯國，吕后元年為魯王張偃元年。張偃為趙王張敖子，吕后外孫，參見《漢書·張耳陳餘列傳》。

·丞相上魯御史書，請魯中大夫謁者得私買馬關中，魯御史為書告津關，它如令。·丞相、御史以聞，制曰：可。五二一

·丞相上魯御史書，請魯郎中自給馬騎，得買馬關中，魯御史為傳，它如令。丞相、御史以聞，制曰：可。五二二

廿三、丞相上備塞都尉書，請為夾谿河置關〔注一〕，諸漕上下河中者〔注二〕，皆發傳，及令河北縣為亭，與夾谿關相直〔注三〕。·闌出入、越之，及吏五二三卒主者，皆比越塞闌關令〔注四〕。·丞相、御史以聞，制曰：可。五二四

【注釋】

〔一〕夾谿關在今陝縣，位於黃河之南，其北為西漢河北縣。

〔二〕漕，漕運。

〔三〕直，讀作「值」，《史記·匈奴列傳》索隱：「當也」。

〔四〕越塞闌關令，即《津關令》第一條令之省稱。

■津關令五二五

律令二十□種〔注一〕五二六

【注釋】

〔一〕本簡是《二年律令》律、令數的小結。

奏讞書釋文注釋

【說　明】

《奏讞書》共有竹簡二百二十八枚，簡長二十八點六至三十點一釐米。書題寫於末簡背面。讞是議罪，《奏讞書》是議罪案例的匯編，包含春秋至西漢時期的二十二個案例。大體上是年代較早的案件排在全書的後部，較晚的案例則排在前部。不少案例是完整的司法文書，是當時的司法訴訟程序和文書格式的具體記録。兩個春秋時期的案例並不是司法文書，只是事例的記述。

十一年八月甲申朔己丑〔注一〕，夷道汵丞嘉敢潚（讞）之〔注二〕。六月戊子發弩九詣男子毋憂〔注三〕，告為都尉屯〔注四〕，已受致書，一行未到，去亡。・毋憂曰：「變（蠻）夷大男子歲出五十六錢以當繇（徭）賦，不當為屯，尉窯遣毋憂為屯，行未到，二去亡，它如九。・窯曰：南郡尉發屯有令，變（蠻）夷律不曰勿令為屯〔注五〕，即遣之，不智（知）亡故，它如毋憂。・三詰毋憂〔注六〕，律變（蠻）夷男子歲出賨錢〔注七〕，以當繇（徭）賦，非曰勿令為屯也，及雖不當為屯，窯已遣，毋憂四即屯卒，已去亡，何解？毋憂曰：有君長〔注八〕，歲出賨錢，以當繇（徭）賦，即復也〔注九〕，存吏，毋解。・問，如辤（辭）。・鞫之〔注一〇〕：五毋憂變（蠻）夷大男子，歲出賨錢，以當繇（徭）賦，窯遣為屯，去亡，得，皆審〔注一一〕。・疑毋憂罪，它縣論，敢潚（讞）六之，謁報〔注一二〕。署獄史曹發〔注一三〕。・吏當〔注一四〕：毋憂當要（腰）斬，或曰不當論。・廷報〔注一五〕：當要（腰）斬。七

【注　釋】

〔一〕十一年，漢高祖十一年（公元前一九六年）。

〔二〕夷道汵，夷道之長名汵，簡文省去職官。有蠻夷稱道，夷道屬南郡，在今湖北宜都西北。潚，《說文》：「議罪也」。字亦作「讞」。

〔三〕發弩，司射弩的兵種，見戰國至西漢璽印、封泥。《漢書・地理志》記南郡有發弩官。詣，《小爾雅・廣詁》：「進也」。意為送進。毋憂，人名，毋與無通。

〔四〕參看長沙馬王堆帛書《駐軍圖》「周都尉軍」、「徐都尉軍」。屯，《史記・傅靳蒯成列傳》集解引律：「勒兵而守曰屯」。

〔五〕蠻夷律，指下引律文：「蠻夷男子歲出賨錢，以當繇（徭）賦」。

〔六〕詰，《禮記・月令》注：「謂問其罪，窮治之也」。

〔七〕賨，《說文》：「南蠻賦也」。

〔八〕君長，少數民族首領，見《睡虎地秦墓竹簡・法律答問》。《後漢書・南蠻傳》有「蠻夷君長」。

〔九〕復，免除。

〔一〇〕鞫，《尚書・吕刑》正義：「漢世問罪謂之鞫」。

〔一一〕審，《淮南子・本經》注：「明也」。

〔一二〕謁，《爾雅・釋言》：「請也」。報，《漢書・胡建傳》注：「斷獄為報」。

〔一三〕發，拆封。《睡虎地秦墓竹簡・法律答問》：「有投書，勿發」，與簡文同意。

〔一四〕 當，《漢書·刑法志》注：「當謂處斷也」。

〔一五〕 廷，朝廷，此指廷尉。

十一年八月甲申朔丙戌〔注一〕，江陵丞驁敢𤅊（讞）之。三月己巳大夫祿辤（辭）曰：六年二月中買婢媚士五（伍）點所，八賈（價）錢萬六千，迺三月丁巳亡〔注二〕，求得媚，媚曰：不當為婢。·媚曰：故點婢，楚時去亡〔注三〕，降為漢，不書名九數，點得媚，占數復婢媚〔注四〕，賣祿所，自當不當復受婢，即去亡，它如祿。·點曰：媚故一〇點婢，楚時亡，六年二月中得媚，媚未有名數，即占數，賣祿所，它如祿、媚。·詰媚：媚故點一一婢，雖楚時去亡，降為漢，不書名數，點得，占數媚，媚復為婢，賣媚當也。去亡，何解？一二·媚曰：楚時亡，點乃以為漢，復婢，賣媚，自當不當復為婢，即去亡，毋它解。·問媚：年卌歲，它一三如辤（辭）。·鞫之：媚故點婢，楚時亡，降為漢，不書名數，點得，占數，復婢，賣祿所，媚去一四亡，年卌歲，得皆審。·疑媚罪，它縣論，敢𤅊（讞）之，謁報，署如廥發。·吏當：黥媚顔（顏）頯〔注五〕，一五畀祿，或曰當為庶人。一六

【注釋】

〔一〕 十一年，漢高祖十一年（公元前一九六年）。

〔二〕 迺，是歲，見《公羊傳》昭公十二年注。

〔三〕 楚，指楚漢戰爭之楚。

〔四〕 占，登録簿籍。數，即名數，指户籍。

〔五〕 顏，額中央。頯，顴部。

·十年七月辛卯朔癸巳〔注一〕，胡狀、丞憙敢𤅊（讞）之〔注二〕。刻（劾）曰〔注三〕：臨菑（淄）獄史闌令女子南冠繳（縞）冠〔注四〕，詳（佯）病卧車中，襲一七大夫虞傳〔注五〕，以闌出關〔注六〕。·今闌曰：南齊國族田氏，徙處長安〔注七〕，闌送行，取（娶）為妻，與偕歸臨菑（淄），未一八出關得，它如刻（劾）。·南言如刻（劾）及闌。·詰闌，闌非當得取（娶）南為妻也，而取（娶）以為妻，與偕歸臨菑（淄），一九是闌來誘及奸，南亡之諸侯，闌匿之也，何解？闌曰：來送南而取（娶）為妻，非來誘也。吏以為奸二〇及匿南，罪，毋解。·詰闌：律所以禁從諸侯來誘者〔注七〕，令它國毋得取（娶）它國人也。闌雖二一不故來，而實誘漢民之齊國，即從諸侯來誘也，何解？闌曰：罪，毋解。·問，如辤（辭）。·鞫：二二闌送南，取（娶）以為妻，與偕歸臨菑（淄），未出關，得，審。疑闌罪，毄（繫），它縣論，敢𤅊（讞）之。·人婢清二三助趙邯鄲城，已即亡，從兄趙地，以亡之諸侯論〔注八〕。今闌來送徙者，即誘南。·吏

議：闌與清二四同類，當以從諸侯來誘論。·或曰：當以奸及匿黥舂罪論。二五

十年八月庚申朔癸亥，大（太）僕不害行廷尉事〔注九〕，謂胡嗇夫讞（讞）獄史闌，讞（讞）固有審，廷以聞，闌二六當黥為城旦，它如律令。二七

【注　釋】

〔一〕　十年，漢高祖十年（公元前一九七年）。

〔二〕　胡，《漢書·地理志》京兆湖縣「故曰胡」，在今河南靈寶西，位於函谷關内。

〔三〕　刻，《漢書·叙傳上》音義引石曹：「舉罪曰刻」。

〔四〕　臨淄，原田齊國都。縞，《尚書·禹貢》傳：「白繒」。縞冠見《禮記·檀弓》、《全藻》。

〔五〕　襲，《漢書·韓安國傳》注：「襲，因也」。傳，通行憑證。

〔六〕　《漢書·汲黯傳》注：「無符傳出入為闌」。

〔七〕　事見《史記·婁敬傳》，又見《漢書·高祖紀》九年十一月。此條律文可參照《二年律令》第三簡：「□來誘及為間者，磔」。

〔八〕　上引已成案例，即比，《漢書·刑法志》注：「比，以例相比况也」。

〔九〕　大僕不害，即公上不害，《漢書·高惠高后孝文功臣表》：「汲紹侯公上不害，高祖六年為太僕，擊代豨有功，侯千二百户，為趙太僕」。擊陳豨事在高祖十年九月以後。

·胡丞憙敢讞（讞）之，十二月壬申〔注一〕，大夫荊詣女子符，告亡。·符曰：誠亡，詐（詐）自以為未有名數，以令自占二八書名數〔注二〕，為大夫明隸〔注三〕，明嫁符隱官解妻〔注四〕，弗告亡，它如荊。解曰：符有名數明所，解以為毋恢二九人也〔注五〕，取（娶）以為妻，不智（知）前亡，乃疑為明隸，它如符。詰解：符雖有名數明所，而實亡人也。·律：三〇取（娶）亡人為妻，黥為城旦〔注六〕，弗智（知），非有減也。解雖弗智（知），當以取（娶）亡人為妻論，何解？解曰：罪，毋解。·明言三一如符、解。問解故黥劓，它如辤（辭）。·鞫（鞫）：符亡，詐（詐）自占書名數，解取（娶）為妻，不智（知）其亡，審。疑解三二罪，毄（繫），它縣論，敢讞（讞）之。·吏議：符有【名】數明所〔注七〕，明嫁為解妻，解不智（知）其亡，不當論。·或曰：符雖已三三詐（詐）書名數，實亡人也。解雖不智（知）其請（情），當以取（娶）亡人為妻論，斬左止（趾）為城旦。·廷報曰：取（娶）亡人三四為妻論之，律白〔注八〕，不當讞（讞）。三五

【注　釋】

〔一〕　十二月壬申，在漢高祖十年（公元前一九七年）。

〔二〕　《漢書·高祖紀》五年五月詔：「民前或相聚保山澤，不書名數，今天下已定，令各歸其縣，復故爵田宅」。

〔三〕　隸，一種依附的身份。

〔四〕　隱官，見《睡虎地秦墓竹簡·軍爵律》等。

〔五〕　恢，疑讀為「尤」，過失。

〔六〕　參看《二年律令》第一六九簡。

〔七〕　據文意「有」下脱「名」字。

〔八〕　律白，法律明確。白，《荀子·王霸》「仁人之所務白也」注：「白，明白也」。

·十年七月辛卯朔甲寅〔注一〕，江陵餘〔注二〕、丞鶩敢潚（讞）之。迺五月庚戌，校長池曰〔注三〕：士五（伍）軍告池曰：大奴武亡，見池三六亭西，西行。池以告，與求盗視追捕武〔注四〕。武格鬭，以劍傷視，視亦以劍傷武。·今武曰：故軍三七奴，楚時去亡，降漢，書名數為民，不當為軍奴，視捕武，誠格鬭，以劍擊傷視，它三八如池。·視曰：以軍告，與池追捕武，武以劍格鬭，擊傷視，視恐弗勝，誠以劍刺傷三九武而捕之，它如武。·軍曰：武故軍奴，楚時亡，見池亭西。以武當復為軍奴，即告池四〇所，曰武軍奴，亡。告誠不審，它如池、武。·詰武：武雖不當受軍奴（奴），視以告捕武，武宜四一聽視而後與吏辯是不當狀，乃格鬭，以劍擊傷視，是賊傷人也，何解？四二·武曰：自以非軍亡奴，毋罪，視捕武，心恚，誠以劍擊傷視，吏以為即賊傷人，存吏當罪，四三毋解。·詰視：武非罪人也，視捕，以劍傷武，何解？視曰：軍告武亡奴，亡奴罪當捕，以告捕武，武四四格鬭傷視，視恐弗勝，誠以劍刺傷捕武，毋它解。·問武：士五（伍），年卅七歲，診如辤（辭）〔注五〕。·鞫之：武不四五當復為軍奴，□□□奴（奴）告池，池以告與視捕武，武格鬭，以劍擊傷視，視亦以劍刺傷四六捕武，審。·疑武、視罪，敢潚（讞）之，謁報，署獄如廥發。·吏當：黥武為城旦〔注六〕，除視。·廷以聞，四七武當黥為城旦，除視。四八

【注　釋】

〔一〕　十年，漢高祖十年（公元前一九七年）。

〔二〕　江陵餘，即江陵縣令餘，省去職官，下多同例。

〔三〕　校長，《續漢書·百官志》：「主兵戎盗賊事」。

〔四〕　《漢書·高祖紀》注引應劭云：「求盗者，亭卒，……掌逐捕盗賊」。

〔五〕　診，驗視。

〔六〕　參看《二年律令》第二五簡：「賊傷人及自賊傷以避事者，皆黥為城旦舂」。

·漢中守潚（讞）：公大夫昌苔（笞）奴相如，以辜死〔注一〕，先自告。相如故民，當免作少府，昌與相四九如約，弗免，已獄治不當為

昌錯告不孝，疑罪。·廷報：錯告，當治。五〇

【注釋】

〔一〕以辜死，《睡虎地秦墓竹簡·法律答問》作「以殆死」。

··北地守瀸（讞）：女子甑、奴順等亡，自處□陽，甑告丞相自行書順等自贖〔注一〕，甑所臧（贓）過六百五一六十，不發告書，順等以其故不論，疑罪。·廷報：甑、順等受、行賕狂（枉）法也〔注二〕。五二

【注釋】

〔一〕贖，贖罪。

〔二〕受、行賕枉法，見《二年律令》第六〇簡：「受賕以枉法及行賕以枉法及行賕者皆坐其臧（贓）為盜，罪重於盜者，以重者論之」。又第五五、五六簡：「盜臧（贓）直（值）過六百六十錢，黥為城旦舂」。

··北地守瀸（讞）：奴宜亡，越塞道，戍卒官大夫有署出〔注一〕，弗得，疑罪。·廷報：有當贖耐〔注二〕。五三

【注釋】

〔一〕署，防守崗位。簡文疑應乙作「出署」。

〔二〕《二年律令》第四九〇簡：「越塞闌關，……吏卒主者弗得，贖耐」。

··蜀守瀸（讞）：佐啓、主徒令史冰私使城旦環為家作〔注一〕，告啓，啓詐（詐）簿曰治官府〔注二〕，疑罪。·廷五四報：啓為偽書也〔注三〕。五五

【注釋】

〔一〕徒，刑徒。

〔二〕簿，登記於簿。

〔三〕《二年律令》第一三簡：「為偽書者，黥為城旦舂」。

··蜀守瀸（讞）：采鐵長山私使城旦田〔注一〕、舂女為䆃（饘）〔注二〕，令內作，解書廷，佐悄等詐簿為徒養〔注三〕，五六疑罪。·廷報：悄為偽書也。五七

【注釋】

〔一〕《漢書·地理志》蜀郡有鐵官。

〔二〕饘，《説文》：「糜也」，即稠粥。

〔三〕養，炊厨。

··蜀守讞（讞）：大夫犬乘私馬一匹，毋傳，謀令大夫武窬舍上造熊馬傳〔注一〕，箸（著）其馬職（識）物〔注二〕，弗身五八更〔注三〕，疑罪。·廷報：犬與武共為偽書也。五九

【注釋】

〔一〕窬舍，疑指穿壁而盜。

〔二〕指馬的特徵。

〔三〕身更，親自竄改。

··河東守讞（讞）：郵人官大夫内留書八日〔注一〕，詐（詐）更其徼（檄）書辟留〔注二〕，疑罪。·廷報：内當以為偽書論〔注三〕。六〇

【注釋】

〔一〕留，滯留。

〔二〕辟，疑即廷辟，見《睡虎地秦墓竹簡·秦律十八種》之行書條。

··河東守讞（讞）：士吏賢主大夫䍜〔注一〕，䍜盜書毄（繫）遂（隊）亡，獄史令賢求，弗得，毄（繫）母嬐亭中，受豚、六一酒臧（贜）九十，出嬐，疑罪。·廷報：賢當罰金四兩〔注一〕。六二

【注釋】

〔一〕主，《廣雅·釋詁三》：「守也」。《二年律令》受賕與盜竊同罪，第五五、五六簡：「盜臧（贜）直（值）……不盈百一十錢到廿二錢，罰金四兩」。

··八年十月己未〔注一〕，安陸丞忠刻（劾）獄史平舍匿無名數大男子種一月〔注二〕，平曰：「誠智（知）種無【名】數〔注三〕，舍六三匿之，罪，它如刻（劾）。種言如平。問：平爵五大夫，居安陸和衆里，屬安陸相〔注四〕，它如辤（辭）。鞫：平智（知）種無六四名數，舍匿之，審。當：平當耐為隸臣，錮，毋得以爵、當賞免。·令曰：諸無名數者，皆令六五自占書名數，令到縣道官，盈卅日，不自占

書名數，皆耐為隸臣妾，錮，勿令以爵、賞免，六六舍匿者與同罪，以此當平。南郡守强、守丞吉、卒史建舍治。六七八年四月甲辰朔乙巳，南郡守强敢言之，上奏七牒〔注五〕，謁以聞，種縣論，敢言之。六八

【注　釋】

〔一〕　八年，漢高祖八年（公元前一九九年）。

〔二〕　舍匿，隱藏於家。大男子，成年男子。

〔三〕　據文意「無」下脱「名」字。

〔四〕　安陸，在今湖北安陸北，當時疑有封侯，故設有相。

〔五〕　七牒，指原件由七支簡組成。

·七年八月己未江陵丞言〔注一〕：醴陽令恢盗縣官米二百六十三石八斗〔注二〕。恢秩六百石，爵左庶長□□□□六九從史石盗醴陽己鄉縣官米二百六十三石八斗，令舍人士五（伍）興、義與石賣，得金六斤三兩、錢萬七〇五千五十，罪，它如書。興、義言皆如恢。問：恢盗臧（贓）過六百六十錢，石亡不訊，它如辤（辭）。鞫：恢，七一吏，盗過六百六十錢，審。當：恢當黥為城旦，毋得以爵減、免、贖。律：盗臧（贓）直（值）過六百六十錢，七二黥為城旦；令：吏盗，當刑者刑，毋得以爵減、免、贖，以此當恢。七三恢居酈邑建成里〔注三〕，屬南郡守。南郡守强、守丞吉〔注三〕、卒史建舍治。七四。

【注　釋】

〔一〕　七年，漢高祖七年（公元前二〇〇年）。

〔二〕　醴陽，縣名，不見於《漢書，地理志》，「醴」疑讀為「澧」，縣當在澧水之陽，屬南郡。

〔三〕　酈邑，秦始皇十六年置，在今陝西臨潼東北。《史記·高祖紀》載，高祖十年「更名酈邑曰新豐」。《漢書·地理志》云「高祖七年置」，據簡文七年末仍稱酈邑，其「七」字當誤。

〔三〕　守丞，代理丞的職務。

·淮陽守行縣掾新郪獄〔注一〕，七月乙酉新郪信爰書〔注二〕：求盗甲告曰：從獄史武備盗賊，武以六月壬午出行公粱亭，至今不七五來，不智（知）在所，求弗得，公粱亭校長丙坐以頌毄（繫）〔注三〕，毋毄（繫）牒，弗窮訊。七六七月甲辰淮陽守偃刻（劾）曰：武出備盗賊而不反（返），其從迹類或殺之〔注四〕，獄告出入廿日弗窮訊，吏莫追求，坐以毄（繫）者七七毋毄（繫）牒，疑有姦詐（詐），其謙（廉）求捕其賊〔注五〕，復（覆）其姦詐（詐）及智（知）縱不捕賊者〔注六〕，必盡得，以法論。·復（覆）之：武出時，與髳七八長蒼

〔注七〕☐七九蒼曰：故為新郪信舍人，信謂蒼：武不善，殺去之。蒼即與求盜大夫布、舍人簪褭餘共賊殺武于校長丙部八〇中〔注八〕。丙與發弩贅荷（苛）捕蒼〔注九〕，蒼曰：為信殺，即縱蒼，它如劾。八一・信曰：五月中天旱不雨，令民雩〔注十〕，武主趣都中〔注一一〕。信行離鄉，使舍人小簪褭遣守舍〔注一二〕。武發遣雩，信八二來不説〔注一三〕，以謂武，武据（倨）不跪（跪），其應對有不善，信怒，扼劍驀（罵）詈，欲前就武，武去。居十餘日，信舍人萊告信曰：八三武欲言信丞相、大（太）守。信恐其告信，信即與蒼謀，令賊殺武，以此不窮治甲之它（詑）〔注一四〕。它如蒼。八四丙、贅曰：備盜賊，蒼以其殺武告丙，丙與贅共捕得蒼，蒼言為信殺，誠，即縱之，罪。它如蒼。詰丙、贅、八五信：信長吏，臨一縣上所。信恃，不謹奉法以治，至令蒼賊殺武；及丙、贅備盜賊，捕蒼，蒼雖八六曰為信，信非得擅殺人，而縱蒼，皆何解？丙等皆曰：罪，毋解。・遣言如信，布死，餘亡不得。八七診問蒼、信、丙、贅，皆關內侯〔注一五〕。信有侯子居雒陽楊里，故右庶長，以堅守熒（滎）陽〔注一六〕，賜爵為廣武八八君，秩六百石。蒼，壯平君，居新郪都隱（？）里；贅，威昌君，居故市里；丙，五大夫，廣德里，皆故楚八九爵，屬漢以比士，非諸侯子。布、餘及它當坐者，縣論。它如辤（辭）。・鞫（鞫）之：蒼賊殺人，信與謀，丙、贅捕蒼九〇而縱之，審。九一敢言之：新郪信、髳長蒼謀賊殺獄史武，校長丙、贅捕蒼而縱之，爵皆大庶長。九二律：賊殺人，棄市。・以此當蒼。九三律：謀賊殺人，與賊同法。・以此當信。九四律：縱囚，與同罪。・以此當丙、贅。九五當之：信、蒼、丙、贅皆當棄市，毄（繫）。九六新郪甲、丞乙、獄史丙治（笞）。九七為奏當十五牒上謁，請謁報，敢言之。九八

【注釋】

〔一〕淮陽，郡名，《漢書・地理志》王先謙《補注》引全祖望云：「故屬秦楚郡，楚漢之際屬楚國，（漢高祖）六年置淮陽郡，十一年為國」。惠帝元年淮陽王友徙趙，仍為郡，高后元年復置淮陽國。據簡文中月日干支，祇合於漢高祖六年。

〔二〕爰書，《漢書・張湯傳》「傳爰書」注：「爰，換也，以文書代換其口辭也」，王先謙《補注》：「傳爰書者，傳囚辭而著之文書」。

〔三〕頌繫，《漢書・惠帝紀》注引張晏曰：「頌者，容也。言見寬容，但處曹吏舍，不入陛牢也」。

〔四〕從迹，《漢書・淮南王安傳》注：「從，讀為蹤」。或，有人。

〔五〕廉，《漢書・何武傳》注：「察也」。

〔六〕覆，《爾雅・釋詁》：「審也」，《廣雅・釋言》：「索也」。

〔七〕《説文》：「漢令有髳長」，《繫傳》：「髳，羌地名，髳地之長也」。

〔八〕部，管區。

〔九〕苛，《周禮・射人》注：「謂詰問」。

〔一〇〕雩，即「雩」字，《説文》：「夏祭樂于赤帝，以祈甘雨也」。

〔一一〕趣，督促。或説讀為聚。

〔一二〕小，未成年。

〔一三〕 說，即「悦」字。

〔一四〕 訑，字亦作「訑」、「怹」等，《廣雅・釋詁二》：「怹，欺也」。

〔一五〕 疑均為楚爵。

〔一六〕 事在高祖（漢王）三年（公元前二〇四年），見《漢書・高祖紀》。

四月丙辰〔注一〕，黥城旦講气（乞）鞫〔注二〕，曰：故樂人，不與士五（伍）毛謀盜牛，雍以講為與毛謀〔注三〕，論黥講為城旦。覆視其故獄：元年九九十二月癸亥，亭慶以書言雍廷〔注四〕，曰：毛買（賣）牛一，質〔注五〕，疑盜，謁論。毛曰：盜士五（伍）牝牛，毋它人與謀。牝曰：不亡牛。毛改曰：迺已嘉一〇〇平可五日〔注六〕，與樂人講盜士五（伍）和牛，牽之講室，講父士五（伍）處見。處曰：守枅（汧）邑南門〔注七〕，已嘉平不識日，晦夜半一〇一時〔注八〕，毛牽黑牝牛來，即復牽去。不智（知）它。和曰：縱黑牝牛南門外，迺嘉平時視，今求弗得。以毛所盜一〇二牛獻和，和識，曰：和牛也。講曰：踐更咸陽〔注九〕，以十一月行，不與毛盜牛。一〇三毛改曰：十月中與謀曰：南門外有縱牛，其一黑牝，類擾易捕也〔注一〇〕。到十一月復謀，即識捕而縱，講且踐更，講謂一〇四毛勉獨捕牛〔注一一〕，買（賣），分講錢。到十二月已嘉平，毛獨捕，牽買（賣）雍而得。它如前。・詰訊毛于詰，詰改辤（辭）如毛，其鞫曰：一〇五講與毛謀盜牛，審。二月癸亥，丞昭、史敢、銚、賜論，黥講為城旦。今講曰〔注一二〕：踐十一月更外樂〔注一三〕，月不盡一日下總咸陽〔注一四〕，不見一〇六毛。史銚初訊謂講，講與毛盜牛，講謂不也，銚即磔治（笞）講北（背）可□餘〔注一五〕，北（背）□數日，復謂講盜牛狀何如？講謂實不盜一〇七牛，銚有（又）磔講地，以水責（漬）講北（背）。毛坐講旁，銚謂毛，毛與講盜牛狀何如？毛曰：以十月中見講，與謀盜牛。講謂不見一〇八毛弗與謀。銚曰：毛言而是〔注一六〕，講和弗□。講恐復治（笞），即自誣曰：與毛謀盜牛，如毛言。其請（情）講不與毛謀盜牛〔注一七〕。診講一〇九北（背），治（笞）紖（朋）大如指者十三所，小紖（朋）瘢相質五（伍）也〔注一八〕，道肩下到要（腰）〔注一九〕，稠不可數。毛曰：十一月不盡可三日，與講盜牛，識捕而復縱一一〇之，它如獄。・講曰：十月不盡八日為走馬魁都庸（傭）〔注二〇〕，與偕之咸陽，入十一月一日來，即踐更，它如前。一一一毛改曰：誠獨盜牛，初得□時，史騰訊毛謂盜牝牛，騰曰：誰與盜？毛謂獨也，騰曰非請（情），即笞毛北（背），可六伐〔注二一〕。居（?）一一二八九日，謂毛：牝不亡牛，安亡牛？毛改言請（情），曰：盜和牛，騰曰：誰與盜？毛謂獨也，騰曰：毛不能獨盜，即磔治（笞）毛一一三北（背）殿（臀）股，不審伐數，血下汙池〈地〉。毛不能支治（笞）疾痛，即誣指講。講道咸陽來。史銚謂毛：毛盜牛時，講在咸一一四陽，安道與毛盜牛？治（笞）毛北（背）不審伐數。不與講謀，它如故獄。和曰：毛所盜牛雅擾易捕〔注二二〕。它如故獄。・處曰：講踐一一五更咸陽，毛獨牽牛來，即復牽去。

它如【故】獄〔注二三〕。魁都從軍，不訊，其妻租言如講。·詰毛：毛笱（苟）不與講盜牛，覆一一六者訊毛，毛何故不蚤（早）言請（情）？毛曰：覆者初訊毛，毛欲言請（情），恐不如前言，即復治（笞），此以不蚤（早）言請（情）。·詰毛：毛笱（苟）不與講一一七盜，何故言曰與謀盜？毛曰：不能支疾痛，即誣講，以彼治罪也。診毛北（背）笞紖（朋）瘢相質五（伍）也，道肩下到要（腰），一一八稠不可數，其殿（臀）瘢大如指四所，其兩股瘢大如指。騰曰：以毛讂〈謾〉，笞。它如毛。銚曰：不智（知）毛誣講，與丞昭、史敢、一一九賜論盜牛之罪，問如講。昭、敢、賜言如銚，問如辤（辭）。·鞫之：講不與毛謀盜牛，吏笞諒（掠）毛，毛不能支疾痛而誣講，昭、銚、敢、賜論失之，皆一二〇審。·二年十月癸酉朔戊寅，廷尉兼謂汧嗇夫：雍城旦講气（乞）鞫曰：故樂人，居汧䣺中，不盜牛，雍以講為一二一盜，論黥為城旦，不當。覆之，講不盜牛。講毄（繫）子縣〔注二四〕，其除講以為隱官，令自常（尚），畀其於於〔注二五〕。妻子已賣者一二二者〔注二六〕，縣官為贖。它收已賣，以賈（價）畀之；及除坐者貲〔注二七〕，貲□人環（返）之。騰書雍。一二三

【注釋】

〔一〕下文有「二年十月癸酉朔戊寅」，合於秦始皇（秦王政）二年。

〔二〕乞鞫，要求重加審判，見《睡虎地秦墓竹簡·法律答問》「以乞鞫及為人乞鞫者」條。

〔三〕雍，秦代屬内史，在今陝西鳳翔西南。

〔四〕亭慶，當係市亭負責人。

〔五〕質，《廣雅·釋詁二》：「問也」。

〔六〕嘉平，即臘。《史記·秦始皇本紀》：「三十一年十二月，更名臘曰嘉平。」但《獨斷》、《風俗通義》、《廣雅》等云夏、殷已有嘉平，可能秦民間早有此稱，也可能係抄簡時所改。可，約略，見楊樹達《詞詮》卷三。

〔七〕汧，在今陝西隴縣東南。

〔八〕晦，《左傳·昭公元年》注：「夜也」。

〔九〕踐更，《漢書·昭帝紀》注引如淳曰：「更有三品，有卒更、有踐更、有過更。……貧者欲得顧更錢，次直者出錢顧之，月二千，是為踐更也」。

〔一〇〕擾，《周禮·服不氏》注：「馴也」。

〔一一〕勉，《説文》：「免，彊也」。

〔一二〕從「元年十二月癸亥」至「黥講為城旦」，是此案原來的審訊和論罪。自「今講曰」以下，為此案的重審記録。

〔一三〕外樂，見《二年律令》及西安相家巷出土秦封泥（周曉陸、路東之：《秦封泥集》一·二·四十四，三秦出版社，二〇〇〇年）。

〔一四〕總，集合，《淮南子·原道》注：「衆聚也」。汧邑在汧水（今千水）上游，汧水經雍注入渭水，再流至咸陽，故稱從汧至咸陽為「下總」。

〔一五〕磔，《玉篇》：「張也」。此指捆綁受刑人，使之張肢伏地。

〔一六〕而，如，見楊樹達《詞詮》卷十。

〔一七〕情，實。

〔一八〕 刖，《説文》：「瘢也」。質，《漢書·石奮傳》注：「重也」。伍，《説文》：「相參伍也」。

〔一九〕 道，由，見楊樹達《詞詮》卷二。

〔二〇〕 走馬，周金文多見，即《周禮》趣馬。傭，《史記·陳涉世家》索隱：「《廣雅》云『傭，役也』，按謂役力而受雇直也」。

〔二一〕 伐，《禮記·樂記》注：「一擊一刺為一伐」。

〔二二〕 雅，素。

〔二三〕 據文例「如」下脱「故」字。

〔二四〕 子，第二人稱代名詞。

〔二五〕 於，在今河南西峽東。

〔二六〕 妻子已賣者，指罪犯的妻、子被收買的。簡文衍一「者」字。

〔二七〕 坐，連坐。貲，罰繳財物，《睡虎地秦墓竹簡》屢見。

·南郡卒史蓋廬、摯田、叚（假）卒史鴡復攸庫等獄簿〔注一〕一二四

御史書以廿七年二月壬辰到南郡守府〔注二〕，即下，甲午到蓋廬等治所，其壬寅補益從治，上治一二五它獄。·四月辛卯鴡有論去。五月庚午朔、益從治〔注三〕，蓋廬有資（貲）去。八月庚子朔論去。盡廿八年九月甲午已〔注四〕。一二六凡四百六十九日〔注五〕。朔病六十二日，行道六十日，乘恒馬及船行五千一百卌六里〔注六〕，衛（率）之〔注七〕，日行八十五里，一二七畸（奇）卌六里不衛（率）〔注八〕。除弦（元）、伏不治〔注九〕，它獄四百卌九日，定治十八日。一二八·御史下書別居它笥。·今復之：庫曰：初視事，蒼梧守竈〔注一〇〕、尉徒唯謂庫：利鄉反，新黔一二九首往毄（擊），去北當捕治者多，皆未得，其事甚害難，恐為敗。庫視獄留，以問獄史氏，氏曰：一三〇蒼梧縣反者，御者恒令南郡復〔注一一〕。義等戰死，新黔首恐，操其叚（假）兵匿山中〔注一二〕，誘召稍一三一來，皆摇（摇）恐畏，其大不安，有（又）須南郡復者即來捕〔注一三〕。義等將吏卒毄（擊）反盜，弗先候視〔注一四〕，一三二為驚敗，義等罪也，上書言財（裁）新黔首罪〔注一五〕。它如書。竈、徒唯曰：教謂庫新黔首當捕者不得，一三三勉力善（繕）備，弗謂害難，恐為敗。唯謂庫久矣，忘弗識。它如庫。·氏曰：刻（劾）下，與脩（攸）守一三四嬀、丞魁治，令史㢟與義發新黔首往候視〔注一六〕，反盜多，益發與戰。義死，脩（攸）有（又）益發新一三五黔首往毄（擊），破，凡三輩〔注一七〕，㢟并主籍。其二輩戰北當捕，名籍副并居一笥中，㢟亡，不得，未一三六有以別智（知）當捕者。及屯卒□敬，卒已罷去，移徙（？）遝之〔注一八〕，皆未來。好時辟㢟有鞫〔注一九〕，氏一三七以為南郡且來復治。庫問，氏以告庫，不智（知）庫上書。它如庫。嬀、魁言如一三八氏。·詰氏：氏告庫曰：義等戰死，新黔首恐，操其叚（假）兵匿山中，

誘召稍來，皆榣（摇）恐一三九畏，其大不安，有須南郡復者即來捕。吏訊氏，氏曰：跂主新黔首籍，三輩戰北，皆并一四〇居一笥中，未有以别智（知）當捕者，遝跂未來未捕，前後不同，皆何解？氏曰：新黔一四一首戰北當捕者，與後所發新黔首籍并，未有以别智（知）。跂主遝未來，獄留須跂。一四二庫為攸令，失聞。庫别異，不與它令等。義死，黔首當坐者多，皆榣（摇）恐吏罪之，有（又）别離居一四三山谷中。民心畏惡，恐弗能盡偕捕，而令為敗，幸南郡來復治。庫視事掾獄，問氏，氏即以一四四告庫，恐其怒，以自解于庫，實須跂來别籍，以偕捕之，請（情）也。毋它解。一四五·詰庫：毄（擊）反群盗，儋乏不鬬〔注二〇〕，論之有法。庫挌掾獄〔注二一〕，見罪人，不以法論之，而上書言獨財（裁）新黔首罪，是庫欲一四六繹（釋）縱罪人也。何解？庫曰：聞（？）等上論奪爵令戍，今新黔首實不安輯〔注二二〕，上書以聞，欲陛下幸詔庫以撫定之，不敢擇（釋）一四七縱罪人。毋它解。一四八·詰庫：等雖論奪爵令或〈戍〉，而毋法令，人臣當謹奏法以治。今庫繹（釋）法而上書一四九言獨財（裁）新黔首罪，是庫欲繹（釋）縱罪人明矣。吏以論庫，庫何以解之？庫曰：毋以解之，罪。一五〇·問南郡復吏到攸，攸遝跂未來，未有新黔首當捕者名籍。跂來會，建曰〔注二三〕：義死，自以一五一有罪，棄籍去亡，得□視氏所言籍，居一笥中者，不署前後發，毋章，杂不可智（知）。南郡復吏一五二乃以智（知）巧令脩（攸）誘召冣（聚）城中，謁（？）訊傳先後以别，捕毄（擊）戰北者。獄留盈卒歲，不具一五三斷，蒼梧守已劾論□□□□□□□跂及吏卒不救援義等去北者，頗不具，别奏。它如一五四辤（辭）。·鞫之：義等將吏卒新黔首毄（擊）反盗，反盗殺義等，吏、新黔首皆弗救援，去北。當一五五遝跂，傳詣脩（攸），須來以别黔首當捕者。當捕者多别離相去遠，其事難，未有以捕章一五六捕論〔注二〇〕。詷（庫）上書言獨財（裁）新黔首罪，欲縱勿論，得，審。·令：所取荆新地多群盗〔注二五〕，吏所興與群盗遇，一五七去北，以儋乏不鬬律論；律：儋乏不鬬，斬。篡遂縱囚，死罪囚，黥為城旦，上造以上耐為鬼薪〔注二六〕，以此一五八當庫。·當之：庫當耐為鬼薪。·庫毄（繫）。一五九訊者七人，其一人毄（繫），六人不毄（繫）。一六〇不存皆不訊。一六一

【注　釋】

〔一〕卒史，郡吏的一種，《史記·蕭相國世家》索隱引如淳云：「律：郡卒史、書佐各十人也」。摯田，也可能是兩人。假，代理。復，覆審。攸縣，在今湖南攸縣東北。庫，當即「庢」字。本簡係簿籍原題。此簡長度比本册其它簡要短，可能是後補入的。

〔二〕二十七年，秦始皇二十七年（公元前二二〇年）。

〔三〕朔，人名。

〔四〕據方詩銘、方小芬《中國史曆日和中西曆日對照》，秦始皇二十八年有閏。九月戊戌朔，無甲午。此則為後九月，丁卯朔，甲午二十八日。

〔五〕自二十七年二月甲午至二十八年後九月甲午共六百零一天，減去朔病及行道一百二十二天，得四百七十九天，與簡文記日數相差十天。

〔六〕恒，疑讀作「騰」，《説文》：「傳也」。指傳馬。

〔七〕率，以行道日數相除。

〔八〕奇，《史記·貨殖列傳》索隱：「餘衍也」。

〔九〕元，元日，《尚書·虞書》「月正元日」傳：「上日也」。伏，伏日，《史記·秦本紀》正義：「六月三伏之節起，秦德公為之」。此二日休假。

〔一〇〕蒼梧，縣名，應屬南郡。守竈，守令竈之省，與下文「攸守媱」及與江西遂川出土秦戈的「臨汾守曋」同例。

〔一一〕御，《詩·崧高》傳：「治事之官也」。

〔一二〕假兵，從官府借領的兵器。

〔一三〕須，等待。

〔一四〕候，《說文》：「伺望也」。

〔一五〕裁，《戰國策·秦策》「大王裁其罪」注：「裁，制也」。

〔一六〕𦕟，即《說文》「磬」字。

〔一七〕輩，《蒼頡篇》：「比也」。意近今云批次。

〔一八〕遝，與「逮」字通用。

〔一九〕好時，縣名，在今陝西乾縣東。

〔二〇〕儋，疑讀為「憺」，安而不動。

〔二一〕挌，《後漢書·鍾離意傳》注：「執拘也」。

〔二二〕輯，《漢書·孔融傳》注：「和也」。

〔二三〕建，《漢書·鄒陽傳》注：「謂立議」。

〔二四〕捕章，指捕律。

〔二五〕《呂氏春秋·音初》注：「荆，楚也。秦莊王諱楚，避之曰荆」。

〔二六〕以上所引秦律係摘要，可與《二年律令》有關律文對照。

·異時獄□曰：為君、夫人治食不謹，罪死。今宰人大夫説進炙君〔注一〕，炙中有髮長三寸；夫人養婢媚進一六二食夫人〔注二〕，飯中有蔡長半寸〔注三〕，君及夫人皆怒，劾，史猷（猷）治〔注四〕，曰：説毋罪，媚當賜衣。君曰：問史猷治獄非是。史猷一六三曰：臣謹案説所以切肉刀新磨（？）甚利，其置梪（庖）俎。夫以利刀切肥牛肉梪（庖）俎上，筋腏盡斬〔注五〕，炙膊大不過一六四寸〔注六〕，而髮長三寸獨不斬，不類切肉者之罪。臣有（又）診炙肉具，桑炭甚美，鐵盧（爐）甚磬〔注七〕。夫以桑炭之磬銨一六五□而肉頗焦，髮長三寸獨不焦，有（又）不類炙者之罪。臣有（又）診夫人食室，涂㵾（塈）甚謹〔注八〕，張帷幕甚具，食室一六六中毋蔡，而□毋道入。臣有（又）診視媚臥，莞席敝而經絶〔注九〕，其莞滓（碎），媚衣褎（袖）有敝而絮出，滓（碎）莞席一六七麗其絮〔注一〇〕，長半寸者六枚。夫以衛〈衛〉夫人有一婢，衣褩（敝）衣，使臥席，臥席滓（碎）者麗衣，以為夫人炊，而欲蔡一六八毋入飯中，不可得已。臣操褩

（敝）席麗媚衣絮者，願與飯中蔡比之。·此以下□八月（？）〔注一一〕。一六九君出飯中蔡比之，同也。史猶（猷）曰：炙中髮，臣度之，君今旦必游而炙至，肉前，炙火氣□人而暑〔注一二〕，君一七〇令人扇，而髮故能蜚（飛）入炙中。君曰：今旦寡人方菆（汲）菆（汲）扇而炙來〔注一三〕，然且與子復診之。君備（俛）視席端，有一七一隨（鬌）髮長二寸以上到尺者六枚〔注一四〕。君復置炙前，令人道後扇，髮蜚（飛）入炙中者二枚。君曰：善戋（哉）！亟一七二出說而賜媚新衣，如史猶（猷）當〔注一五〕。一七三

【注　釋】

〔一〕　宰人，司膳食的職官。炙，《說文》：「炮肉也」。

〔二〕　養，《廣雅·釋詁》：「使也」。

〔三〕　蔡，《說文》：「草也」。

〔四〕　史猷，即史鰌，字子魚，衛國人，見《左傳》。

〔五〕　脲，《廣雅·釋器》：「肉也」。

〔六〕　膞，肉塊，《說文》：「切肉也」，《廣雅·釋器》：「臠也」。

〔七〕　磬，《說文》：「堅也」。

〔八〕　墍，《說文》：「仰涂也」。《廣雅·釋室》：「塗也」。

〔九〕　經，指編莞席的繩。

〔一〇〕　麗，附着。

〔一一〕　·此以下□八月（？），書於簡下部，係抄寫者標記，與正文無關。

〔一二〕　暑，《說文》：「熱也」。

〔一三〕　汲汲，《漢書·揚雄傳》注：「欲速之義」。

〔一四〕　鬌，《廣雅·釋詁》：「落也」。

〔一五〕　本案故事與《韓非子·內儲說下》所載晉文公時「宰人上炙而髮繞之」內容接近。

·異時魯法：盜一錢到廿，罰金一兩；過廿到百，罰金二兩；過百到二百，為白徒〔注一〕；過二百到千，完為倡〔注二〕。有（又）曰：一七四諸以縣官事詑（訑）其上者〔注三〕，以白徒罪論之。有白徒罪二者，駕（加）其罪一等。白徒者，當今隸臣妾；倡，當城旦。今佐一七五丁盜粟一斗，直（值）三錢，柳下季為魯君治之〔注四〕，論完丁為倡，奏魯君。君曰：盜一錢到廿錢罰金一兩，今佐丁盜一斗粟，一七六直（值）三錢，完為倡，不已重虖（乎）？柳下季曰：吏初捕丁來，冠鉥（鷸）冠〔注五〕，臣案其上功牒〔注六〕，署能治禮。濡（儒）服，夫濡（儒）者君子一七七之節也，禮者君子學也，盜者小人之心也。今丁有宵（小）人心，盜君子節，有（又）盜君子學，以

上功再訑（詑）其一七八上，有白徒罪二，此以完為倡。君曰：當戋（哉）！一七九

【注　釋】

〔一〕　白徒，魯國刑徒名，見下。

〔二〕　倡，魯國刑徒名，見下。

〔三〕　詑，《廣雅・釋詁》：「欺也」。

〔四〕　柳下季，即魯大夫展禽，封於柳下，字季，謚惠，故又稱柳下惠，見《論語・微子》、《左傳・僖公二十六年》等。

〔五〕　鉥，讀為「鷸」，見《説苑・修文》。《莊子・天地》：「皮弁鷸冠，搢笏紳修。」春秋時已有這種用翠鳥羽毛裝飾的冠，見《左傳・僖公二十四年》。

〔六〕　上功牒，申報功勞的文書。

故律曰：死夫（？）以男為後。毋男以父母，毋父母以妻，毋妻以子女為後〔注一〕。律曰：諸有縣官事，而父母若妻死一八〇者〔注二〕，歸寧卅日；大父母、同産十五日。敖（敖）悍，完為城旦舂，鐵𩑶其足〔注三〕，輸巴縣鹽〔注四〕。教人不孝，次不孝一八一之律。不孝者棄市。棄市之次，黥為城旦舂。當黥公士、公士妻以上，完之。奸者，耐為隸臣妾。捕奸者必案之一八二校上〔注五〕。今杜瀘女子甲夫公士丁疾死〔注六〕，喪棺在堂上，未葬，與丁母素夜喪，環棺而哭。甲與男子一八三丙偕之棺後内中和奸〔注七〕。明旦，素告甲吏，吏捕得甲，疑甲罪。廷尉㲄、正始、監弘、廷史武等卅人議當一八四之〔注八〕，皆曰：律，死置後之次，妻次父母；妻死歸寧，與父母同法。以律置後之次人事計之，夫異尊於妻〔注九〕，一八五妻事夫，及服其喪，資當次父母如律〔注一〇〕。妻之為後次夫、父母，夫、父母死，未葬，奸喪旁者，當不孝，不孝棄市；不孝之一八六次，當黥為城旦舂；敖（敖）悍，完之。當之，妻尊夫，當次父母，而甲夫死，不悲哀，與男子和奸喪旁，致之一八七不孝、敖（敖）悍之律二章。捕者雖弗案校上，甲當完為舂，告杜論甲。一八八・今廷史申繇（徭）使而後來，非廷尉當，議曰：當非是。律曰：不孝棄市。有生父而弗食三日，吏且何以論子？一八九廷尉㲄等曰：當棄市。有（又）曰：有死父，不祠其家三日，子當何論？廷尉㲄等曰：不當論。有子不聽生一九〇父教，誰與不聽死父教罪重〔注一一〕？㲄等曰：不聽死父教毋罪。有（又）曰：夫生而自嫁，罪誰與夫死而自一九一嫁罪重？廷尉㲄等曰：夫生而自嫁，及取（娶）者，皆黥為城旦舂。夫死而妻自嫁、取（娶）者毋罪。有（又）曰：欺一九二生夫，誰與欺死夫罪重？㲄等曰：欺死夫毋論。有（又）曰：夫為吏居官，妻居家，日與它男子奸，吏捕之一九三弗得，□之，何論？㲄等曰：不當論。曰：廷尉、史議皆以欺死父罪輕於侵欺生父，侵生夫罪一九四輕於侵欺死夫，□□□□□□□與男子奸棺喪旁，捕者弗案校上，獨完為舂，不亦重一九五虖（乎）？㲄等曰：誠失之。一九六。

【注　釋】

〔一〕　故律，以前已有的法律，其律文可與《二年律令・置後律》相對照。

〔二〕若，或。

〔三〕䪥，《說文》訓為絆足。鐵䪥其足即戴鐵鐐。

〔四〕巴縣，當指巴郡之縣。鹽，鹽官。《漢書·地理志》巴郡朐忍有鹽官。

〔五〕校，《說文》：「木囚也」，即械具。《睡虎地秦墓竹簡·封診式》的《奸》條云「捕校上來詣之」，與簡文合。

〔六〕杜，漢屬京兆尹，今陝西西安東南。瀘，當即「瀘」字。杜瀘，杜縣瀘里。

〔七〕內，卧室。

〔八〕正，廷尉正。監，廷尉監，均係廷尉屬官。由「正」字不諱看，本案當在漢初。

〔九〕異，殊。

〔一〇〕資，《小爾雅·廣言》：「取也」。

〔一一〕誰與，孰與。

·六月癸卯〔注一〕，典贏告曰〔注二〕：不智（知）何人刺女子婢㝡里中，奪錢，不智（知）之所，即令獄史順、去疢、一九七忠、大□固追求賊。婢曰：但（撣）錢千二百〔注三〕，操簦〔注四〕，道市歸。到巷中，或道後類塹（暫）軵〔注五〕，婢僨〔注六〕，有頃乃起，一九八錢已亡，不智（知）何人、之所〔注七〕。其軵婢疾，類男子。謼（呼）盜，女子齔出，謂婢北（背）有笄刀〔注八〕，乃自智（知）傷。訊婢：人從一九九後，何故弗顧？曰：操簦，簦鳴匈匈然〔注九〕，不聞聲，弗顧。訊婢：起市中，誰逢見？曰：雖有逢見，二〇〇弗能□。訊婢黨有與爭鬬〔注一〇〕、相惌（怨），□□取葆（保）庸，里人、智（知）識、弟兄貧窮〔注一一〕，疑盜傷婢者，曰：毋二〇一有。視刀，鐵環〔注一二〕，長九寸。婢僨所有尺半荊券一枚，其齒類賈人券。婢曰：毋此券。訊問二〇二女子嚕，曰：病卧內中，不見出入者。順等求弗得，令獄史舉闞代。舉闞以婢僨二〇三所券謙（廉）視賈市者〔注一三〕，類繒中券也，令令販繒者𡑞視，曰券齒百一十尺，尺百八十錢，錢千九百八十，二〇四類繒中券。訊𡑞等，曰：毋此券。讂求其左〔注一四〕，弗得。舉闞求，毋徵（證）物以得之，即收訊人豎二〇五子〔注一五〕，及賈市者舍人〔注一六〕、人臣僕、僕隸臣、貴大人臣不敬悳（德）〔注一七〕、它縣人來乘庸（傭）〔注一八〕，疑為盜賊者，偏（遍）視二〇六其為謂〔注一九〕，即薄（簿）出入所、以為衣食者〔注二〇〕，謙（廉）問其居處之狀，弗得。舉闞有（又）將司寇裘（裘）等。二〇七☒收置□□□□而從之□不□□□□☒二〇八☒視行□不□〔注二一〕，歓（飲）食靡大〔注二二〕，疑為盜賊者，弗得。舉二〇九闞求偏（偏）悉，弗得。□□□□偏（？）□□用（？）隸妾每等晨昧里〔注二三〕，訮（研）詗謙（廉）問不日作市販〔注一五〕，貧二一〇急窮困，出入不節，疑為盜賊者公卒瘛等，偏（偏）令人微隨視為謂、出入、居處狀〔注二五〕，數二一一日，乃收訊其士五（伍）武，曰：將陽亡而不盜傷人〔注二六〕。其一人公士孔，起室之市，落莫（暮）行正旗下〔注二七〕，有頃二一二即歸，明有（又）然。衣故有帶，黑帶，帶有佩

（佩）處而毋佩（佩）也。瞻視應對㝡（最）奇〔注二八〕，不與它人等。二一三孔曰：為走士〔注二九〕，未嘗佩（佩）鞞刀、盜傷人〔注三〇〕，毋坐也。舉關疑孔盜傷婢，即讂問黔首：有二一四受孔衣器、錢財，弗詣吏，有罪。走馬僕詣白革鞞係（係）絹〔注三一〕，曰：公士孔以此鞞予僕，不智（知）安二一五取。孔曰：未嘗予僕鞞，不智（知）去故。舉關以婢北（背）刀入僕所詣鞞中，祇〔注三二〕。診視鞞刀，刀環噲旁戔（殘）〔注三三〕，戔（殘）傅二一六鞞者處獨青有錢（殘），類刀故鞞也。詰訊僕、孔，改曰：得鞞予僕，前忘，即曰弗予。孔二一七妻女曰：孔雅佩（佩）刀，今弗佩（佩），不智（知）存所。詰訊女、孔，孔曰：買鞞刀不智（知）何人所，佩（佩）之市，二一八人盜紺（拑）刀〔注三四〕，即以鞞予僕。前曰得鞞及未嘗佩（佩），謾〔注三五〕。詰孔：何故以空鞞予僕，謾曰二一九弗予？雅佩鞞刀，有（又）曰未嘗？孔毋解。即就訊磔，恐猲欲笞〔注三六〕，改曰：貧急毋作二二〇業，恒游旗下，數見賈人券，言雅欲剽（剽）盜〔注三七〕，詳（佯）為券，操，視可盜，盜置券其旁，二二一令吏求賈市者，毋言。孔見一女子操簦但（撣）錢，其時吏悉令黔首之田救螽（螽）〔注三八〕，邑中少人，二二二孔自以為利，足刺殺女子奪錢，即從到巷中，左右瞻毋人，以刀刺奪錢去走。二二三前匿弗言，罪。問如辤（辭）。臧（贓）千二百錢，已亥（核）〔注三九〕，孔完為城旦。孔端為券〔注四〇〕，賊刺人，盜奪錢，二二四置券其旁，令吏勿智（知），未嘗有。黔首畏害之，出入不敢，若思（斯）甚大害也。順等求弗得，二二五乃令舉關代，毋徵物〔注四一〕，舉關以智訮（研）詗求得，其所以得者甚微巧，卑（俾）令盜賊不敢發。二二六六年八月丙子朔壬辰，咸陽丞穀、禮敢言之。令曰：獄史能得微難獄，上。今獄史舉關得微二二七難獄，為奏廿二牒〔注四二〕，舉關毋害〔注四三〕謙（廉）絜（潔）敦慤，守吏也，平端，謁以補卒史，勸它吏，敢言之。二二八

【注釋】

〔一〕六月癸卯，由篇尾「六年八月丙子朔」可知，屬秦王政六年（公元前二四一年）。

〔二〕典，里典。當時諱「正」字，改里正為里典。

〔三〕撣，《說文》：「提持也」。

〔四〕《史記·平原君虞卿列傳》集解：「笠有柄者謂之簦」，即傘。

〔五〕或，有人。暫，《廣雅·釋詁》：「猝也」。軵，《淮南子·覽冥》注：「推也」。

〔六〕僨，《漢書·韓王信傳》注：「謂僵仆而倒也」。

〔七〕之所，所去的地方。

〔八〕笄，簪。此處意為插入。

〔九〕匈匈，《漢書·高帝紀》注：「喧擾之意」。

〔一〇〕黨，里黨。

〔一一〕知識，相識的人。

〔一二〕指青銅短刀首部的環。

〔一三〕　廉，《漢書·何武傳》注：「察也」。

〔一四〕　譾，《廣雅·釋詁》：「求也」。左，左券。券分左右，雙方各執一券。

〔一五〕　豎子，未成年人。《國語·楚語》注：「豎，未冠者也」。

〔一六〕　舍人，《漢書·曹參傳》注：「猶家人也」。

〔一七〕　不敬德，即不敬，《晉書·刑法志》：「虧禮節謂之不敬」。

〔一八〕　乘傭，為人傭役。《韓非子·難一》：「為人臣者，乘事而有功則賞」。

〔一九〕　為謂，言行。

〔二〇〕　簿，登記。

〔二一〕　將，率領，「從之」下一字右從「隹」，「視行」下一字右從「乍」，下三字右從「力」。

〔二二〕　靡大，奢侈過度。

〔二三〕　昧，《說文》：「昧爽，旦明也」。里，疑讀為理。

〔二四〕　研，思慮。詷，《廣雅·釋詁》：「求也」。

〔二五〕　微，隱。

〔二六〕　將陽亡，游蕩逃亡，見《睡虎地秦墓竹簡·封診式》之《亡自出》條。

〔二七〕　旗，指市内旗亭。

〔二八〕　瞻，《說文》：「臨視也」。

〔二九〕　走士，西安相家巷出土秦封泥有「走士」、「走士丞印」（《秦封泥集》一·五·九、一·五·十）；又西漢封泥有「齊走士丞」（《古封泥集成》275、276）。

〔三〇〕　鞞，鞘。鞞刀，有鞘之刀。

〔三一〕　係，《說文》：「絜束也」。意即縛束。

〔三二〕　祗，《左傳·僖公十五年》注：「適也」。

〔三三〕　噲，疑讀為「缺」，指刀環内凹之處。

〔三四〕　拑，《說文》：「脅持也」。

〔三五〕　謾，欺騙。

〔三六〕　恐猲，《漢書·王子侯表》注：「以威力脅人也」。

〔三七〕　剽，《漢書·文三王傳》注：「刼也」。

〔三八〕　蝨，《說文》：「蝗也」。

〔三九〕　核，《漢書·刑法志》注：「究其實也」。

〔四〇〕　端，故意，睡虎地秦簡習見。

〔四一〕　徵，《尚書·胤征》傳：「證也」。

〔四二〕　指原上奏所用簡的支數。

〔四三〕毋害，即秦漢文獻常見的無害，《漢書·趙禹傳》注：「言無人能勝也」。

奏𤅊（讞）書〔注一〕二二八背

【注釋】

〔一〕奏讞書，全書篇題，寫於末簡背面。

脈書釋文注釋

【説　明】

《脈書》共有竹簡六十六枚，簡長三十四點二至三十四點六釐米。書題寫於簡背。全書内容分作兩部分：（一）各種疾病名稱共六十餘種，依從頭至足次第排序；（二）人體中經脈走向及所主病症等。後一部分内容大體與馬王堆漢墓帛書《陰陽十一脈灸經》、《脈法》、《陰陽脈死候》相同，可相補足。

脈書〔注一〕一背

【注　釋】

〔一〕　脈書，書名，題於簡背。

·病在頭，農（膿）為𩓾〔注一〕，疕為禿〔注二〕，養（癢）為鬠。在目，泣出為浸（浸）〔注三〕，脈蔽童（瞳）子為脈浸（浸）〔注四〕。在目際，靡（糜）〔注五〕，為赧。在鼻，為肍（鼽）〔注六〕；其疕二痛，為蛸食〔注七〕。在耳，為聾；其農（膿）出，為澆。在脣（唇），為□〔注八〕。在口中，靡（糜），為篡。在齒，痛，為虫〈蟲〉禹（齲）；其癰，為血禹（齲）。在齕〔注九〕，癰，為䯒。三在睺（喉）中，痛，睺（喉）踝〈踝〉殹〔注一〇〕。在面，疕為包（皰）〔注一一〕。在頤下，為瘻〔注一二〕。在頸，為瘻〔注一三〕。在肩，為□。在夜（腋）下，為馬〔注一四〕。在北（背），癰，為王身。在掌中，為蠚。在四身，顡顡然〔注一五〕，□之不智（知）人，為踝〈踝〉〔注一六〕。在身，疕如疏〔注一七〕，養（癢），為加（痂）〔注一八〕。在身，炙痛以行身〔注一九〕，為火疢〔注二〇〕。火疢，赤氣殹。在戒〔注二一〕，不能弱（溺），為閉〔注二二〕；其五塞人鼻耳目，為馬蛕。在胃管（脘），癰，為鬲（隔）中〔注二三〕。在肺，為上氣欬（咳）〔注二四〕。在心胠下〔注二五〕，堅痛，為□□烝□。在腸中，小者六如馬戻（矢），大者如桮（杯），而堅痛，榣（搖），為牡叚（瘕）〔注二六〕。在腸中，痛，為血叚（瘕）殹。肘（疛），其從脊胷（胸）起，使腹張（脹），得氣而少可，氣叚（瘕）殹〔注二七〕。其腹七胗胗如膚張（脹）狀〔注二八〕，鳴如鼃（蛙）音，膏叚（瘕）殹。其衷（中）約隋（墮），上下不通，梜（矢）叚（瘕）殹〔注二九〕。在腸中，痛，左右不化〔注三〇〕，泄，為唐（溏）叚（瘕）〔注三一〕。在腸，八左右不化，為塞〈寒〉中〔注三二〕。在腸，有農（膿）血，篡、脾（髀）、尻、少腹痛〔注三三〕，為腸辟（澼）〔注三四〕。食即出，為泄。左右血先出，為脈〔注三五〕。腸熱而渴，為塞中。九□□□□非時而血出〔注三六〕，滴（滴），為㢑；其清，為浚。弱（溺）出白，如沐〔注三七〕，為白叚（瘕）。前出如拳〔注三八〕，為暴。乳癰〔注三九〕，為醉〔注四〇〕。字而腸痛〔注四一〕，一〇弱（溺）而痛，為血□□□□□□□□□不能□右（？），為□。槖癰〔注四二〕，為血𧮂〔注四三〕；其癰上下鳴，為腸𧮂〔注四四〕。在篡〔注四五〕，癰一一如棗，為牡㾖（痔）〔注四六〕；其癰有空，汁出，為牝㾖（痔）。在胻，疕，赤淫〔注四七〕，為瞭〔注四八〕；其疕就就然〔注四九〕，為潞〔注五〇〕。在踝下，癰，為㾓（瘦）；在足下，為殿（㲺）。一二內瘴，身痛，艮（眼）蚤（爪）黃，弱（溺）赤，為黃瘴（疸）〔注五一〕。身、面、足、胻盡盈，為𤸇（膚）張〔注五二〕。腹盈，身、面、足、胻盡肖（消），為水〔注五三〕。身痛，面盈，為一三風〔注五四〕。頭、身痛，汗不出而一四渴，為温。身寒熱，渴，四節痛〔注五五〕，為瘧。身病養（癢），農（膿）出，為騷（瘙）〔注五六〕。四節疕如牛目，麋（眉）突（脱），為厲（癘）〔注五七〕。身時債〔注五八〕，沫出，羊鳴，一五□□□□見（？），不能息，為瘛〔注五九〕；反折，為間（癇）〔注六〇〕。一六

【注　釋】

〔一〕　𩌮，字從「𠦝」聲，不見字書。

〔二〕　疕，《說文》：「頭瘍也」。《周禮・醫師》注：「疕，頭瘍，亦謂秃也」。

〔三〕　泣，《廣雅・釋言》：「淚也」。《釋名・釋疾病》：「目生膚入眸子曰浸。浸，浸也，言侵明也，亦言浸淫轉大也」。與此略異。

〔四〕　《釋名・釋形體》：「脈，幕也。」脈浸，言瞳孔被擋住。

〔五〕　糜，糜爛。

〔六〕　鼽，《說文》：「病寒鼻塞也」。

〔七〕　蟘食，有蟲蛀蝕。《馬王堆漢墓帛書・五十二病方》有「貣（蟘）食口鼻」、「貣（蟘）食齒」之疾。

〔八〕　缺字左從「月（肉）」。

〔九〕　齕，《說文》：「齧也」。此疑指牙齦。或說字為「齗」字之訛，齗，《說文》：「齒本也」。

〔一〇〕　《素問・陰陽別論》：「一陰一陽結，謂之喉痹」。又《咳論》：「心咳之狀，咳則心痛，喉中介介如梗狀，甚則咽腫喉痹」。殹，通「也」字。

〔一一〕　皰，《一切經音義》引《說文》：「面生熱氣也」。

〔一二〕　瘿，《說文》：「頸瘤也」，段玉裁注：「頸瘤如囊者也」。

〔一三〕　瘻，《說文》：「頸腫也」。

〔一四〕　馬，馬刀挾瘿，《靈樞・癰疽》：腋下生癰赤「堅而不潰者，為馬刀挾瘿」。

〔一五〕　《說文》：「顡，癡不聰明也」。此疑指喪失感覺。

〔一六〕　踝，讀作「痹」。

〔一七〕　疏，疑讀為「糈」，《莊子・天道》司馬注：「粒也」。即米粒。

〔一八〕　痂，《說文》：「疥也」。

〔一九〕　以，而。

〔二〇〕　疢，《說文》：「熱病也」。

〔二一〕　戒，陰部。《馬王堆漢墓帛書・養生方》：「令女子自罙（探）入其戒」。

〔二二〕　閉，小便不通。《靈樞・本輸》：「實則閉癃，虛則遺溺。」

〔二三〕《素問·風論》：「食飲不下，隔塞不通」。

〔二四〕《素問·玉機真臟論》：「病入舍於肺，名曰肺痹，發咳上氣」。

〔二五〕胠，《說文》：「腋下也」。《素問·欬論》注：「亦脅也」。

〔二六〕瘕，腹内積塊。《諸病源候論》：「瘕病者，由寒温不適、飲食不消與藏氣相搏，積在腹內，結塊瘕癖，隨氣移動是也。言其虚假不牢，故謂之為瘕也」。

〔二七〕疛，《說文》：「小腹病」。得氣，指屁。《靈樞·經脈》：「得後與氣則快然如衰。」

〔二八〕脹，《一切經音義》引《三蒼》：「腫也」。脹脹即腫脹狀。膚脹詳見《靈樞·水脹》。

〔二九〕約，《說文》：「纏束也」。墮，《方言》：「壞也」。

〔三〇〕左右，指大便。

〔三一〕泄，水瀉。溏，大便稀薄。《靈樞·百病始生》：「多寒則腸鳴飧泄，食不化，多熱則溏出糜」。

〔三二〕《靈樞·禁服》：「盛則脹滿，寒中，食不化」。《諸病源候論》：「故痢色白，色不消，謂之寒中」。

〔三三〕篡，會陰部。

〔三四〕腸澼，痢疾。《醫宗金鑑》：「腸澼，滯下，古痢名。」

〔三五〕《馬王堆漢墓帛書·五十二病方》有「脈者」，注釋云：「脈，當即脈痔」。

〔三六〕指月經不正常。此下一段均婦女疾病。

〔三七〕沐，《史記·外戚傳》索隱：「米潘也」。即米湯。

〔三八〕前，前陰，見馬王堆漢墓帛書的《雜療方》。

〔三九〕乳癰，又名妬，《釋名·釋疾病》：「乳癰曰妬。妬，褚也，氣積褚不通，至腫潰也」。

〔四〇〕醉，《說文》：「一曰潰也」。

〔四一〕字，生産。

〔四二〕橐，陰囊。

〔四三〕穨，亦作「隤」，《釋名·釋疾病》：「陰腫曰隤，氣下隤也；又曰疝，亦言詵也」。

〔四四〕腸穨，亦見《馬王堆漢墓帛書·五十二病方》。

〔四五〕篡，此指肛門。

〔四六〕牡痔及下牝痔，亦見《馬王堆漢墓帛書·五十二病方》。

〔四七〕淫，浸淫。

〔四八〕膫，即《馬王堆漢墓帛書·五十二病方》的「胻膫」。

〔四九〕就，《說文》：「高也」。此當指突起狀。

〔五〇〕潞，即《馬王堆漢墓帛書·五十二病方》「露疕」。

〔五一〕《素問·平人氣象論》：「溺赤黄安卧者，黄疸」。

〔五二〕《靈樞·水脹》：「膚張者，寒氣客於皮膚之間，鼕鼕然不堅，腹大，身盡腫」。

〔五三〕水，水腫，《諸病源候論》：「夫水腫病者，……乃腹大而腫，故四肢小」。
〔五四〕《素問·平人氣象論》：「面腫曰風」。
〔五五〕四節，四肢。
〔五六〕瘙，《一切經音義》引《蒼頡篇》：「疥也」。
〔五七〕癘，麻風，參閲《睡虎地秦墓竹簡·封診式》之《癘》條。
〔五八〕僨，跌倒。
〔五九〕《素問·玉機真藏論》：「病筋脈相引而急，病名曰瘛」。
〔六〇〕癇，癲癇。

鉅陽之脈〔注一〕，毄（繫）於蹱（踵）外踝中〔注二〕，出䐁衷〔注三〕，上穿臑（臀）〔注四〕，出擪（厭）中，夾（挾）脊，出於項，上頭角〔注五〕，下顔（顏），夾覞（頞）〔注六〕，毄（繫）目内廉。是勭（動）則病：衝（衝）一七頭〔注七〕，目以（似）脱，項以（似）伐〔注八〕，胸痛〔注九〕，要（腰）以（似）折，脾（髀）不可運，胠如結〔注一〇〕，腨如裂，此為蹱（踵）蹶（厥）〔注一一〕，是一八鉅陽之脈主治。其所之病〔注一二〕：頭痛，耳聾，項痛，灊强〔注一三〕，瘧，北（背）痛，要（腰）痛，尻痛，庤（痔），胠痛，腨痛，足小指踝〈𨁈〉〔注一四〕，為十二病。一九

【注釋】

〔一〕以下簡文與《馬王堆漢墓帛書》（肆）的《陰陽十一脈灸經》甲、乙本，《脈法》、《陰陽脈死候》相同或類似，可參看該書注釋。這裏衹記出異文。鉅陽之脈，《陰陽十一脈灸經》甲本（下稱《甲本》）作「鉅陽脈」，下多同例。
〔二〕繫於踵外踝中，《甲本》作「潼外踝婁中」。
〔三〕出䐁衷，《甲本》和《乙本》作「出郄中」。帛書《足臂十一脈灸經》（下稱《足臂》）作「出於䐁」。
〔四〕臀，《甲本》、《乙本》作「𧿹」。
〔五〕《甲本》、《乙本》缺損「上」字。
〔六〕頞，《説文》：「鼻莖也」。《甲本》、《乙本》作「䯜」。
〔七〕衝，讀作「腫」。《甲本》、《乙本》作「潼（腫），頭痛」。
〔八〕目似脱，項似伐，《甲本》、《乙本》缺損。伐，讀作「拔」。《靈樞·經脈》：「目似脱，項似拔」。
〔九〕胸，《甲本》作「脊」。
〔一〇〕胠，《甲子》、《乙本》作「膕」。
〔一一〕踵，《甲本》作「踝」。
〔一二〕其所之病，《甲本》、《乙本》作「其所産病」。

〔一三〕 灊强，《甲本》、《乙本》作「耳彊」。「灊」疑讀為「枕」，枕骨部位。

〔一四〕 《甲本》、《乙本》均作「痹」。

・少陽之脈，毄（繫）於外踝之前廉，上出魚股之外，出脅上〔注一〕，出耳前〔注二〕。是勭（動）則病：心與脅痛，不可以反瘦（稷）〔注三〕，甚則無膏，足外反，此為陽二〇蹷，是少陽脈主治。其所産病：□□痛，□痛（?），項痛〔注四〕，脅痛，瘧，汗出，節盡痛，脾（髀）廉痛〔注五〕，魚股痛，厀（膝）外廉痛，晨（振）塞〈寒〉〔注六〕，二一足中指踝〈踝〉，為十二病，及温〔注七〕。二二

【注　釋】

〔一〕 出脅上，《甲本》、《乙本》均缺「脅」字。

〔二〕 出耳前，《甲本》、《乙本》作「出目前」。

〔三〕 瘦，應從「叟」聲，《甲本》作「稷」，《乙本》作「則」，均讀作「側」。

〔四〕 項痛，《乙本》作「□□□頭頸痛」。

〔五〕 髀廉痛，《甲本》、《乙本》補作「髀外廉痛」。

〔六〕 晨寒，《甲本》、《乙本》作「振寒」。

〔七〕 及温，《甲本》、《乙本》無。温，温病。

・陽明之脈，毄（繫）於骭骨之外廉，循骭而上，穿臏（髕），出魚股之廉，上穿乳〔注一〕，穿頰，出目外廉，環顔（顏）。是勭（動）則病：洒洒病二三塞〈寒〉，喜信（伸）〔注二〕，數吹（欠），顔（顏）墨〔注三〕，病穜（腫），至則惡人與火〔注四〕，聞木音則狄（惕）然驚，心惕然欲獨閉户牖而處，病甚則欲乘高二四而歌，棄衣而走，此為骭蹶（厥），是陽明脈主治。其所産病：顔（顏）痛，鼻肍（鼽），領〈頷〉疢〔注五〕，乳痛，脊痛〔注六〕，心與胠痛，腹外二五穜（腫），腸痛，厀（膝）外（?）〔注七〕，柎（跗）上踝〈踝〉〔注八〕，為十二病〔注九〕。二六

【注　釋】

〔一〕 出魚股之廉，上穿乳，《甲本》、《乙本》無「之廉上」三字。

〔二〕 伸，《甲本》作「龍」。

〔三〕 墨，《甲本》、《乙本》作「黑」。

〔四〕 至，《甲本》、《乙本》作「病至」。

〔五〕 頷疢，《乙本》作「領頸甬」。

〔六〕 胻痛，《甲本》、《乙本》及《足臂》均無。胻，《廣雅·釋親》：「腨也」。

〔七〕 𨜒外（?），下一字疑為兆（跳），《甲本》作「膝跳」，《乙本》作「膝足箭洴」。

〔八〕 跗上踝，《甲本》作「付□□」，《乙本》無。

〔九〕 為十二病，「二」字疑衍，簡文所列僅十病。

·肩脈，起於耳後，下肩，出肘內廉〔注一〕，出臂外館（腕）上〔注二〕，乘手北（背）〔注三〕。是動（動）則病：領〈頷〉穜（腫）痛〔注四〕，不可以顧，肩以（似）脫，臑以（似）折，是肩脈主二七治。其所產病：領〈頷〉痛，睺（喉）踝〈痹〉，肩痛〔注五〕，肘外痛〔注六〕，為四病。二八

【注釋】

〔一〕 出肘內廉，《甲本》、《乙本》作「出臑外廉」。

〔二〕 出臂外館上，《甲本》作「出□□□」，《乙本》作「出臂外」。

〔三〕 乘手北，《乙本》作「出指上廉」。

〔四〕 領腫痛，《甲本》作「頷穜」，《乙本》作「領甬」。兩本此前又有「嗌痛」，簡本無。

〔五〕 肩痛，《乙本》作「臂痛」。

〔六〕 肘外痛，《乙本》作「肘痛」。

·耳脈，起手北（背），出臂外廉兩骨之間〔注一〕，上骨下廉，出肘中，入耳中。是動（動）則病：耳煇煇焞焞〔注二〕，益（嗌）穜（腫），是耳脈主治。其所二九產病：目外際痛〔注三〕，頰痛，耳聾，為三病。三〇

【注釋】

〔一〕 出臂外廉兩骨之間，《甲本》作「出臂外兩骨之間」。

〔二〕 耳煇煇焞焞，《甲本》作「耳聾煇煇朜朜」，《乙本》作「耳聾煇煇諄諄」。

〔三〕 目外際痛，《甲本》作「目外漬痛」。

【·】齒脈，起於次指與大指上，出臂上廉，入肘中，乘臑，穿頰，入齒中，夾（挾）鼻。是動（動）則病：齒痛，朏（䪼）穜（腫），是齒脈主治。其三一所產病：齒痛，朏（䪼）穜（腫），目黃，口乾，臑痛，為五病，及口〼〔注一〕三二

【注釋】

〔一〕「及口」以下不見於帛書兩本。

·泰陰之脈，是胃脈殹，被胃，下出魚股之陰下廉〔注一〕，腨上廉，出內踝之上廉。是勭（動）則病：上走心〔注二〕，使腹張（脹），三三□□□□□□□□□□怢然衰〔注三〕，是泰陰之脈主治。其所產病：獨心煩死〔注四〕；心痛與三四腹張（脹）死；不能食，者〈耆〉臥〔注五〕，强吹（欠），此三者同則死；唐（溏）泄死；水與閉同則死，為十病。三五

【注　釋】

〔一〕下出魚股之陰下廉，《甲本》、《乙本》作「出魚股陰下廉」。

〔二〕上走心，《乙本》作「上當走心」。

〔三〕此句《甲本》作「善噫，食欲歐，得後與氣則怢然衰」。怢然，《乙本》作「逢然」。

〔四〕獨心煩死，《甲本》、《乙本》作「□□心煩死」。

〔五〕者，讀為「嗜」。臥，《甲本》作「不能臥」，《乙本》作「不臥」。

·瘚（厥）陰之脈，毄（繫）與足大指叢毛之上，乘足柎（跗）上廉，去內□□□□□□□□□□□□□□〔注一〕三六觸少腹〔注二〕，夾紼旁〔注三〕。是勭（動）則病：丈夫則穨（㿗）山（疝），婦人則少腹穜（腫），要（腰）痛，不可以卬（仰），則嗌乾〔注四〕，面驪〔注五〕，是蹶（厥）陰之脈主三七治。其所產病：熱中，痒（癃），穨（㿗），扁（偏）山（疝），為五病〔注六〕。五病有而心煩死，勿治殹；有陽【脈】與之俱病，可治也。三八

【注　釋】

〔一〕此處所缺十九字，《乙本》作「腂一寸，上腂五寸而出大陰之後，上出魚股內廉」。

〔二〕觸，《說文》：「抵也」。《靈樞·經脈》：肝足厥陰之脈「抵小腹」。

〔三〕夾紼旁，《甲本》作「大漬旁」，《乙本》作「大資旁」。

〔四〕則嗌乾，《甲本》、《乙本》作「甚則嗌乾」。

〔五〕驪，《小爾雅·廣詁》：「黑也」。面驪，《甲本》、《乙本》作「面疵」。

〔六〕為五病，《甲本》缺，《乙本》缺「為五」二字。簡文所列僅四病。

·少陰之脈，毄（繫）於內踝之外廉，穿腨，出胎（郄）中央，上穿責（脊）之內廉〔注一〕，毄（繫）於腎，夾（挾）舌本〔注二〕。是勭（動）即病〔注三〕：悒悒如亂〔注四〕，坐三九而起，則目䀮如無見〔注五〕，心如縣（懸）〔注六〕，病饑，氣不足，善怒，心狄（惕）狄

（惕）恐人將捕之〔注七〕，不欲食，面黯若灺色〔注八〕，欬（咳）則四〇有血，此為骨蹶（厥），是少陰之脈主治。其所產病：口熱〔注九〕，舌柝（坼），嗌乾，上氣，饐（噎），嗌中痛，癉，者〈耆〉臥，欬（咳），音（瘖），為十四一病。四二·少陰之脈，久（灸）則強食產肉，緩帶，被髮，大丈（杖），重履而步，久（灸）幾息則病已矣〔注一〇〕。四三

【注　釋】

〔一〕　内廉，《甲本》缺「内」字。

〔二〕　夾舌本，《甲本》作「夾舌」。

〔三〕　是勭即病，《甲本》、《乙本》補作「是動則病」。

〔四〕　悒悒如亂，《甲本》作「恂恂如喘」。

〔五〕　目睆如無見，《甲本》作「目瞙如毋見」，《乙本》作「目芒然無見」。睆，《玉篇》：「目不明」。

〔六〕　心如縣，《乙本》作「心如絶」。

〔七〕　心狄狄，《甲本》作「心腸」，《乙本》作「心易」。

〔八〕　面黯如灺色，《甲本》作「面黭若灺色」，《乙本》作「面黭如灺色」。

〔九〕　口熱，《甲本》、《乙本》均缺。

〔一〇〕　幾息，《乙本》作「希息」。

·臂鉅陰之脈，在於手掌中，出臂内陰兩骨之間〔注一〕，上骨□□□□□□□□〔注二〕【陰，入心中】。是勭（動）則病：心彭彭如痛〔注三〕，缺四四□□□□□□□□□□□□□□□□〔注四〕【陰之脈主】治。其所產病：胸痛，脊痛〔注五〕，心痛，四末痛，叚（瘕），為五病。四五

【注　釋】

〔一〕　出臂内陰，《甲本》、《乙本》作「出内陰」。

〔二〕　缺字《甲本》、《乙本》作「下廉，筋之上，出臂内」。

〔三〕　彭彭，《甲本》、《乙本》作「滂滂」。

〔四〕　缺字《乙本》作「汾（盆）甬（痛），甚則交兩手而單（戰），此為臂厥，是臂鉅」。

〔五〕　脊，《甲本》、《乙本》均作「瘛」。

【·臂少陰之脈】〔注一〕，起於臂兩骨之間，下骨上廉〔注二〕，筋之下，出臑内陰，入心中〔注三〕。是勭（動）則病：心痛，嗌渴欲飲，此為臂蹶（厥），四六是臂少陰之脈主治。其所產病：脇痛，為一病。四七

【注釋】

〔一〕以上數字據帛書兩本補。

〔二〕下骨上廉，《乙本》誤作「下骨上痛」。

〔三〕入心中，《甲本》缺。

·凡陽脈十二、陰脈十、泰（大）凡廿二脈，七十七病〔注一〕。四八

【注釋】

〔一〕本簡係以上各簡所記經脈及所主疾病數目的總計。陽脈十二（兩側各一）：鉅陽之脈二、少陽之脈二、陽明之脈二、肩脈二、耳脈二、齒脈二。陰脈十（兩側各一）：泰陰之脈二、厥陰之脈二、少陰之脈二、臂鉅陰之脈二、臂少陰之脈二。七十七病：鉅陽之脈十二病，少陽之脈十二病，陽明之脈十病（簡文衍為十二病），肩脈四病，耳脈三病，齒脈五病，泰陰脈十病，厥陰脈五病（簡文缺一病），少陰脈十病，臂鉅陰脈五病，臂少陰脈一病，計七十七病。帛書兩本無此段。

【·凡三】陽，天氣殹，其病唯折骨、裂□一死〔注一〕。四九

【注釋】

〔一〕缺字《陰陽脈死候》作「膚」。

·凡三陰，地氣殹，死脈殹，腐臧（臟）闌（爛）腸而主殺〔注一〕。陰病而亂〔注二〕，則不過十日而死〔注三〕。五〇

【注釋】

〔一〕腐臧闌腸而主殺，《陰陽脈死候》作「三陰貸臧煉腸而主殺」，並置於「□病而亂」句後。

〔二〕陰病而亂，《陰陽脈死候》缺「陰」字。

〔三〕則不過十日而死，《陰陽脈死候》缺「不」字。

·凡視死徵〔注一〕，脣（唇）反人盈，則肉先死。齦齊齒長〔注二〕，則骨先死。面墨目圜視雕〈雅〉〔注三〕，則血先死〔注四〕。汗出如絲，榑（傅）而不流，則氣五一先死〔注五〕。舌捆橐拳（卷）〔注六〕，則筋先死。·凡徵五，一徵見（現），先〈無〉活人〔注七〕。夫留（流）水不腐〔注八〕，户貙（樞）不橐（蠹）〔注九〕，以其勭（動）。勭（動）則實四支（肢）而虛五五二臧（臟），五臧（臟）虛則玉體利矣。夫乘車食肉者，春秋必㵪〔注一〇〕，不㵪則脈闌（爛）而肉死。脈盈而洫之〔注一一〕，虛而實之，諍（靜）則侍（待）之。五三

【注釋】

〔一〕 凡視死徵，《陰陽脈死候》作「□□五死」。

〔二〕 齊，疑讀為「疾」，《說文通訓定聲》：「齊短言亦即疾」。

〔三〕 目圜視雅，《陰陽脈死候》作「目環視袤」。雅，讀為「邪」。

〔四〕 則血先死，《陰陽脈死候》作「則氣先死」。《靈樞・經脈》：「手少陰氣絶，則脈不通，……故其面如漆柴者，血先死」。與簡文合。

〔五〕 則氣先死，《陰陽脈死候》作「則血先死」。

〔六〕 掘，疑讀為「圜」，《廣雅・釋詁三》：「束也」。槖，《陰陽脈死候》作「橐」，亦即「槖」字。《素問・診要經終論》：「厥陰終者，中熱嗌乾，善溺心煩，甚則舌卷卵上縮而終矣」。

〔七〕 凡徵五，一徵現，無活人，《陰陽脈死候》作「五者扁（偏）有，則不沽〈活〉矣」。

〔八〕 以下一段文字不見於《陰陽脈死候》。

〔九〕 《吕氏春秋・盡數》：「流水不腐，户樞不螻」，《意林》引「螻」作「蠹」。

〔一〇〕 瀉，字不識，疑為「瀉」字之譌。

〔一一〕 衃，疑讀為「恤」，《說文》：「收也」。

・夫骨者柱殹，筋者束殹，血者濡殹〔注一〕，脈者瀆殹〔注二〕，肉者附殹，氣者朐（呴）殹，故骨痛如斲，筋痛如束，血痛如浞〔注三〕，脈痛五四如流，肉痛如浮，氣勭（動）則憂（擾）。夫六痛者皆存於身而人莫之智（知）治，故君子肥而失其度，是胃筋骨不勝其五五任。其氣乃多，其血乃淫，氣血腐闌（爛），百節皆沈〔注四〕，款廿末〔注五〕，反而走心。不此豫（預）治，且聞哭音〔注六〕。夫脈者，聖人之所貴殹〔注七〕。五六氣者，利下而害上，從煖而去清〔注八〕，故聖人寒頭而煖足。治病者取有徐（餘）而益不足，故氣上而不下，則視有過之脈，五七當環而久（灸）之。病甚而上於環二寸益為一久（灸）。氣壹上壹下，當肸（郄）與胕（跗）之脈而砭（砭）之。用砭（砭）啓脈者必如式〔注九〕。癰穜（腫）有農（膿），五八稱其小大而為之砭（砭）〔注一〇〕。砭（砭）有四害，一曰農（膿）深而砭（砭）淺，胃（謂）之不遝；二曰農（膿）淺而砭（砭）深，胃之泰（太）過；三曰農（膿）大而砭（砭）小，胃（謂）五九之澰（斂），澰（斂）者惡不畢；四曰農（膿）小而砭（砭）大，胃（謂）之泛，泛者傷良肉殹。六〇

【注釋】

〔一〕 濡，潤澤。

〔二〕 瀆，河渠。

〔三〕 浞，《廣雅・釋詁》：「漬也」。

〔四〕 沈，《國語・周語》注：「滯也」。

〔五〕 款，即「款」字，讀作「窾」，《說文》：「塞也」。二十末，四肢末端，手指十，足趾十。

〔六〕 自「夫骨者」以下一段不見於馬王堆帛書《脈法》。

〔七〕 自「夫脈者」以下見於《脈法》，可補《脈法》缺損。

〔八〕 清，《素問·至真要大論》注：「薄寒也」。

〔九〕 啓，開。

〔一〇〕 稱，《廣雅·釋詁一》：「度也」。

·農（膿）多而深者，上黑而大；農（膿）少而深者，上黑而小；農（膿）多而淺者，上白而大；農（膿）少而淺者，上白而小，此不可不察殹。六一有農（膿）者不可久（灸）殹。六二

·相脈之道，左□□□□□案（按）之，右手直踝而簞之〔注一〕。它脈盈，此獨虛，則主病。它脈滑〔注二〕，此獨㴋（澀）〔注三〕，則主病。它脈静，六三此獨勭（動），則主病。夫脈固有勭（動）者，骭之少陰〔注四〕，臂之鉅陰、少陰，是主勭（動），疾則病。此所以論有過之脈殹，其六四餘（餘）謹當視脈之過。六五

【注釋】

〔一〕 簞，疑為「簟」字之訛，讀作「彈」。《素問·三部九候論》：「以左手足上，上去踝五寸按之，庶右手足當踝而彈之」。與此相合。

〔二〕 《素問·脈要精微論》：「滑者，陰氣有餘也」。

〔三〕 《素問·脈要精微論》：「澀者，陽氣有餘也」。

〔四〕 骭，本係脛骨，此指足部，與下「臂之鉅陰」對應。

·治病之法，視先發者而治之。數脈俱發病，則擇其甚者而先治之〔注一〕。六六

【注釋】

〔一〕 以上與帛書《脈法》、《陰陽脈死候》對應部分請對照下附帛書釋文，在此不詳記歧異之處。

附：馬王堆漢墓帛書《脈法》、《陰陽脈死候》重釋

【說明】

帛書《脈法》、《陰陽脈死候》原件殘損，缺字較多，現據竹簡《脈書》相關部分重釋。文中的數字係帛書行號。

以眽（脈）法明教下。眽（脈）亦聽（聖）人之所貴殹。氣殹者，到下而【害】上，【從煖而去清】七二焉，聽（聖）人寒頭而煖足。治病者取有餘而益不足殹，【氣】上而不下，【則視有】七三過之眽（脈），當環而久（灸）之。病甚陽上於環二寸而益為一久（灸）。氣出𦙶（郄）與肘之眽（脈）而【砭（砭）之】。七四用砭（砭）啓眽（脈）者必如式。壅（癰）穜（腫）有膿（膿），則稱其小大而【為】之【砭（砭）。砭（砭）】有四【害】，膿（膿）深【而】七五砭（砭）輚（淺），謂之不逮，一害；膿（膿）輚（淺）而砭（砭）深，胃（謂）之過，二害；膿（膿）大【而砭（砭）小，胃（謂）之澰，澰者惡】七六【不畢】，三【害；膿】小而砭（砭）大，胃（謂）之砭（砭），砭（砭）者傷良肉殹，四害。膿（膿）【多而深者，上黑】而大；【膿（膿）少七七而深者，上黑而小；膿（膿）多而輚（淺）者，上白而大】；膿（膿）少【而】輚（淺）【者，上白而小，此不可不】察殹。有七八膿（膿）者不【可久】殹。相眽（脈）【之道】，左□□□走而案（按）之，右【手直踝而簞之。它眽】盈，此七九獨虛，則主病。它眽（脈）汩，此獨□，則主【病】。它眽（脈）【靜，此獨勭（動），則主病。夫眽（脈）固有勭（動）者，骭】八〇之少陰，臂之大陰、少陰，氏主【勭（動），疾】則【病】。此【所以論有過之眽（脈）殹，其餘謹視當眽之過。】八一眽（脈）之縣（玄），書而孰（熟）學之，季〈孝〉子忠謹，學□□□□見於為人☒八二言不可不察殹。八三

凡三陽，天氣殹，其病唯折骨列（裂）膚一死。凡三陰，地氣殹，死眽（脈）殹，【陰】病而亂，則【不】八四過十日而死。三陰府（腐）臧（臟）煉（爛）腸而主殺。□□五死：唇反人盈，則肉【先死。齦齊齒長，則】八五骨先死。面黑目環視衺（衰），則氣先死。汗出如絲，傅而不流，則血先死。舌捆橐卷，【則筋】八六先死。五者扁（偏）有，則不活矣。八七

算數書釋文注釋

【說　明】

《算數書》共存竹簡一百九十枚，簡長二十九點六至三十點二釐米。書題寫於前部一簡的背面。《算數書》是一部數學問題集。共有六十九個章題。大多數算題由題文、答案、術構成。算題包括分數的性質和四則運算、各種比例問題、盈不足問題、體積問題和面積問題。它們與《九章算術》前七章的主要內容十分接近，兩者有着密切的聯繫。《算數書》有的算題要早於西漢，是戰國晚期或更早時形成的，書中還保留了一些不見於《九章算術》的數學史資料，彌足珍貴。

■筭（算）數書〔注一〕六背

【注　釋】

〔注一〕　筭，與「算」字通，《說文》：「數也」。算數書，書題，記於第一題末簡即第六簡背面上部，其上有黑色方塊，為書題標誌。

相乘〔注一〕　寸而乘寸，寸也；乘尺，十分尺一也〔注二〕；乘十尺，一尺也；乘百尺，十尺也；乘千尺，百尺也。半分寸乘尺〔注三〕，廿分尺一也；　·楊〔注四〕　二三分寸乘尺〔注五〕，卅分尺一也；八分寸乘尺，八十分尺一也〔注六〕。二一半乘一，半也；乘半，四分一也。三分而乘一，三分一也；乘半，六分一也；乘三分，九分一也。四分而乘一也，　楊　三四分一也；乘半，卅〈八〉分尺一也〔注七〕。四分寸乘尺，卌分尺一也；五分寸乘尺，五十分尺一也；六分寸乘尺，六十分尺四一也；七分【寸】乘尺〔注八〕，七十八分【尺】一也〔注八〕。乘三分，十二分一也；乘四分，十六分一也。五分而乘一，五分一也；乘半，十分一也；五乘三分，十五分一也；乘四分，廿分一也；乘五分，廿五分一也。乘分之朮（術）曰：母乘母為法，子相乘為實〔注九〕。六

【注　釋】

〔一〕　相乘，章題，寫於竹簡上端編綫之上，《算數書》章題一律如此書寫。本題中除「寸而乘寸，寸也」為整數相乘外，餘皆為分數與整數、分數與分數相乘之例。

〔二〕　乘尺，十分尺一也，即以一寸作為十分之一尺，乘以一尺，得十分之一尺。一寸合十分之一尺，故簡文稱十分尺一。

〔三〕　半分寸為一分寸之一半，即二十分之一寸。三分寸即三十分之一寸，餘類推。

〔四〕　楊，抄寫或校對人之姓，亦見於它簡，均位於竹簡下端編綫之下。簡文「楊」字前有黑圓點，以示與上文區別；釋文「楊」字前後各空一字，以示與正文區別，圓點照録。以下同。

〔五〕　本簡開頭有用作斷句的勾識，本應歸上簡，但上簡末尾已無空地，抄寫時誤移至本簡開頭。

〔六〕　本簡僅上半部抄有文字。

〔七〕　卅，簡文殘損右部，從全字所占位置來看，應是「卅」，而不當是「廿」或「卌」。從上下文判斷，「卅分尺一也」應是「八分一也」。

〔八〕　「分」下脱「寸」，據文意補。《算數書》中部分算題脱漏「寸」、「分」、「尺」、「錢」等計算單位的現象較多，釋文隨文補出，以下不一一注明。

〔九〕 「八」字衍。七十八分一也，應是「七十分尺一也」。

〔一〇〕 乘分之術，分數相乘之法。法，除數，即分母。實，被除數，即分子。

簡文「相乘」共六枚簡，有三枚簡抄寫錯亂，現重排如下：

相乘　寸而乘寸，寸也；乘尺，十分尺一也；乘十尺，一尺也；乘百尺，十尺也；乘千尺，百尺也。半【分寸】乘尺，廿分尺一也；·楊一三分寸乘尺，卅分尺一也；二四分寸乘尺，四十分尺一也；五分寸乘尺，五十分尺一也；六分寸乘尺，六十分尺四一也；七分【寸】乘尺，七十八分【尺】一也；五八分寸乘尺，八十分尺一也。二一半乘一，半也；乘半，四分一也。三分而乘一，三分一也；乘半，六分一也；乘三分，九分一也。四分而乘一也，楊三四分一也；乘半，卅分尺一也；四乘三分，十二分一也；乘四分，十六分一也。五分而乘一，五分一也；乘半，十分一也；五乘三分，十五分一也；乘四分，廿分一也；乘五分，廿五分一也。乘分之术曰：母相乘為法，子相乘為實。六

分乘〔注一〕 分乘分术（術）皆曰：母相乘為法，子相乘為實。七

【注釋】

〔一〕 分乘，分數與分數相乘。本章僅有「術」。

乘〔注一〕 少半乘少半〔注二〕，九分一也；半步乘半步〔注三〕，四分一；半步乘少半步，六分一也；少半乘大半，九分二也；五分乘五分〔注四〕，廿八五分一；四分乘四分，十六分一；四乘五分，廿分一；五分乘六分，卅分一也；七分乘七分，卌九分一也；六分乘六分，卅六分一也；六九分乘七，卌二分一也；七分乘八分，五十六分一也。一〇一乘十，十也〔注五〕；十乘萬，十萬也；千乘萬，千萬。一乘十萬，十萬也；十乘十萬，百萬。半乘千，五百。一乘百一一萬，百萬；十乘百萬，千萬。半乘萬，五千；十乘千，萬也；百乘萬，百萬；半乘百，五十〔注六〕。一二

【注釋】

〔一〕 乘，章題。本章包含有分數與分數、整數與整數、分數與整數相乘實例。

〔二〕 少半，三分之一。下文的「大半」指三分之二。

〔三〕 本句及下文「半步乘少半步」各衍二「步」字。

〔四〕 五分乘五分，應理解為五分之一乘五分之一。以下各例類推。

〔五〕 自「一乘十，十也」以下是整數與整數，分數與整數相乘之實例，與上文的分數相乘之例有别，似為「乘」章之中的另一段。同時，第一〇簡衹抄寫了上半簡，下半簡空白，也表明至此為一段，並不與下文相接。

〔六〕 依文例，第一一簡「半乘千，五百」應位於第一二簡「半乘百，五十」之後；「半乘萬，五千」應位於「半乘萬，五千」之後。

贈（增）減分〔注一〕　增分者，增其子；減分者增其母。一三

【注　釋】

〔一〕　增減分，指分數值的擴大和縮小。本章無實例。

分當半者〔注一〕　諸分之當半者，倍其母〔注二〕；當少半者，三其母；當四分者，四其母；當五分者，五其母；當十百分者，輒十一四
百其母，如所欲分。一五

【注　釋】

〔一〕　章題，取自第一句，分兩行寫於竹簡頂端。本章內容並不限於「分當半者」，包括了分數值縮小的一般方法。

〔二〕　本句意為：各種分數如若將其值縮小一倍，需將其分母增大一倍。以下各句類推。

分半者〔注一〕　雖有百分以此進之。一六

【注　釋】

〔一〕　分半者，與前文「分當半者」同義。疑此簡與之相銜接。本簡內容不完整，與「分半者」也不相類。

約分　約分術曰：以子除母〔注一〕，母亦除子，子母數交等者〔注二〕，即約之矣〔注三〕。有（又）曰，約分术（術）曰：可半，半之〔注四〕；可令若干一，若干一。·其一术（術）曰：一七以分子除母，少（小）以母除子，子母等以為法，子母各如法而成一。一八不足除者可半，半母亦半子〔注五〕。一九·二千一十六分之百六十二，·約之百一十二分之九〔注六〕。二〇

【注　釋】

〔一〕　除，去。此指減去。

〔二〕　交，《國語·晉語》注：「俱也」。

〔三〕　這是求得分子和分母最大公約數的方法之一，即更相減損法。

〔四〕　本句意為分母、分子如可被二整除，就用二約簡該分數。

〔五〕　本簡文字意為：不適用更相減損法約分的分數，如可用二約分的話，就用二約簡。

〔六〕　本題為約分。

合分〔注一〕　合分術曰：母相類，子相從〔注二〕。母不相類，可倍，倍；可三，三；可四，四；可五，五；可六，六；七〈子〉亦輒

倍〔注三〕，倍。及三、四、五之如母〔注四〕，母相類二一者，子相從〔注五〕。其不相類者，母相乘為法，子互乘母并以為實，如法成一〔注六〕。今有五分【錢】二、六分【錢】三、二二十一分【錢】八〔注七〕、十二分【錢】七、三分【錢】二為幾何？曰：二錢六十分錢五十七，其術如右方。五人分七錢少半半錢〔注八〕，人得一錢卅二三分錢十七。術曰：下【有】三分〔注九〕，以一為六，即因而六人【數】以為法〔注一〇〕，亦六錢以為實〔注一一〕。有（又）曰：母乘母為法，子羡乘母二四為實〔注一二〕，實如法而一。其一曰：可十，十；可九，九；可八，八；可七，七；可六，六；可五，五；可四，四；可三，三；可倍，倍；母相類止。母相類，子相從〔注一三〕。二五

【注　釋】

〔一〕合分，把兩個或若干個分數合併成一個分數，即分數相加。

〔二〕類，同。《素問・解精微論》注：「類謂同類」。從，《戰國策・秦策》注：「合也」。「母相類，子相從」指分母相同，則分子相合（加）。

〔三〕七，是「子」之訛。

〔四〕本句意為：與分子一樣，分子擴大三倍、四倍、五倍。

〔五〕「母不相類……母相類者，子相從」是指一個分數的分母是另外一個或若干個分數的分母的倍數時的通分和相加之法。

〔六〕此為不屬前兩種情況的分數相加的法則。

〔七〕十一分八，據題意應為「十分八」，「一」是衍文。

〔八〕七錢少半半錢，即七錢、半錢和三分之一錢。

〔九〕據文意「下」後脱「有」字。

〔一〇〕據文意「人」下脱「數」字。

〔一一〕據文意「錢」下脱「數」字。「今有五分【錢】二……二錢六十分錢五十七」應歸入「徑分」章下，此為錯抄。

〔一二〕羡，邪。此指通分時分子乘另一個分數的分母，即作交叉相乘。

〔一三〕本句與本章第一句重複。

徑分　徑分以一人命其實〔注一〕，故曰：五人分三有（又）半少半〔注二〕，各受卅分之廿三。其术（術）曰：下有少半，以一為六，以半為一〈三〉，以少半為二，二六并之為廿三，即值（置）一數，因而六之以命其實〔注三〕。有（又）曰，术（術）曰：下有半，因而倍之；下有三分，因而三之；下有四分，因而四之〔注四〕。二七

【注　釋】

〔一〕徑分，其意如本章第一句所云，以求一個人所分得之數而為章題。實，指所分得之數。《九章算術・方田》「經分」之「經」，當讀作「徑」。

〔二〕三有（又）半少半，即三、二分之一和三分之一的和三又六分之五。

〔三〕本句後疑有缺文，依文意可補作「以人數為法，實如法而一」。命，命名。

〔四〕　以下似有缺文。

出金〔注一〕　有金三朱（銖）九分朱（銖）五，今欲出其七分朱（銖）六，問餘金幾何。曰：餘金二朱（銖）六十三分朱（銖）卌四。其術曰：母相乘二八也為法，子互乘母各自為實，以出除焉，餘即餘也〔注二〕。・以九分朱（銖）乘三朱（銖）與小五相除〈加〉。二九今有金七分朱（銖）之三，益之幾何而為九分【銖】七？曰：益之六十三分朱（銖）廿二。・術曰：母相乘為法，子互乘母各自為三〇實，以少除多〔注三〕，餘即益也。三一

【注　釋】

〔一〕　出，支出，《禮記・王制》「量入以為出」注：「出謂所當給為」。本題為分數減法。

〔二〕　其術曰……餘即餘也，其意為：首先通分，以原有金數減去出金數，其餘數即所餘之金數。

〔三〕　以少除多，應理解為：「從多中除去少」（詳錢寶琮主編：《中國數學史》第三五頁，科學出版社，一九六四年）。

共買材　三人共【買】材以賈〔注一〕，一人出五錢，一人出三【錢】，一人出二錢。・今有贏四錢，欲以錢數衰分之〔注二〕。出五者得二錢，出三者三二得一錢五分錢一，出二者得五分錢四。术（術）曰：并三人出錢數以為法，即以四錢各乘所出錢數，如法得一錢。三三

【注　釋】

〔一〕　據文意「共」下脱「買」字。

〔二〕　衰，《國語・齊語》注：「差也」。衰分，按一定的差率進行分配。

狐出關　狐、貍、犬出關，租百一十一錢〔注一〕。犬謂貍、貍謂狐：而皮倍我，出租當倍弍（哉）。問出各幾何。得曰：犬出十五錢七分【錢】六，三四貍出卌一錢【七】分【錢】五〔注二〕，狐出六十三錢【七】分【錢】三。术（術）曰：令各相倍也并之七為法，以租各乘之為實，實如法得一〔注三〕。三五

【注　釋】

〔一〕　租，出關時所納之稅。

〔二〕　據文意「錢」下脱「七」字。下句同。

〔三〕　本題中的差率是等比數列。

狐皮　狐皮卅五戋（裁）〔注一〕、貍皮廿五戋（裁）、犬皮十二戋（裁）偕出關，關并租廿五錢，問各出幾何。得曰：狐出十二【錢】七十二分【錢】十一，貍出八【錢七十二】分【錢】卌 三六 九〔注二〕，犬出四【錢七十二】分【錢】十二。术（術）：并賈為法〔注三〕，以租各乘賈為實。三七

【注　釋】

〔一〕　裁，指裁製的皮料，每件稱一裁。

〔二〕　據文意「分」上脱「錢七十二」。下句同。

〔三〕　賈，賣售。此指出關賣售的狐、貍、犬皮數量。

負米　人負米不智（知）其數以出關，關三，【三】税之一〔注一〕，已出，餘米一斗。問始行齎米幾何〔注二〕。得曰：齎米三斗三升四分【升】三。术（術）曰：三八 直（置）一關【餘不税者】而參（三）倍為法〔注三〕，有（又）直（置）米一斗而三之，有（又）三倍之而關數焉為實。三九

【注　釋】

〔一〕　簡文「關三」之「三」字後缺重文號，今補「三」字。

〔二〕　齎，《廣雅·釋詁三》：「持也」。

〔三〕　據文意「關」下脱「餘不税者」。

女織　鄰里有女惡自喜也，織曰：自再五日織五尺。問始織日及其次各幾何。曰：始織一寸六十二分寸卅八，次三寸六十 四〇 二分寸十四，次六寸六十二分寸廿八，次尺二寸六十二分寸五十六，次一〈二〉尺五寸六十二分寸五十。术（術）曰：直（置）二、直（置）四、直（置）八、直（置）十六、直（置）四一 卅二〔注一〕，并以為法，以五尺偏（徧）乘之各自為實。實如法得尺。不盈尺者十之，如法一寸。不盈寸者，以法命分〔注二〕。　王已讎〔注三〕　四二

【注　釋】

〔一〕　本題設作「置一、置二、置四、置八、置十六」計算較《九章算術》更簡便。

〔二〕　命分，分數的別稱。

〔三〕　「王」為校讎人姓，下同例。

并租　禾三步一斗，麥四步一斗，荅五步一斗〔注一〕，今并之租一石，問租幾何。得曰：禾租四斗卌七分【斗】十二，麥租三斗【卌七】分【斗】九〔注二〕，四三荅租二斗【卌七】分【斗】廿六。术（術）曰：直（置）禾三步、吏〈麥〉四步、荅五步，令禾乘麥為荅實，荅乘禾為麥實，【麥乘荅為禾實】〔注三〕，各□四四直（置）之以一石各乘之【禾、荅、麥】為實〔注四〕，卌七為法而一斗。四五

【注釋】

〔一〕荅，小豆。

〔二〕據文意「斗」下脱「卌七」。下句同。

〔三〕此句簡文脱，現據文意補。

〔四〕「禾、荅、麥」三字據文意補。此即上文之「禾乘麥為荅實，荅乘禾為麥實，麥乘荅為禾實」。

金賈（價）　金賈（價）兩三百一十五錢，今有一朱（銖），問得錢幾何。曰：得十三錢八分【錢】一。术（術）曰：直（置）一兩朱（銖）數以為法，以錢數為實，實如法得一錢。四六廿四朱（銖）一兩，三百八十四朱（銖）一斤，萬一千五百廿朱（銖）一鈞，四萬六千八十朱（銖）一石。〔注一〕四七

【注釋】

〔一〕此簡所記為兩、斤、鈞、石與銖的換算比值，疑接於此。

舂粟　稟粟一石舂之為八斗八升，【舂粟一石八斗八升】〔注一〕，當益秏（耗）粟幾何？曰：二斗三〈五〉升十一分升八〈七〉。术（術）曰：直（置）所得米升數以為法，有（又）值（置）一石四八米粟升數而以秏（耗）米升數乘之【以為實】〔注二〕，如法得一升。四九

【注釋】

〔一〕簡文脱，今據文意補。

〔二〕據文意「之」下脱「以為實」。

銅秏（耗）　鑄銅一石秏（耗）七斤八兩。今有銅一斤八兩八朱（銖），問秏（耗）幾何。得曰：一兩十一朱（銖）百卌四分朱（銖）九十一〔注一〕。术（術）曰：直一石朱（銖）數為法，亦直（置）七斤八兩者五〇朱（銖）數，以一斤八兩八朱（銖）者朱（銖）數乘之【為實】〔注二〕，如法一朱（銖）。五一

【注釋】

〔一〕得數有誤，應是「一兩十二銖二分銖一」。

〔二〕據文意「之」下脱「為實」二字。

傳馬〔注一〕 傳馬日二〈三〉匹共芻稾二石，令芻三而稾二。今馬一匹前到，問予芻稾各幾何。曰：予芻四斗、稾二斗泰（大）半斗。术（術）曰：直（置）芻三稾五二二并之，以三馬乘之為法，以二石乘所直（置）各自為實。五三

【注釋】

〔一〕傳馬，驛站用馬匹。《二年律令》之《金布律》記有「馬牛當食縣官者」的供給標準，可參閱。

婦織 有婦三人，長者一日織五十尺，中者二日織五十尺，少者三日織五十尺。今織有攻（功）五十尺，問各受幾何尺。其得五四曰：長者受廿五尺，中者受十六尺有（又）十八分尺之十二，少者受八尺有（又）十八分尺之六。其术（術）曰：直（置）一、直（置）二、直（置）三而各幾五五以為法〔注一〕，有（又）十而五之以為實，如法而一尺。不盈尺者，以法命分。·三為長者實，二為中者，一為少者〔注二〕。 楊已讎 五六

【注釋】

〔一〕「各幾」係「并」之誤。

〔二〕以上為三婦人的比率，是一等差數列。

羽矢 羽二喉（鍭）五錢〔注一〕。今有五十七分矦（鍭）卌〈卅〉七，問得幾何？曰：得一錢百一十四分錢七十一。术（術）曰：二乘五十七為法，以五乘卅七為實，實五七如法一錢。不盈，以法命分〔注二〕。五八

【注釋】

〔一〕鍭，《說文》：「羽本也」。

〔二〕不盈，以法命分，即不足整數部分則以「法」來命名分數。

桼（漆）錢 桼（漆）斗卅五錢。今有卌分斗五。問得幾何錢。曰：得四錢八分錢三。术（術）曰：以卌為法，以五乘卅五為實，實如法五九得一錢。六〇

繒幅　繒幅廣廿二寸，袤十寸〔注一〕，賈（價）廿三錢。今欲買從利廣三寸〔注二〕、袤六十寸，問積寸及賈（價）錢各幾何〔注三〕。曰：八寸十一六一分寸二，賈（價）十八錢十一分錢九。朮（術）曰：以廿二寸為法，以廣從〈袤〉相乘為實，實如法得一寸。亦以一尺寸數為法，以六二所得寸數乘一尺賈（價）錢數為實，實如法得一錢〔注四〕。六三

【注　釋】

〔一〕袤，長。漢制，繒布幅寬為二尺二寸，即廿二寸。《二年律令》第二五八簡：「販賣繒布幅不盈二尺二寸者，沒入之」。《睡虎地秦墓竹簡·秦律十八種》之《金布律》則云：「福（幅）廣二尺五寸」。廣二十二寸、長十寸即西漢一尺之繒。

〔二〕從利，應為一種繒名。

〔三〕積寸，以平方寸計的織物面積（長乘寬之積）折合標準尺寸之數。

〔四〕本題解法是先求幅廣三寸、袤六十寸織物合幅廣二十二寸之繒長若干（即「積寸」），然後按比例問題的解法求其價。

息錢　貸錢百，息月三。今貸六十錢，月未盈十六日歸，請〈計〉息幾何。得曰：廿五分錢廿四。朮（術）曰：計百錢一月，積六四錢數以為法〔注一〕，直（置）貸錢以一月百錢息乘之，有（又）以日數乘之為實〔注二〕，【實】如【法】得息一錢〔注三〕。六五

【注　釋】

〔一〕計百錢一月，積錢數以為法，即以百錢乘以三十日（一月）之積作為除數。

〔二〕「實」下脫重文號，所脫「實」字屬下讀。

〔三〕據文意「如」下脫「法」字。本題是複比例問題。

歙（飲）桼（漆）〔注一〕　䠍（漆）一斗歙（飲）水三斗，而槃（盤）歙（飲）水二斗七升即槃（盤）。問餘䠍（漆）、水各幾何。曰：餘䠍（漆）卅七分升卅，餘水二升卅七分六六升七。·朮（術）曰：以二斗七升者同一斗，卅七也為法，有（又）直（置）廿七、十升者各三之為實，實如法而一〔注二〕。六七

【注　釋】

〔一〕飲漆，亦稱飲水。生漆含一定的水分，如過度蒸發會使生漆乾固。飲漆是往盛儲生漆的容器中注水，直至容器中生漆留下的最高痕跡。注入的水量即為生漆失去的水量，依此確定生漆在儲連時質和量的變化，《睡虎地秦墓竹簡·效律》「工稟髤它縣，到官試水，飲水……」即為飲漆。

〔二〕飲漆一斗需水三斗，總量為四斗。盤容量僅三斗七升，兩者相差三升。簡文將盤的實際容量三斗七升誤當作應有容量，因而導致「術」及演算結果錯誤。正確的簡文應該是「曰：餘漆四分升三，餘水二升四分升一。朮曰：以三斗一升者同一斗，四十也為法；又置三十、十升者各三之為實，實如法而一」。「以三斗者同一

斗」，指漆量一斗加飲水量三斗。「四十也為法」，即以漆、水量之和四斗（四十升）為除數。

稅田　稅田廿四步，八步一斗，租三斗。今誤券三斗一升，問幾何步一斗。得曰：七步卅七〈一〉分步廿三而一斗。朮（術）曰：三斗一升者為法，六八十稅田【為實】〔注一〕，令如法一步。六九

【注　釋】

〔一〕據文意「田」下脫「為實」二字。本句意為把應稅之田乘以十作被除數。

程竹〔注一〕　程曰：竹大八寸者為三尺簡百八十三，今以九寸竹為簡，簡當幾何？曰：為二百五簡八分簡七。朮（術）曰：以八寸為法〔注二〕。七〇　程曰〔注三〕：八寸竹一箇為尺五寸簡三百六十六。今欲以此竹為尺六寸簡，簡當幾何？曰：為三百廿〈卅〉三【簡】八分簡一。朮（術）曰：以十六寸為法。〔注四〕七一

【注　釋】

〔一〕程，《漢書·東方朔傳》注：「謂量計之」。程竹，竹子量計的標準規定。「程」或指法律的有關規定，《漢書·高帝紀》「張蒼定章程」注：「法式也」。《睡虎地秦墓竹簡》有《工人程》，是官府手工業生産定額的法律規定。

〔二〕下有脫簡，依文意應作：「以百八十三乘九寸為實，實如法得一簡」。本題「竹大八寸」、「九寸」係指竹子的直徑。

〔三〕此簡無章名。内容與「程竹」相似，且兩簡相鄰，故置於此。

〔四〕以下有脫簡，依文意應作：「以三百六十六乘十五以為實，實如法而一簡」。

醫　程曰：醫治病者得六十筭（算）□□廿筭（算）□□程□弗▨七二得六十而負幾何？曰：負十七筭（算）二百六十九分筭（算）十一。其朮（術）曰：以今得筭（算）為法，令六十乘負筭（算）為實。七三

石衛（率）〔注一〕　石衛（率）之朮（術）曰：以所賣買為法，以得錢乘一石數以為實，其下有半者倍之，少半者三之，有斗、升、斤、兩、朱（銖）者亦皆七四破其上〔注二〕，令下從之以為法，錢所乘亦破如此〔注三〕。七五

【注　釋】

〔一〕石率，即以石為單位進行計算，是已知所賣買物品數量及付出錢數，求每石價格。

〔二〕把較大單位之數按較小單位計數，即按石、斗、升、斤、兩、銖換算。

〔三〕 本章僅有術而無例題。

賈鹽 今有鹽一石四斗五升少半升，賈取錢百五十欲石衛（率）之，為錢幾何？曰：百三錢四百卅【六】分錢九十五〈二〉〔注一〕。术（術）七六曰：三鹽之數以為法〔注二〕，亦三一石之升數，以錢乘之為實。七七

【注 釋】

〔一〕 據文意「卅」下缺「六」字。

〔二〕 此句意為：把鹽一石四斗五升少半升按少半升（即三分之一升）為單位一，化作四百三十六。

絲練 以級〈絡〉絲求練〔注一〕，因而十二之除十六而得一〔注二〕。七八

【注 釋】

〔一〕 級，疑為「絡」字之誤。絡絲，生絲，直接從蠶繭上繅出並卷繞在絡筒上。練，經煮脫去絲膠的熟絲。

〔二〕 此指絡絲成為練絲的比例，即一斤絡絲（十六兩）加工成練絲得十二兩，故兩者的比率為十六比十二。

挐脂〔注一〕 有米三斗〈升〉，問用脂米〈水〉各幾何，為挐【脂】幾何〔注二〕。曰：用脂六斤、水四升半升，為挐脂十斤十二兩十九朱（銖）五分朱（銖）一。為挐【脂】，米七九一斗、水一斗半升〈斗〉、⿱屵生脂廿斤〔注三〕，為挐脂卅六斤。今有⿸屵㠯脂五斤，問用米、水為挐【脂】各幾何。得曰：用米二斗半升〈斗〉，水八〇三斗四分升〈斗〉三，為挐【脂】九斤。术（術）曰：以廿為法，直（置）水十五、米十、挐【脂】卅六以五乘之為實〔注四〕，實如法得水、米各一升、挐【脂】一斤。八一不盈，以法命分，其以挐【脂】、米、⿱屵生【脂】亦一兩，得⿸屵㠯【脂十】九分之五也。八二

【注 釋】

〔一〕 挐，《楚辭・招魂》注：「糅也」。《說文》：「脂，膏也」。挐脂為已糅成的米膏。

〔二〕 據文意「⿱屵生」下脫「脂」字。本題多脫「脂」，徑補。

〔三〕 ⿱屵生，或作「⿸屵㠯」，字不識。或疑為「盾」字，讀為「腯」，《說文》：「牛羊曰肥，豕曰腯」。「為挐……為挐脂卅六斤」，是本題的條件。

〔四〕 此句意為：以水十五、米十、挐脂三十六分別乘以五。

〔五〕 據文意「⿸屵㠯」下脫「脂十」二字。

取程　取程十步一斗，今乾之八升，問幾何步一斗。問得田〈曰〉〔注一〕：十二步半一斗。术（術）曰：八升者為法，直（置）一升〈斗〉步數而十之【為實】〔注二〕，如法一步。競八三程卅七步得禾十九斗七升〔注三〕，問幾何步一斗。得曰：減田十〈卅〉一〈五〉步有（又）【一百】九十七分步七十九步而一斗〔注四〕。八四取程五步一斗，今乾之一斗一升，欲減田令一斗。得曰：減田十一分步五。术（術）曰：以一斗一升數乘五步【為實】〔注五〕，令十一而一【為法】〔注六〕。八五

【注　釋】

〔一〕　問，衍文。

〔二〕　據文意「之」下脱「為實」二字。

〔三〕　由題意可知，原計量有誤，現重新計算。

〔四〕　「有」下脱「一百」。「七十九」為「廿四」之誤。「而」前「步」字為衍文。

〔五〕　「升」前「一」字為衍文。「步」下脱「為實」二字。

〔六〕　據文意「一」下脱「為法」二字。此術求得是一斗所需步數。減田數還須令五步化作分數表示為十一分之五十五，減去「以一斗升數乘五步」，方得「十一分步五」。

秏（耗）租　秏（耗）租產多乾少，曰：取程七步四分步【一】一斗〔注一〕，今乾之七升少半升，欲求一斗步數。术（術）曰：直（置）十升以乘七斗〈步〉四分步八六一【為實，七升少半升為法】〔注二〕，如乾成一數也。曰：九步卌四分步卅九而一斗。程它物如此。八七

【注　釋】

〔一〕　據文意「步」下脱「一」字。本句意為：求乾重一斗應當折合取得相應濕重的土地面積。

〔二〕　據文意「一」下脱「為實，七升少半升為法」。

程禾〔注一〕　程曰：禾黍一石為粟十六斗泰（大）半斗〔注二〕，舂之為糲米一石，糲米一石為糳米九斗，糳米【九】斗為毀（毇）米八斗〔注三〕。　王　八八程曰：稻禾一石為粟廿斗，舂之為米十斗，為毀（毇）粲米六斗泰（大）半斗〔注四〕。麥十斗【為】麴三斗〔注五〕。八九

程曰：麥、菽、荅、麻十五斗一石〔注六〕，稟毀（毇）糳〈糳〉者，以十斗為一石。九〇

【注　釋】

〔一〕　本章文字與《睡虎地秦墓竹簡·秦律十八種》之《倉律》基本相同，可相互對照：「【粟一】石六斗大半斗，舂之為糲米一石；糲米一石為糳（糳）米九斗；九【斗】為毀（毇）米八斗。稻禾一石……」，「為粟廿斗，舂為米十斗；十斗粲，毀（毇）米六斗大半斗。麥十斗，為麴三斗。叔（菽）、荅、麻十五斗為一石……」

〔二〕禾黍，未脱皮之粟。此處的「一石」及下文「稻禾一石」的「一石」皆為重量單位，即秦制一百二十斤。

〔三〕「糳米九斗」之「九」下脱重文號。糳米，不見於《算數書》的其他題中。依本題所記，糳是九折米。《算數書》之《粟為米》和《九章算術》把九折米稱作「粺」；本題的毇米和《九章算術》的糳米同為八折米。這似乎表明秦漢時期粺、糳的標準並不相同。

〔四〕對照《倉律》，可知簡文「粲」為衍文。上文所列各種糧食的換算率是：粟與糲之比五比三；糲與糳之比為十比九；糳與毇之比為九比八。

〔五〕據文意「十斗」下脱「為」字。麴，麩與麵未分謂之麴。

〔六〕菽，豆。《齊民要術》引楊泉《物理論》：「菽，豆之總名也」。麻，此指麻籽，可食。《素問・五常政大論》「其穀豆麻」注：「麻，木穀也」。此處之「石」是重量單位。《睡虎地秦墓竹簡・秦律十八種》之《倉律》於「叔（菽）」前脱「麥」字。

取枲程〔注一〕取枲程十步三韋（圍）束一〔注二〕，今乾之廿八寸，問幾何步一束。术（術）曰：乾自乘為法，生自乘有（又）以生一束步數乘之為九一實，實如法得十一步有（又）九十八分步卌七而一束。九二

【注　釋】

〔一〕枲，《説文》：「麻也」。

〔二〕圍，《莊子・人世間》李注：「徑尺為圍」。依本題題意，一圍即一尺之徑，一束相當於三圍。簡文「取枲程十步三圍一束」，本指乾枲的「取程」，現所取數為濕枲，故需增加取枲量。

誤券〔注一〕租禾誤券者，术（術）曰：毋升者直（置）税田數以為實，而以券斗為一，以石為十，并以為法，如法得一步。其券有【斗】者〔注二〕，直（置）與九三田步數以為實，而以券斗為一，以石為十，并以為法，如法得一步〔注三〕。其券有升者，直（置）與田步數以為實，而以九三券之升為一，以斗為十，并為法，如・【法】得一步〔注四〕。九五

【注　釋】

〔一〕券，券書。誤券，指租券所列租數與應收數有誤。

〔二〕據文意「有」下脱「斗」字。

〔三〕「其券有斗者……如法得一步」與上文「毋升者……如法得一步」重複。

〔四〕依文例「如」下之墨點處應是「法」字。

租吴（誤）券　田一畝租之十步一斗，凡租二石四斗。今誤券二石五斗，欲益耎其步數〔注一〕　問益耎幾何。曰：九步五分步三而一斗。术（術）九六曰：以誤券為法，以與田為實。九七

【注釋】

〔一〕 耎，《廣雅·釋詁》：「弱也」。益耎疑即增減之意。

糲毀（榖）〔注一〕米少半升為糲十分升之三，九之，十而一；米少半升為毀（榖）米十五分升之四，八之，十而一；米少半升為麥半升，·三之〔注二〕，二而一〔注三〕。麥少 楊 九八半升為粟廿七分升之十，九母，十子，十之，九而一；麥少半升為米九分升之二，參（三）母，再子〔注四〕，二之，三而一；麥少半升為九九糲五分升之一，十五母，九子，九之，十五而一；麥少半升為毀（榖）卌五分升之八，十五母，八子〔注五〕。一〇〇糲米四分升之一為粟五十四分升之廿五，廿七母，五十子；糲米四分升之一為米十八分升之五，九母，十子；糲米 楊 一〇一四分升之一，為毀（榖）米九分升之二，九母，八子；糲米四分升之一為麥十二分升之五，九母，十五子〔注六〕。毀（榖）米四分升之一為米一〇二十六分升之五，八母，十子；毀（榖）四分升之一為糲卅二分升九，八母，九子；毀（榖）米四分升之一為麥卅二分升之十五，八母，一〇三十五子；毀（榖）米四分升之一為粟卌八分升之廿五，廿五〈四〉母，五十子〔注七〕。一〇四

【注釋】

〔一〕 毀，讀作「榖」。糲、榖是兩種精細程度不同的米。本題為各類糧食互換的計算方法。

〔二〕 「三之」前的墨點似與正文無關，或用於斷句。

〔三〕 以上是米、糲、榖、麥互換的計算方法。題中各種糧食的換算比例是：米與糲之比為十比九；米與榖之比為十比八；米與麥之比為二比三。

〔四〕 「參（三）母，再子」指麥、米的比率是三比二，以下各例類推。

〔五〕 句末脱「八之，十五而一」。以下各種換算法均脱相類句子，可類推。不逐一出注。本段是麥與粟、米、糲、榖的互換計算方法，其比率是：麥與粟之比為九比十；麥與米之比為三比二；麥與糲之比為十五比九；麥與榖之比為十五比八。

〔六〕 本段是糲與粟、米、榖、麥互換的計算方法，其比率是：糲與粟之比為二十七比五十；糲與米之比為九比十；糲與榖之比為九比八；糲與麥之比為九比十五

〔七〕 本段是榖與米、糲、麥、粟互換的計算方法，其比率是：榖與米之比為八比十；榖與糲之比為八比九；榖與麥之比為八比十五；榖與粟之比為二十四比五十。

秏（耗） 粟一石秏（耗）一斗二升少半升。稟米少半升者得粟七百八十九分升之五百，稟【米】一升者得粟一升二百六十三分升 楊 一〇五之二百卅七〔注一〕，稟【米】一斗者得粟一斗九升有（又）二百六十三分升之三，稟【米】一石者得粟十九斗有（又）二百六十三分升之卅。一〇六粟石秏（耗）五升。稟米少半升者得粟百七十一分升之百，稟【米】一升者得粟一升有（又）二百八十五分升之二百七十五，稟【米】一斗者 楊 一〇七得粟稟十七升有（又）二百八十五分升之百五十【五】〔注二〕，稟【米】一石者得粟十七斗五升有（又）二百八十五分升之百廿五。一〇八

【注　釋】

〔一〕據文意「粟」下脫「米」字。以下各例同。

〔二〕據文意「五十」下脫「五」字。

粟為米　麻、麥、菽、荅三而當米二；九而當粟十。粟五為米三；米十為粺九，為毀（毇）八。麥三而當稻粟四，禾粟　楊　一〇九五為稻粟四。一一〇

粟求米　粟求米三之，五而一；粟求麥，九之，十而一；粟求粺廿七之，五十而一；粟求糳（毇）廿四之，五十而一；米求　楊　一一一粟五之，三而一〔注一〕。一一二

【注　釋】

〔一〕上述糧食互換比率如下：粟與米之比為五比三；粟與麥之比為十比九；粟與粺之比為五十比二十七；粟與毇之比為五十比二十四。

粟求米　粟求米因而三之，五而成一。今有粟一升七分【升】三，當為米幾何？曰：為米七分升六。術曰：母相乘為法，以三一一三乘十為實。一一四

米求粟　以米求粟因而五之，三成一。今有米七囫（分）升六，當為粟幾何？曰：為粟一升七分升三。術曰：母相一一五乘六為實。一一六

米粟并　有米一石、粟一石，并提之〔注一〕，問米粟當各取幾何。曰：米主取一石二斗十六分升〈斗〉八，粟主取七斗十六分升〈斗〉八。术（術）一一七曰：直（置）米十斗、六斗并以為法〔注二〕，以二石扁（徧）乘所直（置）各自為實。六斗者，粟之米數也〔注三〕。一一八

【注　釋】

〔一〕提，《太玄事》注：「用也」。

〔二〕此句意為：十斗為一石米數，六斗為粟一石折合成米之數。

〔三〕此句意為：一石粟折算成米六斗。前簡云：「粟求米三之，五而一」，其比率與本題同。

粟米并　米一粟二，凡十斗，精之為七斗三分升一。朮（術）曰：皆五，米粟并為法，五米三粟，以十斗乘之為實。　王 一一九

☑□□□得幾何。曰：粟□□□卅□□□米☑ 一二〇

☑□□□□□□□□□□□□得幾何？得曰：米六升四分升之一。朮（術）曰：直（置）米五升　楊 一二一

粟五升，粟五升為米三升，并米五升者八以為法，乃更直（置）五升而十之，令如法粟米各一升。一二二

☑□□二斗五升，其朮（術）曰：直（置）米粟，五米三粟　楊 一二三

☑并以為法☑[并]米粟各乘之為實，實如法而成一。一二四

☑石五十有☑ 一二五

負炭　負炭山中，日為成炭七斗到車，次一日而負炭道車到官一石〔注一〕。今欲道官往之，負炭【山】中〔注二〕，負炭遠到官，一二六問日
到炭幾何。曰：日得炭四斗十一〈七〉分升二。朮（術）曰：取七斗者十之，得七石，七日亦負到官，即取十日與七日并一二七為法，
【七石為實，實】如法得一斗〔注三〕。一二八

【注釋】

〔一〕道，由。

〔二〕據文意「炭」下脱「山」字。

〔三〕據文意脱「七石為實，實」。本章燒炭和運炭二人合作，已知燒炭、運炭每日分別完成的工作量，求一人燒炭、運炭可完成的工作量。

盧唐〔注一〕 程曰：一日伐竹六十箇〔注二〕，一日為盧唐十五，一竹為三盧唐。欲令一人自伐竹，因為盧唐，一日為幾何？曰：為十三〈二〉一二九盧唐四分之三〔注三〕。术（術）曰：以六十【并十五】為法〔注四〕，以五〈六〉十五乘十五為實〔注五〕。一三〇

【注釋】

〔一〕盧唐，即「籚簜」，竹筩，見長沙馬王堆一號漢墓和江陵鳳凰山一六八號漢墓遣策。

〔二〕箇，《說文》：「竹枝也」。字亦作「个」。

〔三〕「四分之三」為衍文。

〔四〕據文意「六十」下脫「并十五」。

〔五〕「五十五」之後一「五」字為衍文。

羽矢 程：一人一日為矢卅、羽矢廿〔注一〕。今欲令一人為矢且羽之，一日為幾何？曰：為十二。术（術）曰：并（並）矢、羽以為法，以矢、羽相乘為實。一三一

【注釋】

〔一〕羽矢，在矢尾加上羽毛。

行 甲行五十日，今今日壬申〔注一〕，問何日初行。术（術）曰：問壬申何旬也，曰：甲子之旬也。既道甲數到壬九日，直（置）九，有（又）增〔注二〕一三二

【注釋】

〔一〕上一「今」字義為若，見楊樹達《詞詮》卷四。

〔二〕下有缺簡。

分錢 分錢人二而多三，人三而少二，問幾何人、錢幾何。得曰：五人，錢十三。贏（盈）不足互乘母【并以】為實〔注一〕，子相從為法〔注二〕。皆贏（盈）若一三三不足〔注三〕，子互乘母而各異直（置）之，以子少者除子多者，餘為法〔注四〕，以不足為實〔注五〕。一三四

【注釋】

〔一〕據文意「母」下脫「并以」二字。

〔二〕由於本題特殊的條件，把盈、不足之數置於分子或分母對計算結果並無影響，但在解兩盈兩不足問題時祇能將它們置於分母地位。

〔三〕此指兩盈、兩不足問題。

〔四〕此句意為：在所出率中以大數減去小數得到的差作為除數。除，減。

〔五〕「不足」為衍文。「為實」前脱「少減多餘」。復原後的此句應接於「子互乘母而各異直（置）之」句後。

米出錢　糲〈粺〉米二斗三錢〔注一〕，糲米三斗二錢。今有糲、粺十斗，賣得十三錢，問糲、粺各幾何。曰：粺七斗五分【斗】三，一三五糲二斗五分【斗】二。术（術）曰：令偕（皆）糲〈粺〉也，錢贏（盈）二；令偕（皆）粺〈糲〉也，錢不足六【錢】少半【錢】。同贏（盈）、不足以為法，以贏（盈）乘十斗為粺〈糲〉【實】〔注二〕，以不一三六足乘十斗為糲〈粺〉【實】〔注三〕，皆如法一斗。一三七米斗一錢三分錢二〔注四〕，黍斗一錢半錢，今以十六錢買米、黍凡十斗，問各幾何，用錢亦各幾何。一三八得曰：米六斗、黍四斗，米錢十、黍【錢】六。术（術）曰：以贏（盈）不足，令皆為米，多三分錢二；皆為黍，少【一】錢〔注五〕。下有三分，一三九以一為三，命曰各〈多〉而少三，并多而少為法〔注六〕，更異直（置）二、三〔注七〕，以十斗各乘之【為實】〔注八〕，即貿其得，如法一斗。一四〇

【注　釋】

〔一〕據上下文，本句與下句之「糲」必有一處為「粺」之誤。釋文按前句「糲」為「粺」之誤處理。按出米率，粺略精於糲。《算數書》之「粟為米」章：「粟五為米三，米十為粺九，為毇八」。《九章算術·粟米》：「粟米之法：粟率五十，糲米三十，粺米二十七」。如按第二句「糲」為「粺」之誤理解，則本題以下相關文字也須做相應更動。所得結果是糲米價貴於粺米價。

〔二〕據文意「粺」下脱「實」字。

〔三〕據文意「糲」下脱「實」字。

〔四〕本題解法與內容均同「米出錢」，故繫聯於此。

〔五〕據文意「少」下脱「一」字。

〔六〕「少為法」之「法」於此有標準之意，此句指以三分之一為一個單位數，整數一則化作三個三分之一，即三。「并多而少為法」即將二、三相加成為除數五。

〔七〕本句意為：三分之二作二，整數一作三，此兩數另置，分別作分子。

〔八〕據文意「之」下脱「為實」二字。

除〔注一〕　美〈羨〉除〔注二〕，其定（頂）方丈〔注三〕，高丈二尺，其除廣丈、袤三丈九尺，其一旁毋高，積三〈二〉千三百六〈四〉十尺〔注四〕。术（術）曰：廣積卅尺除〈乘〉高，以其一四一廣、袤乘之〔注五〕，【六而一】即定〔注六〕。一四二

【注　釋】

〔一〕除，《廣雅·釋室》：「道也」。

〔二〕羨，《史記·衛世家》索隱：「墓道也」。

〔三〕 頂，指羡除較深的一端。

〔四〕 此指立方尺。

〔五〕 廣，衍文。

〔六〕 據文意「即定」上脱「六而一」三字。

鄆都〔注一〕 鄆都下厚四尺，上厚二尺，高五尺，袤二丈，責（積）百卌三尺少半尺。术（術）曰：倍上厚，以下厚增之，以高及袤乘之，六成一。一四三

【注　釋】

〔一〕 鄆都，疑讀作「壍堵」，據簡文所述可知，其上底是一矩形，下底是一楔形，並不同於《九章算術·商功》的「壍堵」，而與「芻甍」形同。

芻　芻童及方闕下廣丈五尺〔注一〕、袤三丈，上廣二丈、袤四丈，高丈五尺，積九千二百五十尺。术（術）曰：上廣袤、下廣袤各自乘，又上一四四袤從下袤以乘上廣，下袤從上袤以乘下廣，皆并，乘之〈高〉，六成一。一四五

【注　釋】

〔一〕 芻童，此指上、下底為矩形的長方臺體草堆。闕，古代門兩旁的建築，多為六面臺形，與芻童相似。

旋粟〔注一〕 旋粟高五尺，下周三丈，積百廿五尺。二尺七寸而一石，為粟卌六石廿七分石之八。其述（術）曰：下周自乘，以高一四六乘之，卅六成一。·大積四千五百尺〔注二〕。一四七

【注　釋】

〔一〕 旋，《莊子·達生》司馬注：「圜也」。從簡文所記可知，旋粟指粟米堆積呈正圓錐體狀。

〔二〕 此指以圓錐周長作為底邊長、與圓錐同高的長方體體積。

囷蓋〔注一〕 囷蓋下周六丈，高二丈，為積尺二千尺。乘之之述（術）曰：直（置）如其周令相乘也，有（又）以高乘之，卅六成一。一四八

睘（圜）亭〔注一〕 圜亭上周三丈，大〈下〉周四丈，高二丈，積二千五十五尺卅六分尺廿。術曰：下周乘上周，周自乘，皆并，以高

一四九乘之，卅六成【一】〔注二〕。今二千五十五尺【卅六】分【尺】廿〔注三〕。一五〇

【注釋】

〔一〕從簡文可知，圜亭指正圓臺形。

〔二〕據文意「成」下脫「一」字。

〔三〕據文意「尺」下脫「卅六」二字。

井材　圜材井窌若它物〔注一〕，周二丈四尺，深丈五尺，積七百廿尺。術曰：耤（藉）周自乘〔注二〕，以深乘之，十二成一。一曰以一五一

周乘徑，四成一。·一百半問（？）徑□□一五二

【注釋】

〔一〕井材，把木材豎置井或圓形地窖中，呈圓柱體。窌，《說文》：「窖也」。

〔二〕藉，《管子·內業》注：「因也」。

以睘（圜）材（裁）方　以圜材為方材，曰大四韋（圍）二寸廿五分寸十四，·為方材幾何？曰：方七〈十〉寸【一百】五分寸三〈十四〉〔注一〕。術曰：因而五之為實，令七而一四【為法】〔注二〕。一五三

【注釋】

〔一〕據文意「五」前脫「一百」二字。

〔二〕據文意句末脫「為法」二字。

以方材（裁）睘（圜）　以方為圜，曰材方七寸五分寸三，為圜材幾何？曰：四韋（圍）二〈三〉寸廿五分【寸】十四〔注一〕。·術

曰：方材之一面即一五四圜材之徑也，因而四〈三〉之以為實，令五〈四〉而成一【為法】〔注二〕。一五五

【注釋】

〔一〕「十四」應是「八」之誤。

〔二〕據文意句末脫「為法」二字。

睘（圜）材　有圜材一（？）斷之□□市□□□□□□大幾何？曰：七（？）十（？）六（？）□□四寸半寸。述（術）曰：□自

乘以一五六一即成。一五七

入二寸益之即大數已。一五八

啓廣〔注一〕田從（縱）卅步，為啓廣幾何而為田一畝？曰：啓【廣】八步〔注二〕。术（術）曰：以卅步為法，以二百卌步為實。啓從（縱）亦如此。一五九

【注釋】

〔一〕啓，開。啓廣，已知一畝田的步數和長度而求其寬。

〔二〕「啓」下脱「廣」字。

啓從（縱）廣廿三步，為啓從（縱）【幾何】求田四畝〔注一〕。【曰：卌一步廿三分步之十七】〔注二〕。术（術）曰：直（置）四畝步數【為實】令如廣步數【為法】〔注三〕，而得從（縱）一步，不盈步者以廣命分。復之，令相乘也，一六〇有分步者，以廣乘分子如廣步數得一步。一六一廣八分步之六，求田一〈七〉分【步】之四。其從（縱）廿一分【步】之十六。廣七分步之三，求田四分步之二【為縱幾何】〔注四〕。其從（縱）一步六分步之一六二一。求從（縱）术（術）：廣分子乘積分母為法，積分子乘廣分母為實〔注五〕，實如法一步。【復之】〔注六〕，節（即）以廣、從（縱）相乘，凡凡令分母相乘為法〔注七〕，分子相乘為實，實如法一。一六三

【注釋】

〔一〕據文意「從」下脱「幾何」二字。

〔二〕本句脱，據文意補。

〔三〕據文意「令」上脱「為實」二字，「廣步數」後脱「為法」二字。

〔四〕據文意「二」下脱「為縱幾何」。

〔五〕積，指田地面積。以上所述是分數除法的演算方法，即兩個分數相除時，用被除數乘以除數的倒數。它比劉徽在《九章算術注》中提出相同的算法早近四百年。

〔六〕「復之」脱，據文意補。

〔七〕「凡凡」二字疑為衍文。

少廣〔注一〕救（求）少廣之術曰：先直（置）廣，即曰：下有若干步，以一為若干，以半為若干，以三分為若干，積分以盡所救（求）

分同一六四之以為法〔注二〕，即耤（藉）直（置）田二百卌步亦以一為若干，以為積步〔注三〕，除積步，如法得從（縱）一步。不盈步者，以法命其分。有（又）曰：復一六五之，即以廣乘從（縱），令復為二百卌步田一畝。其從（縱）有不分者，直（置）如法贈（增）不分，復乘之以為小十〔注四〕。一六六

少廣〔注五〕：廣一步半步，【求田一畝，問縱幾何】〔注六〕。以一為二，半為一，同之三以為法，即直（置）二百卌步，亦以一為二，【乘之為實】〔注七〕，除，如法得從（縱）一步，為從（縱）百六十步。因以一步、半步乘【之田一畝】〔注八〕。一六七下有三分，以一為六，半為三，三分為二，同之十一【為法，置田二百卌步，亦以一為六乘之為實，除，如法】得從（縱）百卅步有（又）十一分步之十，【因以一步、半步、三分步一】乘之田一畝〔注九〕。一六八下有四分，以一為十二，半為六，三分為四，四分為三，同之廿五【為法，置田二百卌步，亦以一為十二乘之為實，除，如法】得從（縱）百一十五步有（又）廿五分步之五，【因以一步、半步、三分步一、四分步一】乘之田一畝。一六九下有五分，以一為六十，半為卅，三分為廿，四分為十五，五分為十二，同之百卅七【為法，置田二百卌步，亦以一為六十乘之為實，除，如法】得從（縱）百五步有（又）百卅七分步之十五，【因以一步、半步、三分步一、四分步一、五分步一】乘之田一畝。一七〇下有六分，以一為六十，半為卅，三分為廿，四分為十五，五分為十二，六分為十，同之百卌七【為法，置田二百卌步，亦以一為六十乘之為實，除，如法】得從（縱）九十七步有（又）百卌七分【步之百卌一，因以一步、半步、三分步一、四分步一、五分步一、六分步一乘之田一畝】。一七一下有七分，以一為四百廿，半為二百一十，三分為百卌，四分為百五，五分為八十四，六分為七十，七分為六十，同之千八十九【以為法，置田二百卌步，亦以一為四百廿乘之為實，除，如法】得從（縱）九十二一七二步五〈一〉百卌〈廿〉一【分步之六十八，因以一步、半步、三分步一、四分步一、五分步一、六分步一、七分步一】乘之田一畝。一七三下有八分，以一為八百卌，半為四百廿，三分為二百八十，四分為二百一十，五分為百六十八，六分為百卌，七分為百廿，八分為百五，同之【二】于〈千〉一七四二百[八]十三以為法〔注一〇〕，【置田二百卌步，亦以一為八百卌乘之為實，除，如法】得從（縱）八十八步有（又）二千二百八十三分步之六百九十六，【因以一步、半步、三分步一、四分步一、五分步一、六分步一、七分步一、八分步一】乘之田一畝。一七五下有九分，以一為二千五百廿，半為千二百六十，三分為八百卅〈卌〉，四分為六百卅，五分為五百四，六分為四百廿，七分為三百六十，八分為三百一十五，一七六九分為二百八十，同之七千一百廿九以為法，【置田二百卌步，亦以一為二千五百廿乘之為實，除，如法】得從（縱）八十四步有（又）七千一百廿九分步之一七七五千七〈九〉百六十四，【因以一步、半步、三分步一、四分步一、五分步一、六分步一、七分步一、八分步一、九分步一】乘之成田一畝。一七八下有十分，以一為二千五百廿，半為千二百六十，三分為八百卌，四分為六百卅，五分為五百四，六分為四百廿，七分為三百六十，八分一七九為三百一十五，九分為二百八十，十

分為二百五十二，同之七千三百八十一以為法，【置田二百卌步，亦以一為二千五百廿乘之為實，除，如法】得從（縱）八十一步有（又）七千三百八十一分步一八〇之六千八〈九〉百卌九。【因以一步、半步、三分步一、四分步一、五分步一、六分步一、七分步一、八分步一、九分步一、十分步一】乘之成田一畝。一八一

【注釋】

〔一〕少廣，田地的寬度小於長度。本題係已知矩形面積及一條較短的邊（少廣），求另一條縱邊之長。

〔二〕積分，指若干個分數通分後相加所得之數。

〔三〕積步，指面積的平方步。

〔四〕小十，疑指分數之分子。

〔五〕此「少廣」二字不頂簡頭，似為以下各例題之總括，非章題。

〔六〕本句脱，據文意補。

〔七〕本句脱，據文意補。

〔八〕據文意「乘」下脱「之田一畝」。

〔九〕本題的條件和求解部分應為「廣一步，半步，三分一步，求田一畝，問縱幾何」。術文中的脱文均據題意擬補。下文「下有四分」至「下有十分」各題的條件及脱文，皆據題意類推，不另説明。

〔一〇〕據文意「之」下脱「二」字。

步有千八十九分步之六百一十二，乘之田一畝。〔注一〕一八二

【注釋】

〔一〕本簡前有缺簡。

大廣〔注一〕　廣七步卌九分步之□□□□□□□□□□□□□□為□六十四步有（又）三百卌三分步之二百七十三。大廣术（術）曰：直（置）廣從（縱）而各以其分母一八三乘其上全步，令分子從之，令相乘也為實，有（又）各令分母相乘為法，如法得一步，不盈步以法命之。一八四

【注釋】

〔一〕大廣，即《九章算術·方田》第二十四問之「大廣田」，李淳風注：「大廣田者，初術直有全步而無餘分，次術空有餘分而無全步，此術先見全步復有餘分，可以廣兼三術，故曰大廣」。「初術」指整數無分數步的乘法；「次術」指祇有分數步的乘法；「此術」指既有整數步又有分數步的乘法。

方田〔注一〕田一畝方幾何步？曰：方十五步卅一分步十五。术（術）曰：方十五步不足十五步，方十六步有徐（餘）十六步。曰：并贏（盈）、不足以為法，不足一八五子乘贏（盈）母，贏（盈）子乘不足母，并以為實，復之〔注二〕，如啓廣之术（術）〔注三〕。一八六

【注釋】

〔一〕方田，《九章算術音義》：「方田者，田之正也。諸田不等，以方為正，故曰方田」。本題所指是正方形田，用盈不足術求解。

〔二〕復，驗算。

〔三〕《算數書》「啓廣」章：「術曰：以三十步為法，二百四十步為實，啓從亦如此」。本題用盈不足術求解所得為近似值。

里田〔注一〕里田术（術）曰：里乘里，里也，廣、從（縱）各一里，即直（置）一因而三之，有（又）三五之，即為田三頃七十五畝。其廣從（縱）不等者，先以里相乘，已一八七乃因而三之，有（又）三五之，乃成。今有廣二百廿里，從（縱）三百五十里，為田廿八萬八千七百五十頃。直（置）提封以此為之〔注二〕。一八八一曰：里而乘里，里也，壹三而三五之，即頃畝數也。有（又）曰：里乘里，里也，以里之下即予廿五因而三之，亦其頃一八九畝數也。曰：廣一里、從（縱）一里為田三頃七十五畝。一九〇

【注釋】

〔一〕里田，指邊長以里為單位地塊的面積折算為頃、畝的方法。

〔二〕提封，大規模封疆。《漢書·地理志》注：「提封者，大舉其封疆也。」《匡衡傳》注：「提封，舉其封界內之總數。」

蓋廬釋文注釋

【說　明】

《蓋廬》共有竹簡五十五枚，簡長三十至三十點五釐米。書題寫於末簡背面。全書共九章，各章皆以蓋廬的提問為開頭，申胥（伍子胥）的回答為主體。該書除涉及治理國家和用兵作戰的理論外，有濃厚的兵陰陽家色彩，如强調「天之時」、陰陽、刑德、「用日月之道」、「用五行之道」等。

蓋廬問申胥曰〔注一〕：凡有天下，何毀（毀）何舉，何上何下？治民之道，何慎何守？使民之方，何短何長？盾（循）天之則，何去何服〔注二〕？行地之德，一何范何極〔注三〕？用兵之極何服？申胥曰：凡有天下，無道則毀（毀），有道則舉。行義則上，廢義則下。治民之道，食為大葆〔注四〕，刑罰為末，德正（政）為首。二使民之方，安之則昌，危之則亡，利之則富，害之有央（殃）。循天之時，逆之有禍（禍），順之有福。行地之德，得時則歲年孰（熟），百生（姓）飽食；失時則危其國三家，頃（傾）其社稷。凡用兵之謀，必得天時，王名可成，訞（妖）孽不來，凰鳥下之，毋有疾戋（災），變（蠻）夷賓服，國無盜賊，賢瞉（慤）則起〔注五〕，暴亂皆伏，此謂順天四之時。黃帝之正（征）天下也，大（太）上用意，其次用色，其次用德，其下用兵革，而天下人民、禽獸皆服。建埶四輔〔注六〕，及皮（彼）大（太）極，行皮（彼）四時，環皮（彼）五德〔注七〕。日五為地䋨，月為天則，以治下民，及破不服。其法曰：天為父，地為母，參（三）辰為剛（綱）〔注八〕，列星為紀〔注九〕，維斗為擊〔注一〇〕，轉橦（動）更始。蒼蒼上天，其央安在〔注一一〕？羊（洋）羊（洋）下六之〔注一二〕，孰知其始？央之所至，孰智（知）其止？天之所奪，孰智（知）其已？禍（禍）之所發，孰智（知）其起？福之所至，孰智（知）而喜？東方為左，西方為右〔注一三〕，南方為七表，北方為裏，此胃（謂）順天之道。亂為破亡，治為人長久。八

【注　釋】

〔一〕蓋廬，又作「闔廬」，春秋晚期吴王。申胥，即伍子胥，楚人，後奔吴，封於申。《漢書·藝文志》兵技巧家有《五（伍）子胥》十篇，圖一卷。

〔二〕服，《呂氏春秋·先己》注：「從也」。

〔三〕范，《說文》作「笵」，云：「法也」。極，《爾雅·釋詁》：「至也」。

〔四〕葆，讀為「寶」。

〔五〕瞉，讀為「慤」，《淮南子·王術》注：「誠也」。

〔六〕埶，讀為「設」。四輔，詞始見《尚書·洛誥》。《禮記·文王世子》：「虞夏商周有師保，有疑丞，設四輔及三公，不必備，唯其人，語使能也。」《尸子》、《呂氏春秋·本味》有黃帝立四面之說。

〔七〕五德，《後漢書·班彪傳》注：「五行也」。

〔八〕三辰，《左傳·桓公二年》注：「日、月、星」。

〔九〕列星，《荀子·天論》注：「有列位者，二十八宿也」。

〔一〇〕《漢書·藝文志》兵陰陽家：「陰陽者，順時而發，推刑德，隨斗擊，因五勝。」擊，疑讀為「繫」。

〔一一〕央，《廣雅·釋言》：「中也」。

〔一二〕洋洋，《詩·大明》傳：「廣也」。

〔一三〕東方為左，西方為右，古地圖以北方在下，南方在上，故左為東，右為西。

·蓋廬曰：何胃（謂）天之時？申胥曰：九野為兵〔注一〕，九州為糧，四時五行，以更相攻。天地為方圜〔注二〕，水火為陰陽，日月為刑德〔注三〕，立為四時〔注四〕，分 九 為五行，順者王，逆者亡，此天之時也。一〇

【注釋】

〔一〕九野，《列子·湯問》注：「天之八方，中央也」。

〔二〕圜，圓。

〔三〕日月為刑德，即日為刑，月為德。《淮南子·天文》：「火氣之精者為日，……水氣之精者為月」。又，「日為德，月為刑」。德主慶賞，刑主殺戮。

〔四〕立，《呂氏春秋·貴因》注：「猶行也」。

·蓋廬曰：凡軍之舉，何處何去？申胥曰：軍之道，冬軍軍於高者，夏軍軍於埤者〔注一〕，此其勝也。當陵而軍〔注二〕，命曰申固〔注三〕；倍（背） 一一 陵而軍，命曰乘埶（勢）；前陵而軍，命曰笵光；右陵而軍，命曰大武；左陵而軍，命曰清施。倍（背）水而軍，命曰絶紀〔注四〕；前水而 一二 軍，命曰增固；右水而軍，命曰大頃〔注五〕；左水而軍，命曰順行。軍恐疏遂〔注六〕，軍恐進舍，有前十里，毋後十步。此軍 一三 之法也。一四

【注釋】

〔一〕埤，《後漢書·袁紹傳》注：「亦下也」。

〔二〕陵，《說文》：「大阜也」。

〔三〕申，《爾雅·釋詁》：「重也」。

〔四〕《尉繚子·天官》：「按《天官》曰：『背水陣為絶紀』」，與此相合。

〔五〕頃，疑讀作「傾」，《國語·晉語》注：「危也」。

〔六〕疏，《淮南子·原道》注：「分也」。疏遂即疏隊。

·蓋廬曰：凡戰之道，何如而順，何如而逆，何如而進，何如而卻？申胥曰：凡戰之道，冬戰從高者擊之，夏戰從卑 一五 者擊之，此其勝也。其時曰：黃麥可以戰，黃秋可以戰，白冬可以戰，德在土、木在金可以戰，晝倍（背）日、夜倍（背）月可以戰， 一六 是胃（謂）

用天之八時。左太歲〔注一〕、右五行可以戰，前赤鳥〔注二〕、後倍（背）天鼓可以戰〔注三〕，左青龍〔注四〕、右白虎可以戰〔注五〕，柖（招）榣（摇）在上〔注六〕、大陳其後可以一七戰〔注七〕，壹左壹右、壹逆再倍（背）可以戰，是胃（謂）順天之時。鼓于陰以攻其耳，陳（陣）于陽以觀其耳目〔注八〕，異章惑以非其陳（陣），毋要一八堤堤之期〔注九〕，毋擊堂堂之陳（陣），毋攻逢逢之氣〔注一〇〕，是胃（謂）戰有七述（術）。大（太）白入月〔注一一〕、營（熒）或（惑）入月可以戰〔注一二〕，日月竝（並）食可以戰，是胃（謂）從天四央（殃），以戰必慶。一九丙午、丁未可以西鄉（嚮）戰〔注一三〕，壬子、癸亥可以南鄉（嚮）戰，庚申、辛酉可以東鄉（嚮）戰，戊辰、己巳可以北鄉（嚮）戰，是胃（謂）日有八勝。二〇皮（彼）興之以金，吾擊之以火；皮（彼）興以火，吾擊之以水；皮（彼）興以水，吾擊之以土；皮（彼）興之以土，吾擊之以木；皮（彼）興以木，吾擊之以二一金。此用五行勝也。二二春擊其右，夏擊其裏，秋擊其左，冬擊其表，此胃（謂）倍（背）生擊死，此四時勝也〔注一四〕。二三

【注　釋】

〔一〕　太歲，又名太陰、天一，是古人設想與歲星運行方向相反的星。

〔二〕　赤鳥，當即朱雀、朱鳥，南方七宿。

〔三〕　天鼓，星名。《漢書·天文志》王先謙《補注》：「《晉志》河鼓三星在牽牛北，天鼓也。主軍鼓，主鐵鉞」。

〔四〕　青龍，東方七宿。

〔五〕　白虎，西方七宿。上述太歲、五行、赤鳥、天鼓、青龍、白虎六者，疑即《淮南子·天文》的太陰、朱鳥、勾陳、玄武、白虎、蒼龍。

〔六〕　招摇，《經曲釋文·禮記音義·曲禮》：「北斗第七星」。

〔七〕　以上參看《吴子·治兵》：「必左青龍，右白虎，前朱雀，後玄武，招摇在上，從事於下」。

〔八〕　「耳」字為衍文。

〔九〕　要，約。堤，疑讀作「偍」，《荀子·脩身》「難進曰偍」注：「謂弛緩也」。

〔一〇〕　氣，指軍氣。《漢書·藝文志》兵陰陽家有《别成子望軍氣》。「逢逢」，讀為蓬蓬，《詩·采菽》傳：「盛貌」。

〔一一〕　太白，即金星。

〔一二〕　熒惑，即火星。《漢書·楚元王傳》「熒惑襲月」注引應劭曰：「熒惑主内亂，月主刑，故趙高殺二世也。」

〔一三〕　丙、丁皆火，西方為金，火勝金，故「可以西嚮戰」。以下類推。

〔一四〕　此段與後文的「用四時之道」一段可相對照。

·蓋廬曰：凡攻之道，何如而喜，何如而有咎？申胥曰：凡攻之道，德義是守，星辰日月，更勝為右。四時五行，周而更始。大白金也，二四秋金强，可以攻木；歲星木【也，春木】强〔注一〕，可以攻土；𤤽（填）星土也〔注二〕，六月土强，可以攻水；相星水也〔注三〕，

冬水强，可以攻火；營（熒）或（惑）火也，四月火强，可以攻金。二五此用五行之道也。【秋】生陽也〔注四〕，木死陰也，秋可以攻其左；春生陽也，金死陰也，春可以攻其右；冬生陽也，火死陰也，冬可二六以攻其表；夏生陽也，水死陰也，夏可以攻其裏。此用四時之道也。二七地橦八日〔注五〕，日橦八日，日臽十二日〔注六〕，皆可以攻，此用日月之道也。二八

【注　釋】

〔一〕「也春木」三字，簡文原脱，據文例補。歲星，即木星。

〔二〕填星，即土星。

〔三〕相星，即水星。

〔四〕「秋」字簡文原脱，據文例補。

〔五〕橦，讀作「衝」，《睡虎地秦墓竹簡·日書乙種》：「衝（衝）日，可以攻軍入城及行，不可祠」。

〔六〕臽，亦作「陷」、「窞」，亦見《睡虎地秦墓竹簡·日書乙種》。

·蓋廬曰：攻軍回衆，何去何就？何如而喜，何如而凶？申胥曰：凡攻軍回衆之道，相其前後，與其進芮（退）〔注一〕，慎其填（塵）埃〔注二〕，二九與其緂氣〔注三〕。旦望其氣，夕望其埃，清以如雲者，未可軍也。埃氣亂孿〔注四〕，濁以高遠者，其中有橦（動）志，戒以須之〔注五〕，不去且來。有三〇軍於外，甚風甚雨，道留於野，糧少卒飢，毋以食馬者〔注六〕，攻之。甚寒甚暑，軍數進舍，卒則勞苦，道則遼遠，糧三一食絶者，攻之。軍少則恐，衆則亂，舍於易〔注七〕，毋後援者，攻之。軍衆則罙〔注八〕，將爭以乖者〔注九〕，攻之。軍老而不治，將少以疑者，三二攻之。道遠日莫（暮），疾行不舍者，攻之。軍急以卻，甚雨甚風，衆有臞（懼）心者，攻之。軍少以恐，不□□不橦，欲後不敢者，三三攻之。此十者，攻軍之道也。三四

【注　釋】

〔一〕《説文》「退」字或從「彳」，「内」聲，作「衲」。

〔二〕填，以音近讀作「塵」。

〔三〕緂，疑讀為「炎」。《詩·雲漢》「炎炎」傳：「熱氣也」。

〔四〕孿，疑為「變」字之訛。

〔五〕戒，備。須，待。

〔六〕毋，通「無」，下同。

〔七〕易，《淮南子·兵略》注：「平地也」。

〔八〕罙，字見《説文》，在此疑讀為「迷」。

〔九〕乖，《廣雅·釋詁》：「離也」。

・蓋廬曰：凡擊適（敵）人，何前何後，何取何予？申胥曰：凡擊適（敵）人，必以其始至，馬牛未食，卒毋行次，前壘未固，後人未舍，三五徒卒饑恐，我則疾嘑（呼），從而擊之，可盡其處。適（敵）人侍（待）我以戒，吾侍（待）之以台（怠），皮（彼）欲擊我，我其不能〔注一〕，皮（彼）則數三六出，有趮（躁）氣，義有靜志〔注二〕，起而擊之，可使毋茲〔注三〕。適（敵）人陳（陣）以實，吾禺（遇）以希〔注四〕，皮（彼）有欒志，吾示以悲，皮（彼）有勝意，三七我善侍（待）我伏侍（待）之〔注五〕，適（敵）人易我〔注六〕，我乃疾擊之。適（敵）人鄉（嚮）我以心，吾以胠禺（遇）之〔注七〕，皮（彼）易勝我，我以誘之，適（敵）人逐北，我伏三八須之〔注八〕，皮（彼）人陳（陣）以實，吾禺（遇）以希，皮有欒志，吾示以悲，皮（彼）有勝意，我善侍（待）之，可使毋歸。適（敵）人來進，吾與相誘，數出其三九衆，予之小利，合則去北，毋使多至，適（敵）人逐北，必毋行次，皮（彼）有勝慮，我環（還）擊之，皮（彼）必不虞，從而觸之〔注九〕，可使毋去。適（敵）人來四〇陳（陣），我勿用卻，日且莫（暮），我則不出，皮（彼）必去，將有環（還）志，卒有歸慮，從而擊之，可使毋顧。適（敵）人出鹵（虜）〔注一〇〕，毋迎其斥，皮（彼）為四一戰氣，我戒不鬬，卒鹵（虜）則重，衆環（還）不恐，將去不戒，前者已入，後有至意，從而擊之，可使必北。我敬（警）皮（彼）台（怠），何為弗衰〔注一一〕。四二適（敵）人且歸，我勿用追，使之半入，後者則榣（搖），衆有臞（懼）心，我則疾喿（噪），從而擊之，可使毋到。兩適（敵）相當，我則必走，皮（彼）有四三勝志，我擊其後，走者不復，□□□就，皮（彼）則失材〔注一二〕，開而擊之，可使甚病。適（敵）人進舍，天暨（氣）甚暑，多腸辟者，我侚皮（彼）病，四四何為弗勝。此十者，戰□□也。四五

【注釋】

〔一〕「我」字下疑有脱誤。

〔二〕義，疑為「我」字之誤。

〔三〕兹，通「滋」，有生長之義。

〔四〕希，意為疏、少，與上句「實」字相對。

〔五〕「我善侍」或「我伏侍」，有一處係衍文。

〔六〕易，輕視。

〔七〕胠，《廣雅・釋親》：「脇也」，與上句「心」字相對。

〔八〕須，待。以下至「我善侍之」係衍文。

〔九〕觸，《說文》：「抵也」。

〔一〇〕鹵，讀為「虜」，《方言》十二：「奪也」。

〔一一〕 簡文「衰」字中部不清。衰，古音微部，與下「歸」、「追」葉韵。

〔一二〕 材，疑為「枋」字誤，讀為「方」。方，古音陽部，與下「病」字葉韵。

·蓋廬曰：天之生民，無有恒親，相利則吉，相害則滅。吾欲殺其害民者，若何？申胥曰：貴而毋義，富而不施者，攻之。不孝父兄，不四六敬長傻者〔注一〕，攻之。不兹（慈）穉弟〔注二〕，不入倫雉者〔注三〕，攻之。商販賈市，約賈（價）强買不已者〔注四〕，攻之。居里不正直，强而不聽□正〔注五〕，出入不請者，攻之。公耳公孫〔注六〕，四七與耳□門，暴敖（驁）不鄰者〔注七〕，攻之。為吏不直，狂（枉）法式，留難必得者，攻之。不喜田作，出入甚客者〔注八〕，攻之。常以奪人，衆以無親，喜反人者〔注九〕，攻之。四八此十者，救民道也。

四九

【注釋】

〔一〕 傻，《方言》六：「長老也」。與「叟」字通。

〔二〕 穉，字亦作「稚」。

〔三〕 雉，讀為「第」。

〔四〕 約，《淮南子·主術》注：「少也」。

〔五〕 缺字當為「里」字。

〔六〕 耳，即耳孫，《漢書·惠帝紀》注引李斐説為曾孫。

〔七〕 鄰，《左傳·昭公十二年》注：「猶親也」。

〔八〕 客，疑讀為「路」，《爾雅·釋詁》：「大也」。

〔九〕 反，《淮南子·詮言》注：「背叛也」。

·蓋廬曰：以德攻何如？申胥曰：□德攻者，其毋德者，自置為君，自立為王者，攻之。暴而無親，貪而不仁者，攻之。賦斂重，五〇强奪人者，攻之。刑正（政）危，使民苛者，攻之。緩令而急徵，使務勝者，攻之。□有虎狼之心，内有盜賊之智者，攻之。暴亂毋五一親而喜相詿者〔注一〕，攻之。衆勞卒罷，慮衆患多者，攻之。中空守疏而無親□□者，攻之。群臣申，三日用暴兵者〔注二〕，攻之。地大而無五二守備，城衆而無合者，攻之。國☒室毋度，名其臺榭〔注三〕，重其正（征）賦者〔注四〕，攻之。國大而德衰，天旱而五三數饑者，攻之。此十者，救亂之道也。五四有天下而不治，名曰不能；治而不服，名曰亂則。季春庚辛，夏壬癸，秋甲乙，冬丙丁〔注五〕。五五

【注釋】

〔一〕 詿，《廣雅·釋詁》：「欺也」。

〔二〕申，約束。《漢書·文帝紀》「勒兵申教令」注：「申謂約束之」。句中疑有脱誤。

〔三〕名，《戰國策·秦策》注：「大也」。

〔四〕征，《廣雅·釋詁》：「稅也」。

〔五〕參看《睡虎地秦墓竹簡·日書乙種》：「春三月季庚辛，夏三月季壬癸，秋三月季甲乙，冬三月季丙丁，此大敗日，取（娶）妻不終，蓋屋燔，行傳毋可有為，日衝」。

■蓋廬〔注一〕五五背

【注釋】

〔一〕蓋廬，書名，書於末簡背面。

引書釋文注釋

【說　明】

《引書》共有竹簡一百一十二枚，簡長三十至三十點五釐米。書題寫於首簡背面。《引書》之「引」即導引。全書由三部分組成：第一部分闡述四季的養生之道，第二部分記載導引術式及用導引術治療疾病的方法，第三部分着重説明導引養生的理論。

引書〔注一〕一背

【注　釋】

〔一〕　引書，書題。引，《素問・血氣形志》注：「引謂導引」。

・春産〔注一〕、夏長、秋收、冬臧（藏），此彭祖之道也。一春日，蚤（早）起之後，棄水〔注二〕，澡漱（漱）〔注三〕，洒齒〔注四〕，泃（呴）〔注五〕，被髮，游（遊）堂下，逆露（露）之清，受天之精，歆（飲）水一棓（杯），所以益讎（壽）也〔注六〕。入宮從昏到夜大半止二之〔注七〕，益之傷氣。三夏日，數沐〔注八〕、希浴〔注九〕，毋莫（暮）【起】〔注一〇〕，多食采（菜）。蚤（早）起，棄水之後，用水澡漱（漱），疏齒〔注一一〕，被髮，步足堂下，有閒而歆（飲）水一棓（杯）。入宮從昏到夜半止，四益之傷氣。五秋日，數浴沐，歆（飲）食飢飽次（恣）身所欲。入宮以身所利安，此利道也。六冬日，數浴沐，手欲寒，足欲温，面欲寒，身欲温，卧欲莫（暮）起，卧信（伸）必有趾（正）也。入宮從昏到夜少半止之，益之傷氣。七

【注　釋】

〔一〕　産，與生同義，秦漢簡帛習見。

〔二〕　棄水，指排尿。

〔三〕　澡，《蒼頡篇》：「盥也」。

〔四〕　洒，《説文》：「滌也」。

〔五〕　呴，字亦作「欨」，《漢書・王襃傳》注：「呴、嘘皆開口出氣也」。

〔六〕　讎，以音近讀為「壽」。

〔七〕　入宮，當指房事。

〔八〕　沐，《説文》：「濯髮也」。

〔九〕　希，少。

〔一〇〕　暮，《吕氏春秋・謹聽》注：「晚」。據文意「莫」下脱「起」字。

〔一一〕　疏，《説文》：「通也」。

·舉胻交股〔注一〕，更上更下卅，曰交股。　·信（伸）胻詘（屈）指卅，曰尺汙〔注二〕。八

【注釋】

〔一〕胻，《說文》：「脛耑也」，段玉裁注：「耑猶頭也，脛近膝者曰胻」。股，《說文》：「髀也」。

〔二〕汙，讀作「蠖」。尺蠖，蟲名。此謂屈伸如尺蠖行走狀。第八至第二八簡，簡文分兩段書寫，釋文於兩段之間空兩字表示。

·傅（搏）足離翕〔注一〕，䍃（䠛）卅〔注二〕，曰僉指。　·信（伸）胻直踵（踵），并䍃（䠛）卅，曰埤堄。九

【注釋】

〔一〕搏，拍擊。翕，《爾雅·釋詁》：「合也」。

〔二〕䠛，《說文》：「跳也」。

·纍足指，上搖之，更上更下卅，曰纍童（動）。　·左右屈胻，更進退卅，曰襲前。一〇

·以足靡（摩）胻，陰陽各三十而更〔注一〕。　·正信（伸）兩足卅，曰引陽筋。一一

【注釋】

〔一〕陰陽，指胻的前、後面。

·摩（摩）足跗各卅而更〔注一〕。一二

【注釋】

〔一〕跗，足背。

·引胒（脽）者〔注一〕，反昔（錯）手北（背）而前俛（俛）。　·陽見者，反昔（錯）手北（背）而卬（仰），後雇（顧）。一三

【注釋】

〔一〕胒，讀為「脽」。《說文》：「尻也」，《廣雅·釋親》：「臀也」。

·窮視者，反昔（錯）手北（背）而俛（俛），後雇（顧）踵。　·則（側）比者〔注一〕，反昔（錯）手北（背）而卑，棎（探）肩

〔注二〕。一四

【注　釋】

〔一〕　則比，亦作「廁比」，見第九九簡。

〔二〕　卑，下。桗，「探」字之誤。

·梟沃者〔注一〕，反昔（錯）手北（背）而揮頭。　·旋信（伸）者，昔（錯）手，撟而後揮〔注二〕。一五

【注　釋】

〔一〕　梟沃，《淮南子·精神》作「梟浴」。

〔二〕　撟，《說文》：「舉手也」。

·梟粟者〔注一〕，反昔（錯）手北（背）而宿（縮）頸垔（垔）頭〔注二〕。　·折陰者〔注三〕，前一足，昔（錯）手，俛（俛）而反鉤之。一六

【注　釋】

〔一〕　梟粟，疑應作「梟栗」。栗，《漢書·楊惲傳》注：「竦縮也」。或說「粟」為「垔」字之誤。

〔二〕　垔，讀作「湮」。《說文》：「没也」。

〔三〕　折陰，此術式為活動腹部，《素問·金匱真言論》：「背為陽，腹為陰」。此術式亦見於馬王堆漢墓帛書《導引圖》。

·回周者，昔（錯）兩手而俛（俛）卬（仰），并揮之。　·蠪（龍）興者，屈前厀（膝），信（伸）後，昔（錯）兩手，據厀（膝）而卬（仰）。一七

·引䐆（脢）者〔注一〕，屈前厀（膝），信（伸）後，昔（錯）手，撟而後旋。　·蛇垔（垔）者〔注二〕，反昔（錯）手北（背），齧而垔（垔）頭。一八

【注　釋】

〔一〕　䐆，即「脢」字，《說文》：「背肉也」。

〔二〕　蛇垔，亦作「蛇甄」，見於第九九簡。

·傅尻，手傅☐·大決者〔注一〕，兩手據地，前後足出入間。一九

【注釋】

〔一〕決，開，見《文選·甘泉賦》注。

·☐☐者，大決足，右手據左足而㑄（俛）左右。　·支落（？）者，以手☐要（腰），撟一臂與足☐而屈（？）。二〇

·受（爰）據者〔注一〕，右手據左足，撟左手負而㑄（俛）左右〔注二〕。　·參倍者，兩手奉，引前而旁軵（軵）之〔注二〕。二一

【注釋】

〔一〕受，疑為「爰」字之訛，讀為「猨（猿）」，《抱朴子·雜應》有「猿據」。

〔二〕軵，推，參看黄懷信等《逸周書彙校集注》第一三七頁，上海古籍出版社，一九九五年。

·縣（懸）前者，㑄（俛）撟兩手而卬（仰），如尋狀〔注一〕。　·榣（摇）弘（肱）者，前揮兩臂，如擊狀。二二

【注釋】

〔一〕尋，尋找。

·反指者，并兩手，撟而後匽（偃）〔注一〕，極之。　·其下者，屈前厀（膝），倍〈信〉後〔注二〕，危撟一臂〔注三〕，力引之。二三

【注釋】

〔一〕偃，《廣雅·釋言》：「仰也」。

〔二〕倍，當為「信」字之誤，讀作「伸」。

〔三〕危，《莊子·盜跖》李注：「高也」。

·虎引者，前一足，危撟一臂而匽（偃）。　·引陰者，反昔（錯）撟手而㑄（俛），極之。二四

·引陽者〔注一〕，前昔（錯）手而卬（仰），極之。　·復鹿者，撟兩手，負而㑄（俛），極之。二五

【注釋】

〔二〕引陽，與引陰相對應，其功用分別為活動背部、腹部。

·虎匽（偃）者，并（併）兩臂，後揮肩上左右。 ·甬莫者，并兩手，左右上下揮之。二六

·復車者，并兩臂，左右危揮，下正揮之。 ·鼻胃者，佛（俛）而左右招兩臂。二七

·度狼者〔注一〕，兩手各無（撫）夜（腋）下，旋膺（膺）〔注二〕。 ·武指者，前左足，右手前指，信（伸）臂。二八

【注　釋】

〔一〕度狼，或說即馬王堆漢墓帛書《導引圖》「螳螂」，但動作不同。

〔二〕膺，《說文》：「胸也」。

·引內癉〔注一〕，危坐，□尻〔注二〕，左手無（撫）項，右手無（撫）左手，上扼（?），佛（俛），極，因余（徐）縱而精昫（呴）之，端卬（仰）而已，定；有（又）復之五而二九……左右皆十而已。三〇

【注　釋】

〔一〕癉，見同出簡《脈書》。

〔二〕缺字右半從「邑」。

·項痛不可以雇（顧）〔注一〕，引之，炎（倓）卧〔注二〕，□目（?），信（伸）手足□☐三一☐已，令人從前後舉其頭，極之，因徐直之，休，復之十而已；因□也，力拘毋息，須臾之頃，汗出走（腠）理〔注三〕，極已。〔注四〕三二

【注　釋】

〔一〕項，《說文》：「頭後也」。

〔二〕倓，《說文》：「安也」。

〔三〕腠理，《史記·扁鵲傳》正義：「謂皮膚」。

〔四〕馬王堆漢墓帛書《導引圖》有「引項」。

·引瘅病之台（始）也，意回回然欲步〔注一〕，體（體）浸（浸）浸（浸）痛〔注二〕。當此之時，急治八經之引〔注三〕，急虖（呼）急昫（呴），引陰。漬産（顔）以塞〈寒〉水如三三粲（餐）頃，去水，以兩手據兩簟〔注四〕，尚（上）無（撫）産（顔）而上下榣（摇）之，口謼（呼）。謼（呼），皆十而已。三四

【注　釋】

〔一〕　回回，《楚辭·九懷》注：「心紆屈也」。

〔二〕　浸浸，意當為漸漸。

〔三〕　馬王堆漢墓帛書《導引圖》有「坐引八維」。

〔四〕　簟，竹席。

·病腸之始也，必前張（脹）。當張（脹）之時，屬意少腹而精炊（吹）之，百而已。三五

·病瘳（？）瘦〔注一〕，·引之之方，右手把丈（杖），鄉（嚮）壁，毋息，左足踱（蹠）壁〔注二〕，卷（倦）而休；亦左手把丈（杖），右足踱（蹠）壁，亦卷（倦）而休。頭氣三六下流，足不痿痺〈痹〉〔注三〕，首不蹱（腫）鼽〔注四〕，毋事恒服之〔注五〕。三七

【注　釋】

〔一〕　「瘳」字不清。

〔二〕　踱，讀為「蹠」，《楚辭·哀郢》注：「踐也」。

〔三〕　痺，當為「痹」字之訛。

〔四〕　《吕氏春秋·盡數》：「鬱處頭則為腫為風，處鼻則為鼽為窒。」

〔五〕　服，《廣雅·釋詁》：「行也」。

·引詘（屈）筋，夸（跨）立，據兩股，壹倚左，信（伸）右股，厀（膝）傅（附）三八地；壹倚右，信（伸）左足股，厀（膝）傅（附）地，皆三而已。三九

·苦兩足步不能鈞（均）而厀（膝）善痛，兩胻善塞〈寒〉，取木善削之，令四〇其大把〔注一〕，長四尺，係其兩端，以新纍縣（懸）之〔注二〕，令其高地四尺，居其上，兩手空（控）纍而更蹶之〔注三〕，朝為千，日中為四一千，莫（暮）食為千，夜半為千〔注四〕，旬而已。四二

二

【注　釋】

〔一〕　把，《説文》：「握也」。

〔二〕　纍，《説文》：「大索也」。

〔三〕　蹶，《爾雅·釋詁》：「動也」。

〔四〕　朝、日中、暮食、夜半，皆一日時段名。

·引踝痛，在右足内踝，引右股陰筋；在外踝，引右股陽筋；在【左】足内踝〔注一〕，引左股陰筋；在外踝，引左股陽筋，四三此皆三而已。四四

【注　釋】

〔一〕　據文意「在」下脱「左」字。

·引厀（膝）痛〔注一〕，右厀（膝）痛，左手據權〔注二〕，内揮右足，千而已；左厀（膝）痛，右手據權，而力揮左足，千而已。左手句（勾）左足四五指，後引之，十而已；右（又）以左手據權，右手引右足指，十而已。四六

【注　釋】

〔一〕　引膝痛，亦見馬王堆漢墓帛書《導引圖》。

〔二〕　權，疑讀為「案」。

·股□□□痛〔注一〕，引之，端坐，信（伸）左足，撟右臂，力引之；其在右，信（伸）右足，撟左臂，而力引之，十而已。四七

【注　釋】

〔一〕　所缺第三字左從「臨」。

·苦兩手少氣，舉之不鉁〈釣〉，指端湍〈浸〉湍〈浸〉善畀（痹），賈（假）縛兩胕於兩脇，而力揮之，朝、日中、夜半皆為千，旬而已。四八

·引腸辟（澼）〔注一〕，端伏，加頤枕上，交手頸下，令人踐亓（其）要（腰）〔注三〕，毋息，而力舉尻，三而已。亓（其）病不能自舉者，令人以衣為舉亓（其）尻。四九

【注釋】

〔一〕腸澼，見《脈書》。

〔二〕頤，下頷。

〔三〕踐，踏。

·引北（背）甬（痛），熊經十〔注一〕，前據（？）十，端立，夸（跨）足，前後俌（俛），手傅地，十而已。五〇

【注釋】

〔一〕熊經，術式名。見《莊子·刻意》、《淮南子·精神》，亦見馬王堆漢墓帛書《導引圖》。

·引要（腰）甬（痛），兩手之指夾膭（脊），力輾以卬（仰）〔注一〕，極之；兩手奉尻，僂頭〔注二〕，揗之〔注三〕，頭手皆下至蹱（踵），三而已。五一

【注釋】

〔一〕輾，疑即「軵」字之訛，意為推，見上。

〔二〕僂，當即「俌（俛）」字之訛。

〔三〕揗，《說文》：「摩也」。

·支尻之上甬（痛），引之，為木鞠〔注一〕，談（倓）卧，以當甬（痛）者，前後榣（搖）之，三百而休；舉兩足，指上，手撫席，舉尻以力引之，三而已。五二

【注釋】

〔一〕鞠，《說文》：「蹋鞠也」。木鞠，木球。

·益陰氣，恒坐夸（跨）股〔注一〕，勿相悔食〔注二〕，左手據地，右手把飯，垂到口，因吸飯氣，極，因飯之；據兩股，折要（腰），信（伸）少腹，力極之，五三乃敪（啜）咽〔注三〕，有（又）復之，三而已。五四

【注　釋】

〔一〕 恒，《説文》：「常也」。

〔二〕 悔，疑讀作「挴」，《楚辭·天問》注：「貪也」。

〔三〕 啜，《廣雅·釋詁》：「食也」。

·引□〔注一〕，其在左，反左手頭上，右手句（勾）左手而力引之；其在右，反右手頭上，左手而力引之。危坐，夸（跨）股，□手交
五五 指以癴（摩）面〔注二〕，以下盾（揗）之至股，而前軵手，反而舉之，而力引之，壹上壹下，壹左壹右而休。五六

【注　釋】

〔一〕 缺字從「疒」。

〔二〕 殘字左傍從「手」。

·引足下筋痛，其在左足，信（伸）左足，右股危坐，右手據地，左手句（勾）左足指；其右也，信（伸）右足，左股危坐，左手據五
七 地，右手句（勾）右足指，力引之，三而已。五八

·引蹶〔注一〕，危坐，信（伸）左足，右足支尻，右手撫股，左手句（勾）左足之指而引，極之，左右皆三而已。五九

【注　釋】

〔一〕 蹶，即「厥」，《素問·五臟生成》「（血）凝於足者為厥」王冰注：「厥，謂足逆冷」。

·引瘁（癃）〔注一〕，端立，抱柱，令人□其要（腰）〔注二〕，毋息，而力引尻。六〇

【注　釋】

〔一〕 瘁，即「癃」，《素問·宣明五氣論》：「膀胱不利為癃」。

〔二〕 缺字右從「付」聲，疑為「軵」字。

·□□上□〔注一〕，敦踵（踵）〔注二〕，壹敦左，壹敦右，三百而已。信（伸）左足，右手據右厀（膝），左手撫左股，而引左之股三，

有（又）引右股三；六一□，因呴（呴）之卅，去卧，據則（側）而精虖（呼）之卅，精呴（呴）之卅，精炊（吹）卅。端談（倓），吸精氣而咽之，瞋（填）少腹〔注二〕，以力引陰，三而已。六二

【注　釋】

〔一〕缺字第一字右從「寺」，第二字右從「耑」，第四字右從「巨」。

〔二〕敦，投，見《詩·北門》箋。

·引瘚〔注一〕，卧，詘（屈）兩厀（膝），直蹱（踵），并（併）䍃（搖）卅，日引（？）□。□鳧沃六三卅，虎雇（顧）卅，有（又）復炎（倓）卧如前，廿而休；有（又）起，危坐，鳧沃卌，虎雇（顧）卌，復炎（倓）卧如前，卅而休；因起，鳧沃五十，虎雇（顧）五十而已。六四

【注　釋】

〔一〕瘚，《説文》：「逆氣也。」字亦作「厥」。

·引瘠（膺）痛，前瘠（膺）後手十，引信（伸）十，後反復十而已。六五

·夜日卧厥（瘚），學（覺）心腹及匈（胸）中有痛者，無（撫）之以手而精炊（吹）之，卅而已。六六

·引心痛，係纍長五尋〔注一〕，毄（繫）其衷（中），令其高丈。兩足踐板，端立，兩手空（控）纍，以力偃，極之，三而已。一曰：夸（跨）足，折要（腰），空（控）丈（杖）六七而力引之，三而已。一曰：危坐，手操左棺（腕）而力舉手，信（伸）臂，以力引之，極，因下手摩（摩）面，以下印（抑）兩股，力引之，三百而已。六八

【注　釋】

〔一〕尋，八尺。

·引陰，端坐，張兩股，左手承下，右手無（撫）上，折要（腰），信（伸）少腹，力引尻。六九

·引積（癩），腸積（癩）及筋積（癩），左手據左股，詘（屈）左厀（膝），後信（伸）右足，詘（屈）右手而左雇（顧）三；有（又）前右足，後左足，曲左手，雇（顧）右，三七〇而已。有（又）復撟兩手以偃，極之三；撟左臂以偃，極之；撟右臂，左手據左尻以偃，極之，此皆三而已。七一

·引腹甬（痛），縣（懸）纍版（板），令人高去地尺，足踐其上，手空（控）其纍，後足，前癒（應），力引之，三而已。因去伏，足距壁，固箸（着）少腹七二及股厀（膝）於席，兩手據揬〈探〉上〔注一〕，稍舉頭及膺（膺）而力引腹，極，因徐直之；已，有（又）復之，三而已。因力舉尻，極，三而已。七三

【注釋】

〔一〕 探，讀為「枕」。

·苦腹張（脹），夜日談（倓）卧而精炊（吹）之卅；無益，精噂（呼）之十；無益，精昫（呴）之十；無益，復精炊（吹）之卅；無益，起，治八經之引。七四去卧，端伏，加兩手枕上，加頭手上，兩足距壁，興心，印〈抑〉頤，引之，而賈（固）箸（着）少腹及股厀（膝），三而已。七五去卧而尻壁，舉兩股，兩手絇（鉤）兩股而力引之，極之，三而已。□吳〔注一〕七六

【注釋】

〔一〕 抄寫者名。缺字右從「頁」。

·引虖及欬（咳）〔注一〕，端立，將壁〔注二〕，手舉頤，稍去壁，極而已。七七

【注釋】

〔一〕 虖，《說文》：「哮虖也」。此處當指哮喘。

〔二〕 將，《廣雅·釋言》：「扶也」。

·引肩痛，其在肩上，爰行三百〔注一〕；其在肩後，前據三百；其在肩前，後復三百；其在夜（腋）下，支落三百；其在兩肩之間七八痛，危坐，夸（跨）股，把棺（腕），印〈抑〉股，以力榣（搖）肩，百而已。七九

【注釋】

〔一〕爰，疑讀為「猨」，即「猿」字。

·引瘛〔注一〕，其在脇，左手據壁，右手據尻，前左足，詘（屈）其厀（膝），信（伸）右足而力引之，極；因前右足，詘（屈）其厀（膝），信（伸）左足，各三而已。八〇

【注釋】

〔一〕《素問·玉機真藏論》：「病筋脈相引而急，病名曰瘛。」

·引辟〔注一〕，在【左】頰〔注二〕，左手據右顫之髮〔注三〕，信（伸）左手而右手引之；在右頰，引之如左，皆三而已。廁比十，陽見十，梟沃十。八一 ·端立〔注四〕，被髮敦踵三百，却步三百而休。八二

【注釋】

〔一〕《莊子·田子方》「口辟焉而不能言」司馬注：「卷不開也」。
〔二〕據文意「在」下脱「左」字。
〔三〕顫，讀為「顚」，《說文》：「顚頂也」。
〔四〕「端」字上有墨點，或標明另一種方法。

·引睺（喉）痹，無（撫）乳，上舉頤，令下齒包上齒，力卬（仰），三而已。其病甚，令人騎其北（背），無（撫）顔（顏），舉頤而卬（仰）之，亟（極）而已。八三

·引鼽，危坐，以手力循（揗）鼻以卬（仰），極，無（撫）心，以力引之，三而已。去立，夸（跨）足，以佛（俛）據地，極之，三而已。八四

·引口痛，兩手指内（入）口中，力引之；已，力張口，力張左輯（頷），有（又）力張右輯（頷），乇（吒）而勿發〔注一〕，此皆三而已。八五

【注釋】

〔一〕吒，《說文》：「噴也」。

·失欲口不合〔注一〕，引之，兩手奉其頤，以兩拇指口中擪〔注二〕，窮耳而力舉頤，即已矣。八六

【注　釋】

〔一〕欲，《說文》：「合會也」。

〔二〕擪，《說文》：「一指按也」，朱駿聲《說文通訓定聲》云：「一指當作以指」。

·引肘痛，□□三百，□□三百。其捾（腕）痛在左，右手把左捾（腕）而前後榣（搖）之，千而休；其在右，左手把右捾（腕），前後榣（搖）八七之，千而休。其在右手，左手杷（把）右捾（腕），前後榣（搖）之，千而休。其左手指痛，右手無（撫）左手指，反引之。其右手指痛，左手無（撫）右手指，八八力引之，十而休〔注一〕。八九

【注　釋】

〔一〕按文例，此下當脱右手指痛一段。

·引目痛，左目痛，右手指癴（擪）内脈，左手指無（撫）顫而力引之，三而已；右如左。·一曰：兩手之指癴（擪）兩目内脈而上循（揗）之，至項，九〇十而已。·一曰：起卧而危坐，癴（摩）兩手，令指熱，以循（揗）兩目，十而已。九一

·引廄（瘻）〔注一〕，其在右恒陽之胕脈，視左足之指，佛（俛），力引之；其在左，引之如右。其在右則（側）陽筋胕脈，視左肩，力引之；其在左九二則（側）陽筋胕脈，如右。其在左則（側）隂（陰）筋胕脈，雇（顧）右足歱（踵），力引之；其在右則（側）隂（陰）筋胕脈，亦如左。其在前隂（陰）筋，兩手無（撫）九三乳上，以力舉頤，此物皆十而已。九四

【注　釋】

〔一〕瘻，《山海經·中山經》注：「癰屬也」。

·引聾〔注一〕，端坐，聾在左，信（伸）左臂，撟母（拇）指端，信（伸）臂，力引頸與耳；右如左。九五

【注　釋】

〔一〕《導引圖》有「引聾」，圖像與本術式不同。

·引耳痛，内指耳中而力引之，壹上下，壹前後，已，因右手據左肩，力引之，已，左手據右肩，力引之，皆三而已。九六

·苦瓹（?）及顤（顏）痛，漬以寒水，如餐（餐）頃，掌安（按）顫，指據髮，更上更下而謼（呼）虖虖，手與口俱上俱下，卅而已。九七

·學（覺）以涿（啄）齒[注一]，令人不齲。其齲也，益涿（啄）之。九八

【注　釋】

〔一〕　啄齒，叩齒。

·閉息以利交筋，堂落以利恒脈，蛇甄以利距腦[注一]，鳧沃以利首輻[注二]，周脈循奏（腠）理以利蹱（踵）首，廁（側）比以利耳，陽見以利目，啓九九口以卬（仰）以利鼻，秅（吒）而勿發以利口，撫心舉頤以利朕（喉）胭（咽），臬栗以利柎項，虎雇（顧）以利項尼[注三]，引倍以利肩絟（錦），支落以利一〇〇夜（腋）下，雞信（伸）以利肩婢（髀），反榣（摇）以利腹心，反旋以利兩胠，熊經以利䐈（脢）背，復據以利要（腰），禹步以利股閒，前厥以利股厀（膝），反一〇一擘以利足蹢[注四]，踈指以利足氣，敦蹱（踵）以利匈（胸）中，此物皆三而已。一〇二

【注　釋】

〔一〕　腦，簡文作「𡿺」，與《睡虎地秦墓竹簡·封診式》第五七簡「腦」字同。

〔二〕　輻，字不識，似即第五一簡「輮」字。

〔三〕　尼，或説讀為「眉」，臀部。

〔四〕　擘，當係「擊」字之訛，字又作「擊」，《莊子·徐無鬼》司馬注：「牽也」。蹢，《廣雅·釋獸》：「足也」。

〔五〕　物，《左傳·昭公九年》注：「類也」。

·人之所以得病者，必於暑濕風寒雨露，奏（腠）理啓闔，食歓（飲）不和，起居不能與寒暑相應（應），故得病焉。是以春夏秋一〇三冬之閒[注一]，亂氣相薄遝也[注二]，而人不能自免其閒（間），故得病。是以必治八經之引，炊（吹）昫（呴）虖（呼）吸天地之精氣，信（伸）復（腹）折要（腰），力信（伸）手一〇四足，軵蹱（踵）曲指，去起寬亶[注三]，偃治巨引，以與相求也，故能毋病。偃卧

炊（吹）昫（呴）、引陰（陰），春日再昫（呴），壹虖（呼）壹炊（吹）；夏日再虖（呼），壹昫（呴）壹一〇五炊（吹）；冬日再炊（吹），壹昫（呴）壹虖（呼）。人生於清（情），不智（知）愛其氣，故多病而易死。人之所以善蹶（瘚）〔注四〕，蚤（早）衰於陰，以一〇六其不能節其氣也。能善節其氣而實其陰（陰），則利其身矣。貴人之所以得病者，以其喜怒之不和也。喜則陽一〇七氣多，怒則陰（陰）氣多，是以道者喜則急昫（呴）、怒則劇炊（吹）以和之，吸天地之精氣，實其陰（陰），故能毋病。賤人之所一〇八以得病者，勞卷（倦）飢渴，白汗夬（決）絶〔注五〕，自入水中，及卧寒宊之地〔注六〕，不智（知）收衣，故得病焉；有（又）弗智（知）昫（呴）虖（呼）而除去之，一〇九是以多病而易死。一一〇

【注　釋】

〔一〕「冬」字前墨點係誤加。

〔二〕亂，《荀子·解蔽》注：「雜也」。薄，《釋名·釋言語》：「迫也」。逮，《廣雅·釋言》：「及也」。

〔三〕亶，讀作「袒」。

〔四〕瘚，《廣雅·釋詁》：「病也」。

〔五〕決，《說文》：「行流也」。

〔六〕宊，《廣雅·釋詁》：「空也」。

·治身欲與天地相求，猶橐籥也，虛而不屈，動（動）而俞（愈）出〔注一〕。閉玄府〔注二〕，啓繆門，闔五臧（臟）〔注三〕，逢（？）九竅〔注四〕，利啓闔奏（腠）一一一理，此利身之道也。燥則婁（數）虖（呼）婁（數）卧，濕則婁（數）炊（吹）毋卧實陰（陰），暑則精婁（數）昫（呴），寒則勞身，此與燥濕寒暑相應（應）之道也。一一二

【注　釋】

〔一〕《老子》：「天地之間，其猶橐籥乎？虛而不屈，動而愈出。」

〔二〕玄府，詞見《素問·水熱穴論》。

〔三〕五臟，心、肝、脾、肺、腎。

〔四〕九竅，耳、目、鼻、口和前陰、後陰。

遣策釋文注釋

襌縑襦一〔注一〕　五穜（種）囊一〔注二〕　□薪三車一

錦帬（裙）一　筭（算）囊一〔注三〕　卮一合二

紺袍一〔注四〕　白帶一三

布襌襦一　秫米囊一四

素複襦一〔注五〕　□囊一　㯃（漆）丈（杖）二五

綈帬（裙）一〔注六〕　黄卷□棺中六

綈袍一　錦巾一七

襌縑帬（裙）一　黄卷一囊　版圖一八

布襌衣二　素□四綷（?）九

緂複衾一〔注七〕　稻米囊一一〇

素絝（袴）一〔注八〕　黑帶一，有鉤，鞞刀〔注九〕一一

茈（紫）袍一　踈（梳）比（篦）一，有□一二

縑履一　盛一合〔注一〇〕一三

㯃（漆）履一兩〔注一一〕　籢（奩）一合一四

▨一笥，有匕　史光笥一〔注一二〕一五

鹽一莆（箙）　吴（虞）人男女七人〔注一三〕一六

鹽介（芥）一莆（箙）　回璧四具一七

豉一笥　軺車一乘馬一▨一八

醬一笥　介（芥）一椑一九

□一簏〔注一四〕　盂一二〇

白魚一簏　脯籢（奩）一合〔注一五〕二一

蒜一簏　竹籢（奩）一合二二

薑（薑）一簏　漿（蔣）部婁一〔注一六〕二三

雚一笿〔注一七〕　著（簪）部婁一〔注一八〕二四

李一笿　素冠、縠冠各一〔注一九〕二五

卵一笿　金鍪一，有枓〔注二〇〕二六

瓜一笿　盎一二七

鞠（麴）一笿　澡巾一二八

便煎一　肉一笥二九

緹斂（奩）一〔注二一〕　食囊二三〇

☐甗鍑各一三一

⿰糹啇（締）⿰女⿱⺮帶（襪）一〔注二二〕　粱米囊一三二

☐囊一　脯一束三三

□囊一　書一笥〔注二三〕三四

☐矢九　畫杯七三五

伏机（几）一　鋌一〔注二四〕三六

矛一　枚杯七〔注二五〕三七

劍一　卑匮（虒）二合〔注二六〕三八

筆一，有管　□土二〔注二七〕三九

研一，有子〔注二八〕　沐部婁一〔注二九〕四〇

☐合☐四一

【注　釋】

〔一〕　襌，讀作「單」。縑，《説文》：「并絲繒也」。襦，《説文》：「短衣也」。

〔二〕　五種，《周禮·職方氏》注：「黍、稷、菽、麥、稻也」。

〔三〕　算，算籌。

〔四〕　紺，《急就篇》注：「青而赤色也」。袍，《急就篇》注：「長衣曰袍」。

〔五〕　復，夾。

〔六〕 綈，《急就篇》注：「厚繒之滑澤者也」。

〔七〕 緂，《説文》：「白鮮衣貌」。

〔八〕 袴，《急就篇》注：「謂脛衣也」。

〔九〕 鞞刀，見《奏讞書》第二一四簡。鉤，指帶上懸刀之鉤。

〔十〕 盛，《禮記・喪大記》注：「謂今時杯杅也」。

〔一一〕 兩，雙。

〔一二〕 史光，應係人名。

〔一三〕 虞人，《孟子・滕文公下》注：「守苑囿之吏也」。此處指俑。

〔一四〕 落，字亦作「客」，《字林》：「杯籠也」。此處指竹籠。

〔一五〕 籢，即「奩」字，盛物器，長沙馬王堆一號墓遺策有「食檢（籢）」。

〔一六〕 蔣，《漢書・司馬相如傳》注：「菰也」。部婁，讀為「杯落」。《方言》五：「杯落，陳楚宋衛之間謂之杯落，又謂之豆筥」，郭注：「盛杯器籠也」。此處指小籠。

〔一七〕 藿，《廣雅・釋草》：「豆角謂之莢，其葉謂之藿」。

〔一八〕 藷，《文選・南都賦》注：「甘蔗也」。

〔一九〕 縠，《説文》：「細縛也」。朱駿聲《説文通訓定聲》云，即今縐紗。

〔二〇〕 鍪，《急就篇》注：「小釜類」。今出土者甚多。

〔二一〕 緹，《廣雅・釋器》：「赤也」。

〔二二〕 締，《文選・過秦論》注：「連接也」。古代襪為布質，後部開口，用帶繫結。

〔二三〕 指墓中藏簡的竹笥。

〔二四〕 鋌，當讀為「梃」，《小爾雅・廣服》：「杖謂之梃」。

〔二五〕 枚，馬檛。杯，疑讀為「棓」，大杖。或說「枚」字為「杖」字之誤。

〔二六〕 卑虒，《朱德熙古文字論集》（中華書局，一九九五年）第一二三頁云為「較淺的盆盤類器皿」。由簡文看，器當有蓋。

〔二七〕 第一字右上從「隹」，下從「土」。

〔二八〕 研，硯。子，指研石。

〔二九〕 沐，不知何物，疑讀為「楙」，《説文》：「冬桃也」。

附録一　竹簡整理號與出土號對照表

篇名	整理號	出土號
曆譜	一	B三
	二	B一一
	三	B七
	四	B一
	五	B一三
	六	B一〇
	七	B九
	八	B八
	九	B二
	一〇	B四
	一一	B一二
	一二	B一五
	一三	B一四
	一四	B六
	一五	B五
	一六	B一七
	一七	B一六
	一八	B一八
二年律令	一	F一四
	二	C一
	三	C殘
	四	F一七
	五	F一六
	六	F四
	七	C二A
		C一五B
	八	C三
	九	F一A
	一〇	C一五A
	一一	C四
	一二	C五
	一三	C六
	一四	C七
	一五	C八
	一六	C九
	一七	C一〇
	一八	C一一
	一九	C一二
	二〇	C一三
	二一	C一四
	二二	C三〇〇
	二三	C三〇一
	二四	C三〇八
	二五	C三二五
	二六	C三二四
	二七	C三二三
	二八	C三二二
	二九	C三二一
	三〇	C三二〇
	三一	C三一九
	三二	C三一八
	三三	C三一七
	三四	C三一六
	三五	C三一五
	三六	F一六八
	三七	F一七四
	三八	F一三七
	三九	F一六二
	四〇	F一七一
	四一	F一七二
	四二	F一八二
	四三	F八三
	四四	F一八六B
		F一B
	四五	C二七〇
	四六	F一一
	四七	F一五BC
	四八	F一二
	四九	F一三
	五〇	F一八八B
	五一	F三六
	五二	F三四
	五三	F一六一
	五四	C一八
	五五	F一六四
	五六	F一八〇
	五七	F一七七A、B
	五八	F一八四
	五九	F一八一
	六〇	F一七八
	六一	F一七五
	六二	F一六七
	六三	F一七三
	六四	F一六五
	六五	C三一一
	六六	C三一〇
	六七	C三〇九
	六八	C二八六
	六九	C三〇七
	七〇	C三〇六
	七一	C三〇五
	七二	C三〇四
	七三	F一六〇
	七四	C二七四
	七五	C二七三
	七六	C二七二
	七七	F二〇
	七八	C三〇
	七九	C六六
	八〇	F二七
	八一	F二一
	八二	C一九
	八三	C二一
	八四	C二三
	八五	C二二
	八六	C二〇
	八七	C二一
	八八	C二四
	八九	C二五
	九〇	C二六

篇名	整理號	出土號
	九一	C二八
	九二	C二九五
	九三	C三四
	九四	C三五
	九五	C三六
	九六	C五八
	九七	C三七
	九八	C三九
	九九	C三八A、B
	一〇〇	C五九
	一〇一	C三三
	一〇二	C四〇
	一〇三	F一〇一
	一〇四	C四一
	一〇五	C四二
	一〇六	C二九七
	一〇七	C二九四
	一〇八	C二九三
	一〇九	C二九〇
	一一〇	C二八九
	一一一	C二八八
	一一二	C二八七
	一一三	C二八五
	一一四	C二八四
	一一五	C二八三
	一一六	C二八二
	一一七	F一四九
	一一八	C二七五
	一一九	C二九二
	一二〇	C二九六
	一二一	C三〇三
	一二二	C三〇二
	一二三	C三一四
	一二四	C三一三
	一二五	C三一二
	一二六	C一七
	一二七	F一八A
		殘八
	一二八	F殘六、八
	一二九	F一九
		殘五
	一三〇	F三二
	一三一	F二八
	一三二	F五
	一三三	C三二
	一三四	C二九
	一三五	F一五七
	一三六	F一五五
	一三七	F三五
	一三八	F殘
	一三九	F八
	一四〇	F一五
		F九
	一四一	C一六
	一四二	C六七
	一四三	C六一A、B
	一四四	C五一
	一四五	C五〇
	一四六	C七五
	一四七	C七四
	一四八	C四八
	一四九	C四七
	一五〇	C四五
	一五一	C二九九
	一五二	C二八〇
	一五三	C四六
	一五四	C二六九
	一五五	C二六八
	一五六	C二六四
	一五七	F六
	一五八	C四三
	一五九	F一八B
	一六〇	F二
	一六一	F七
	一六二	C二七一
	一六三	F一五八
	一六四	F三A
		F四
	一六五	C三一
	一六六	C四九
	一六七	C六五
	一六八	C五四
	一六九	殘
	一七〇	C六二A、
		C、D、B
	一七一	C二九八
	一七二	C六〇
	一七三	C五七
	一七四	C二六三
	一七五	C二六二
	一七六	C二六一
	一七七	C二六〇
	一七八	F一四六
	一七九	F一四七
	一八〇	F一四八
	一八一	F一四三
	一八二	F一四四
	一八三	F一五〇
	一八四	F一五六
	一八五	F二二
	一八六	F二三
	一八七	F一四五
	一八八	C二九一
	一八九	C二八一
	一九〇	C二七九
	一九一	C二七八
	一九二	C二七七
	一九三	C二七六
	一九四	C五五
	一九五	C五六

篇名	整理號	出土號
	一九六	C八八
	一九七	C二五六
	一九八	C二五五
	一九九	C二五四
	二〇〇	C二五三
	二〇一	C二五二
	二〇二	F一三九
	二〇三	C二五一
	二〇四	C二六七
	二〇五	C二六六
	二〇六	F一三八
	二〇七	F一三六
	二〇八	F一四〇
	二〇九	F一三五
	二一〇	C五三
	二一一	C七三
	二一二	C八六
	二一三	C七六
	二一四	C七七
	二一五	C七八
	二一六	C九二
	二一七	C九四
	二一八	C九六
	二一九	C二五九
	二二〇	C二五八
	二二一	C一七九
	二二二	C一九五
	二二三	C一九六
	二二四	C一〇六
	二二五	C七九
	二二六	F二五
	二二七	C二五七
	二二八	F四七B
	二二九	F四三A、B
	二三〇	F四五
	二三一	F四一B
	二三二	F一二四
	二三三	F一二三
	二三四	F一〇六
	二三五	F一〇七
	二三六	F一〇四
	二三七	F一〇三
	二三八	F一〇二
	二三九	C一八一
	二四〇	C一八〇
	二四一	C一七七
	二四二	C一七六
	二四三	C一七八
	二四四	C一七五
	二四五	C七二
	二四六	F八三
	二四七	F七二
	二四八	F六二
	二四九	F八一
	二五〇	F六三
	二五一	F七九
	二五二	F七八
	二五三	F六五
	二五四	F四〇A、B
		F四〇
	二五五	F四九
	二五六	F八二
	二五七	F六六
	二五八	F一五二
	二五九	F一五一
	二六〇	F一五三
	二六一	F一六九
	二六二	F一七〇
	二六三	殘片
	二六四	C一八三
	二六五	C一九二
	二六六	C一八八
	二六七	C一八九
	二六八	C一九〇
	二六九	F一七九
	二七〇	C一九三
	二七一	C一九四
	二七二	C殘一一
		C二三七
	二七三	C二三六
	二七四	C二三五
	二七五	C二三四
	二七六	F一二六
	二七七	F一二五
	二七八	C一九一
	二七九	F八五
	二八〇	F八六
	二八一	C二六五
	二八二	C一六五
	二八三	C一六九
	二八四	C一七四
	二八五	C一七三
	二八六	F七七
	二八七	F八〇
	二八八	F七四
	二八九	F七六
	二九〇	F六四
	二九一	C二一四
	二九二	C二一三
	二九三	C二一八
	二九四	C二一九
	二九五	C二一〇
	二九六	F殘一
	二九七	C一二四
	二九八	C殘一三
		C一二五
	二九九	C一二六
	三〇〇	C二一六
	三〇一	C二一五
	三〇二	F一二一

篇名	整理號	出土號
	三〇三	F一一八
	三〇四	F一二〇
	三〇五	C一四二
	三〇六	C一一二
	三〇七	F五五
	三〇八	C一四九
	三〇九	C一四八
	三一〇	F四一A
		F五六
	三一一	F三〇
	三一二	C一五〇
	三一三	C一五一
	三一四	F九三
	三一五	F九四
	三一六	F九〇
	三一七	C一五五
	三一八	F八七A
	三一九	F六一
	三二〇	F六〇
	三二一	F四八
	三二二	F五四
	三二三	C九三
	三二四	C一三五
	三二五	F三九
	三二六	F殘七
	三二七	殘甲
	三二八	C一〇三
	三二九	C一四〇
	三三〇	C一四一
	三三一	C一四五
	三三二	C一四六
	三三三	C一四七
	三三四	C一五六
	三三五	C一八二
	三三六	F二六
	三三七	C一四四
	三三八	C一八五
	三三九	C一八七
	三四〇	C一五三
	三四一	C殘一
	三四二	F九一
	三四三	F九二
	三四四	F八九
	三四五	F八八
	三四六	F八四
	三四七	F一四一
	三四八	F四二
	三四九	F殘片
	三五〇	F三七
	三五一	F一三三
	三五二	F三八
	三五三	F一〇
	三五四	F一二七
	三五五	F一二八
	三五六	F一二九
	三五七	F一三〇
	三五八	F一三四A、B
	三五九	F一三二
	三六〇	F一三一
	三六一	C二四四
	三六二	C二四三
	三六三	C二四五
	三六四	C二四七
	三六五	C二四六
	三六六	I殘六
	三六七	C三二六
		C殘四
		C六四B
	三六八	C七〇
	三六九	C九九
	三七〇	C八五
	三七一	C一〇〇
	三七二	F一〇〇
	三七三	C九一
	三七四	C八九A
	三七五	C五二
	三七六	C八四
	三七七	C八二
	三七八	C九〇
	三七九	C一三四
	三八〇	C一三六
	三八一	C六四A
		C八九B
	三八二	C一三七
	三八三	C一四三
	三八四	C一八四
	三八五	C一九七A
	三八六	C一九八
	三八七	C一九九
	三八八	F四七A
	三八九	C二四九
	三九〇	C二五〇
	三九一	C二四一
	三九二	C二四二
	三九三	C二四〇
	三九四	C二三九
	三九五	C二三八
	三九六	F一五九
	三九七	F一六六
	三九八	F一六三
	三九九	F一五四
	四〇〇	F一四二
	四〇一	F一八五A
	四〇二	F殘片
	四〇三	F一八六C
	四〇四	F一八六A
	四〇五	F一七六
	四〇六	F三三
	四〇七	F二四
	四〇八	F四四

篇名	整理號	出土號
	四〇九	C八一
	四一〇	C一一〇
	四一一	C七一
	四一二	C八三
	四一三	C九七
	四一四	C九八
	四一五	C一〇七
	四一六	C一〇一
	四一七	C一〇二A
	四一八	F五七
	四一九	C一五九
	四二〇	C一六四
	四二一	C一五七
	四二二	C一六二
	四二三	F三
	四二四	C一五二
	四二五	C一七〇
	四二六	C一五三
	四二七	C一五八
	四二八	C一六三
	四二九	C一六〇
	四三〇	C一六七
	四三一	C一六六
	四三二	F七三
	四三三	C一六八
	四三四	C一七二
	四三五	C一七一
	四三六	F七五
	四三七	F六八
	四三八	F六七
	四三九	F七〇
	四四〇	F一〇五
	四四一	F二〇
	四四二	F四六
	四四三	F一一一
	四四四	F五二
	四四五	F二九
	四四六	C一一六
	四四七	C六九
	四四八	C一〇四
	四四九	C九五
	四五〇	C一〇五
	四五一	C殘七
		C一一七
	四五二	C一一八
	四五三	C一一九
	四五四	C二二五
	四五五	C二二四
	四五六	C二二三
	四五七	C殘一二
		C二二二
	四五八	C二二一
	四五九	C二二〇
	四六〇	C二一九
	四六一	F一一九
	四六二	F一一三
	四六三	F一一四
	四六四	F一一五
	四六五	F一一六
	四六六	F一一七
	四六七	F五〇A、B
	四六八	F四四
	四六九	F五三
	四七〇	C八〇
	四七一	C一一三
	四七二	C一一四
	四七三	C一一五
	四七四	C殘八
		C一〇八
	四七五	C一〇九
	四七六	C一一一
	四七七	C一〇二B
		C一二〇
	四七八	C二三二
	四七九	C二三一
	四八〇	C二三〇
	四八一	C二二九
	四八二	C二二八
	四八三	C二二七
	四八四	C二二六
	四八五	F一一二
	四八六	F一〇九
	四八七	F一〇八
	四八八	F一二三
	四八九	F五一
	四九〇	F六九
	四九一	F七一
	四九二	F五八
	四九三	C一二一
	四九四	C一二三
	四九五	C一三二
	四九六	C一三三
	四九七	C一二七
	四九八	C一二二
	四九九	C一二九
	五〇〇	C六八
	五〇一	C一二八
	五〇二	C一三〇
	五〇三	C一三一
	五〇四	C一三八
	五〇五	C一三九
	五〇六	C二〇八
	五〇七	C二〇七
	五〇八	C二〇三
	五〇九	C二一一
	五一〇	C二一二
	五一一	C殘七
		C二〇六B
	五一二	C二〇九
	五一三	F九九

篇名	整理號	出土號
	五一四	F九八
	五一五	F九七
	五一六	F九六
	五一七	F一八七
	五一八	F五九
	五一九	C二〇六A C一八六
	五二〇	C二〇五
	五二一	C二〇一
	五二二	F九五
	五二三	C二〇四
	五二四	C一九七B
	五二五	C二〇二
	五二六	
奏讞書	一	E一九七
	二	E一九六
	三	E一九五
	四	E一九四
	五	E一九三
	六	E一九二
	七	E一八五
	八	E一八三
	九	E一八二
	一〇	E一七〇
	一一	E一六六
	一二	E一五八
	一三	E一六七
	一四	E一七七
	一五	E一六九
	一六	E一五〇
	一七	E一八四
	一八	E一九〇
	一九	E一八九
	二〇	E一八八
	二一	E一八七
	二二	E一八六
	二三	E一七四
	二四	E一七三
	二五	E一七五
	二六	E一九一
	二七	E一八一
	二八	E一七九
	二九	E一七八
	三〇	E一八〇
	三一	E一七六
	三二	E一六五
	三三	E一六四
	三四	E一六三
	三五	E一六二
	三六	E一四九
	三七	E一四八
	三八	E一四七
	三九	E一六一
	四〇	E一七二
	四一	E一七一
	四二	E一五八
	四三	E一五六
	四四	E一五五
	四五	E一五四
	四六	E一五三
	四七	E一六八
	四八	E一五二
	四九	E一三九
	五〇	E一五一
	五一	E一三七
	五二	E一三六
	五三	E一二一
	五四	E一三三
	五五	E一六〇
	五六	E一四六
	五七	E一三四
	五八	E一五九
	五九	E一四二
	六〇	E一四四
	六一	E一四三
	六二	E一四五
	六三	E一三八
	六四	E一二〇
	六五	E一一九
	六六	E一〇二
	六七	E一三五
	六八	E一一七
	六九	I八
	七〇	E一三二
	七一	E一四〇
	七二	E一四一
	七三	E一三〇
	七四	E一二九
	七五	E一二八
	七六	E一二七
	七七	E一二六
	七八	E一二五
	七九	E一二四
	八〇	E一二三
	八一	E一二二
	八二	E一〇四
	八三	E一〇三
	八四	E八五
	八五	E八四
	八六	E一一八
	八七	E一〇〇
	八八	I一五
	八九	E九七
	九〇	E一三一
	九一	E一一二
	九二	E一一六
	九三	E一一一
	九四	E一一〇
	九五	E一〇九
	九六	E一一四

篇名	整理號	出土號
	九七	E一一五
	九八	E一〇八
	九九	E一〇七
	一〇〇	E一〇六
	一〇一	E一〇五
	一〇二	E九〇
	一〇三	E九一
	一〇四	E六三
	一〇五	E八三
	一〇六	E一〇一
	一〇七	E八〇
	一〇八	I四六
	一〇九	I四七
	一一〇	I四五
	一一一	E七九
	一一二	E一一三
	一一三	E九八
	一一四	E九九
	一一五	E九二
	一一六	E九三
	一一七	E九四
	一一八	E九五
	一一九	E九六
	一二〇	E八六
	一二一	E八七
	一二二	E八八
	一二三	E八九
	一二四	I五八
	一二五	I五七
	一二六	I五五
	一二七	I六〇
	一二八	I五四
	一二九	E六五
	一三〇	E六六
	一三一	E六四
	一三二	E六二
	一三三	E八二
	一三四	E八一
	一三五	E五九
	一三六	I五二
	一三七	I五一
	一三八	I四九
	一三九	E五八
	一四〇	E七八
	一四一	E七七
	一四二	E七六
	一四三	E七五
	一四四	E七四
	一四五	E七三
	一四六	E七二
	一四七	E七一
	一四八	E七〇
	一四九	E六九
	一五〇	E六八
	一五一	E六七
	一五二	E四六
	一五三	E四五
	一五四	E四四
	一五五	E四三
	一五六	I五〇
	一五七	E六一
	一五八	E六〇
	一五九	E四〇
	一六〇	I五三
	一六一	I四八
	一六二	E五二
	一六三	E五〇
	一六四	E五一
	一六五	E四九
	一六六	E四八
	一六七	E四七
	一六八	E二七
	一六九	E二六
	一七〇	E二三
	一七一	E四二
	一七二	E四一
	一七三	E一九
	一七四	E三九
	一七五	E五七
	一七六	E五六
	一七七	E五五
	一七八	E五四
	一七九	E五三
	一八〇	I七五
	一八一	I六一
	一八二	I六二
	一八三	I六五
	一八四	I五九
	一八五	I五六
	一八六	E一八
	一八七	E三八
	一八八	E三七
	一八九	E三六
	一九〇	E三五
	一九一	E三四
	一九二	E三三
	一九三	E三二
	一九四	E三一
	一九五	E三〇
	一九六	E二八
	一九七	E二九
	一九八	E四
	一九九	E二四
	二〇〇	E二五
	二〇一	E二二
	二〇二	E二一
	二〇三	E二〇
	二〇四	E九B
	二〇五	I八七
	二〇六	I八六

篇名	整理號	出土號
	二〇七	I一〇五
	二〇八	I一四〇A
	二〇九	I一三九B
	二一〇	I八〇
	二一一	I七四
	二一二	I六四
	二一三	E一七
	二一四	E一六
	二一五	E一五
	二一六	E一四
	二一七	E一三
	二一八	E一二
	二一九	E一一
	二二〇	E一〇
	二二一	E九
	二二二	E八
	二二三	E七
	二二四	E六
	二二五	E五
	二二六	E三
	二二七	E二
	二二八	E一
脈書	一	D一一
	二	D一二
	三	D一六
	四	D二七
	五	D二五
	六	D五九
	七	D八四
	八	D七八
	九	D七四
	一〇	D七二
	一一	D六一
	一二	D六〇
	一三	D七七
	一四	D七六
	一五	D六九
	一六	D六八
	一七	D一九
	一八	D一八
	一九	D二一
	二〇	D二〇
	二一	D三二
	二二	D一五
	二三	D二二
	二四	D三七
	二五	D二四
	二六	D一六
	二七	D四六
	二八	D五一
	二九	D三九
	三〇	D四五
	三一	D三六
	三二	D一七A
	三三	D一四
	三四	D四三B
	三五	D三八
	三六	D二八B
	三七	D四四
	三八	D四二
	三九	D四一
	四〇	D四〇
	四一	D二三
	四二	D三五
	四三	D三四
		D一七C
	四四	D三〇A、B
	四五	D四九
	四六	D四八
	四七	D五二
	四八	
	四九	D四三
		D三一
	五〇	D四七
	五一	D七三
	五二	D七〇
	五三	D六五
	五四	D六七
	五五	D六六
	五六	D五六
	五七	D五〇
	五八	D三三
	五九	D一三
		D一七B
		D一八B
	六〇	D二九
	六一	D五四
	六二	D五三
	六三	D五八
	六四	D六二
	六五	D七一
	六六	D五五
算數書	一	H四
	二	H五
	三	H七
	四	H一一A
	五	H八
	六	H九
	七	H二
	八	H一七〇
	九	H一六九
	一〇	H一六八
	一一	H一六七
	一二	H一六六
	一三	H三
	一四	H一四
	一五	H六
	一六	H一七四
	一七	H一八〇
	一八	H一七八

篇名	整理號	出土號
	一九	H一七一
	二〇	H一七七
	二一	H一八
	二二	H一九
	二三	H二〇
	二四	H三一
	二五	H二一
	二六	H一七六
	二七	H一七五
	二八	H二二A
	二九	H一〇
	三〇	H一一B
	三一	H一八一
	三二	H一七三
	三三	H一七二
	三四	H一六四
	三五	H一六三
	三六	H一六二
	三七	H一六一
	三八	H一六〇
	三九	H一五九
	四〇	H一一八
	四一	H一一七
	四二	H一一五
	四三	H一一六
	四四	H一一四
	四五	H一二四
	四六	H一二
	四七	H一五二
	四八	H二三
	四九	H三五
	五〇	H二二B
	五一	H一七九
	五二	H三二A
	五三	H三二B
	五四	H一八二
	五五	H三三
	五六	H三四
	五七	H一五五
	五八	H一五四
	五九	H一五三
	六〇	H一八五
	六一	H一四九
	六二	H一四八
	六三	H一四六
	六四	H一四七
	六五	H一四五
	六六	H一四四
	六七	H一四三
	六八	H一三八
	六九	H一三七
	七〇	H一四二
	七一	H一四一
	七二	H一
	七三	H二四
	七四	H三七
	七五	H一五
	七六	H三九
	七七	H四〇
	七八	H四七
	七九	H四八
	八〇	H五五
	八一	H四三
	八二	H一五
	八三	H五二
	八四	H五三
	八五	H五四
	八六	H一三六
	八七	H一三五
	八八	H一二九
	八九	H一二八
	九〇	H一一九
	九一	H一三四
	九二	H一三三
	九三	H一二七
	九四	H一二六
	九五	H一二五
	九六	H七〇
	九七	H一〇四
	九八	H二六
	九九	H二八
	一〇〇	H四五
	一〇一	H五六
	一〇二	H五七
	一〇三	H五八
	一〇四	H一三二
	一〇五	H一三一
	一〇六	H一三〇
	一〇七	H五九
	一〇八	H六〇
	一〇九	H一二〇
	一一〇	H一一〇
	一一一	H一〇九
	一一二	H一〇〇
	一一三	H一一二
	一一四	H一一一
	一一五	H九八
	一一六	H九九
	一一七	H七一
	一一八	H七三
	一一九	H六二
	一二〇	H一八四
	一二一	H一八三
	一二二	H三六
	一二三	H一八六
	一二四	H一八七
		G一C、D
	一二五	H一七
	一二六	H一五八
	一二七	H一五七

篇名	整理號	出土號
	一二八	H一五六
	一二九	H一四〇
	一三〇	H一三九
	一三一	H四二
	一三二	H一三
	一三三	H一六五
	一三四	H一五〇
	一三五	H一〇八
	一三六	H一〇七
	一三七	H一〇六
	一三八	H一二三
	一三九	H一二二
	一四〇	H一二一
	一四一	H二五
	一四二	H六
	一四三	H二九
	一四四	H三〇
	一四五	H四一
	一四六	H六三
	一四七	H六四
	一四八	H一一三
	一四九	H四六
	一五〇	H六一
	一五一	H九五
	一五二	H一〇五
	一五三	H一〇三
	一五四	H一〇一
	一五五	H九三
	一五六	H七四
	一五七	H一〇二
	一五八	H二七
	一五九	H六五
	一六〇	H六八
	一六一	H六九
	一六二	H九七
	一六三	H九六
	一六四	H八一
	一六五	H八〇
	一六六	H八三
	一六七	H八二
	一六八	H七七
	一六九	H七八
	一七〇	H七九
	一七一	H八六
	一七二	H八四
	一七三	H八五
	一七四	H四九
	一七五	H六六
	一七六	H六七
	一七七	H九二
	一七八	H九一
	一七九	H九〇
	一八〇	H八九
	一八一	H七五
	一八二	H七六
	一八三	H四四
	一八四	H五〇
	一八五	H三八
	一八六	H五一
	一八七	H九四
	一八八	H八八
	一八九	H八七
	一九〇	H七二
蓋廬	一	G五三
	二	G五五
	三	G五四
	四	G五〇
	五	G五一
	六	G五二
	七	G四七
	八	G四八
	九	G四九
	一〇	G四三
	一一	G四四
	一二	G四五
	一三	G四六
	一四	G三九
	一五	G三八
	一六	G四〇
	一七	G四一
	一八	G四二
	一九	G三三
	二〇	G三四
	二一	G三五
	二二	G三六
	二三	G三七
	二四	G二七
	二五	G二八
	二六	G二九
	二七	G三一
	二八	G三〇
	二九	G三二
	三〇	G二二
	三一	G二一
	三二	G二二
	三三	G二三
	三四	G二四
	三五	G二五
	三六	G二六
	三七	G一六
	三八	G一七
	三九	G一八
	四〇	G五
	四一	G七
	四二	G一九
	四三	G八
	四四	I殘二
		G九B
	四五	G一一
	四六	G一五

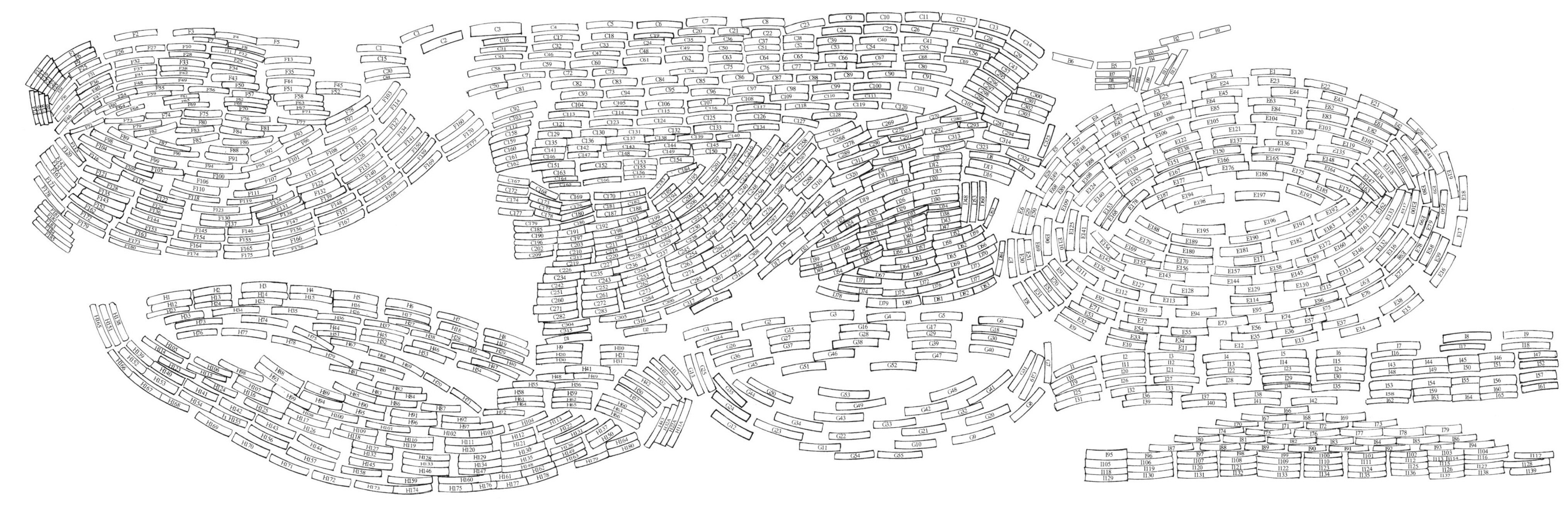

竹簡出土位置示意圖

説　明

一、本圖是竹簡出土時一端的側視位置示意圖。少部分竹簡因位置移動而看不見其端面，因而在圖上不能表現。

二、各部分竹簡出土時的位置均有不同程度的移動及混淆，故某一部竹簡中可能含有其它部分竹簡。圖中各部分竹簡均編有代號：A. 空白木牘（圖中未表示）　B. 曆譜　C、F. 二年律令　D. 脈書　E. 奏讞書　G. 蓋廬　H. 算數書　I. 引書

三、遣策另置它處，故未編入圖中。

四、本圖應與對照表相互參看。

附録二　竹簡出土位置示意圖

篇名	整理號	出土號
	一〇〇	I六七
	一〇一	I三七
	一〇二	I三四
	一〇三	I七三
	一〇四	I四一
	一〇五	I四四
	一〇六	I七一
	一〇七	I七二
	一〇八	I四〇
	一〇九	I三八
	一一〇	I四三
	一一一	I七〇
	一一二	I七七
遣册	一	K四二
	二	K三五
	三	K三〇
	四	K二四
	五	K一九
	六	K一七
	七	K一四
	八	K一二
	九	K八
	一〇	K四
	一一	K二
	一二	K七
	一三	K二七
	一四	K二三
	一五	K四一
	一六	K三二
	一七	K三九
	一八	K二二
	一九	K二〇
	二〇	K三八
	二一	K三三
	二二	K二八
	二三	K二六
	二四	K二五
	二五	K一八
	二六	K一〇
	二七	K六
	二八	K三
	二九	K一一
	三〇	K三七
	三一	K二一
	三二	K三六
	三三	K一六
	三四	K一三
	三五	K四〇
	三六	K三四
	三七	K三一
	三八	K一
	三九	K二九
	四〇	K五
	四一	K四三A

篇名	整理號	出土號
	四七	G一
	四八	G二
	四九	G三
	五○	G九A　G一○
	五一	G一二A　G殘
	五二	G7
	五三	殘一
	五四	G一四
	五五	G四
引書	一	I一三七
	二	I一三四
	三	I一三三
	四	I一三二
	五	I一三一
	六	I一二九
	七	I一二八
	八	I一二七
	九	I一二六
	一○	I一二五
	一一	I一二三
	一二	I一三五
	一三	I一二二
	一四	I一二一
	一五	I一二○
	一六	I一一九
	一七	I一一八
	一八	I一一七
	一九	I一四○B
	二○	I八四A—G
	二一	I六三
	二二	I一六
	二三	I一
	二四	I二
	二五	I四
	二六	I三
	二七	I五
	二八	I六
	二九	I七
	三○	I一○
	三一	I一四一
	三二	I一三八
	三三	I一一六
	三四	I一三○
	三五	I一一三
	三六	I一二四
	三七	I一一四
	三八	I一三六
	三九	I一一一
	四○	I一一○
	四一	I一○九
	四二	I一○八
	四三	I一○七
	四四	I一○六
	四五	I一○四
	四六	I一一五
	四七	I一○三
	四八	I一○二
	四九	I一○一
	五○	I一○○
	五一	I九九
	五二	I九八
	五三	I九七
	五四	I九六
	五五	I九五
	五六	I九四
	五七	I一一
	五八	I一二
	五九	I一三
	六○	I一四
	六一	I一八
	六二	I一七
	六三	I一三九A
	六四	I九三
	六五	I九二
	六六	I九○
	六七	I八九
	六八	I八八
	六九	I一九
	七○	I二○
	七一	I二一
	七二	I二二
	七三	I二三
	七四	I二六
	七五	I二五
	七六	I二四
	七七	I二七
	七八	I二八
	七九	I二九
	八○	I三○
	八一	I八三
	八二	I八二
	八三	I三一
	八四	I三二
	八五	I三三
	八六	I三五
	八七	I三六A、B
	八八	I八五
	八九	I一一二
	九○	I七八
	九一	I七九
	九二	I七六
	九三	I九一
	九四	I八一
	九五	I六八
	九六	I六六
	九七	I四二
	九八	I三九
	九九	I六九